EDITING FOR DIRECTORS
A GUIDE FOR CREATIVE COLLABORATION

映像編集のファースト・レッスン

10章で学ぶ編集の基礎・歴史・実践

ガエル・チャンドラー［著］
GAEL CHANDLER
佐藤弥生＋茂木靖枝［訳］
SATO YAYOI＋MOGI YASUE

FILM ART
フィルムアート社

わが弟デイヴ・チャンドラー（一九五二－二〇一八）に。
『ウッドストック』のミディアムワイドショットの画面のなか、
あなたは永遠に生きつづける。
人生が早すぎるカットで終わるのは、なんと無慈悲なことだろう。

［目次］

［凡例］——

・日本未公開・未刊行の作品や書籍については原題を併記した。
・註は特にことわりのない場合、すべて原註を示す。
・序文／まえがき／イントロダクション／本文第一〜五章／あとがき／参考文献・資料／参照映画作品リストを佐藤が、本文第六〜一〇章／謝辞を茂木が翻訳し、用語集は共同翻訳している。

序文

わたしは映画が大好きだ。何よりも、脚本家の構想を形にしていく映画作りのプロセスを心から愛している。わたしがはじめて監督を務めた作品で、編集を担当したのがガエルだった。つぎからつぎへと持ちあがる問題にどう対処すればいいのか、わたしたちはとことん話し合った。学ぶべきことの多さに圧倒されたものだ。ガエルの本に書かれていることを読めば、どんな難題が降りかかっても落ち着いて対処できる知識を得られるはずだ。

この本はふた通りの読み方ができると思う。ひとつには、ベテラン監督向けの学びなおしとして。ふたつには、新人監督向けの教本として、映画、テレビ、ドキュメンタリーなど、どんな作品を監督する場合でも、十分な自信を持って撮影に臨むために必要な情報が盛りこまれている。慣れない環境に足を踏み入れるとき、どんなことが待ち受けているかについて書かれたセクションは、大いに参考になるだろう。

まずはストーリーを考えよう。一にも二にもストーリーだ。脚本家の立場から取り組む監督もいれば、劇場で俳優と仕事をしてきた立場、あるいは技術的な経歴を持ってこの仕事に取り組む監督もいるだろう。けれども、この本で強調されているように、ストーリーを最優先に意思決定をしていけば、必ず正しい方向に進んでいける。

わたしはこの業界で六〇年以上を過ごし、監督としても一八年間の経験がある。だが、監督の仕事をはじめたころにこの本があったらどんなによかっただろうと思う。この本には役立つ情報が山のように書かれているが、わたしが最も興味を引かれたのは、チームワークと人間関係について書かれた部分だ。あまりよいとは言えない脚本を前に知恵をひねり出さなければならないとき、チームワークが不可欠になる。エゴは映画作りの大敵だ。自分の技術に自信を持っている人間はエゴが強いものだ。あなたもきっとそうだろう。だが、人間関係がものを言う作業ではエゴは抑えなければいけない。プロジェクトの成功は、監督であるあなたに協力を惜しまない脚本家、撮影監督、プロダクション・デザイナー、俳優、プロデューサー、編集技師など、数多くの人々がいてこそ可能となる。

テレビシリーズは、監督の意思決定が唯一制限される場だ。番組のスタイルや俳優のキャラクターははっきり決まっていて、ポストプロダクションもスケジュールどおりに進行する。それ以外のプロジェクトでは、リライトからキャスティング、最終的なミキシングに至るまで、あらゆる領域で監督の意見が絶対だ。さまざまな個性を持つ多くの人々と仕事をすることになる。すべてのスタッフ、いや、ほぼすべてのスタッフがあなたの力になりたいと思っているはずだ。誰もが長い経験を持っており、あなたがよい関係を築くことさえできれば、その経験を生かすことができる。どのように人間関係を築いていけば、誰もが能力を存分に発揮できるかについて、これほど実用的かつ技術的な情報を盛りこみ、本質をとらえた本は類を見ない。

俳優／監督　トニー・ダウ

まえがき

本を書くことは、映画作りとよく似ている。人々の心に届き、変化をもたらすような、すばらしい物語を構想することからはじまる。調査を重ね、熟考の上で計画していくことは、まさにプリプロダクションだ。撮影を、執筆を開始し、数々の疑問、障害、否定的意見に悩まされつつも、新たな発見、喜び、つながりを得て、一枚一枚のページを完成させた満足感によって前へ進んでいく。そして編集だ――ページを移動させ、文章を削除し、ほかの部分をふくらませる。つねにこの仕事が頭を離れない。そしてついに、世に出すときがくる。自分が作りあげたものを受け入れ、作品にこめた意図が読者に、観客に届くことを願いながら。

この本もそうだ。各章は、映画のシーンのように、長いものもあれば短いものもあるが、それぞれ語るべきことを語り、前へ進んでいく。本に音はつけられないが、写真を入れることはできる。さまざまな映画の場面や写真を選ぶのは――特に映画と編集の歴史について書いた章では――楽しい作業だった。この本を手に取ったあなたは、映画監督、監督志望者、プロデューサー、あるいは、出資者やマネージャーだろうか。どんな立場であっても、編集技師とかかわり合いを持ち、作品をファイナルカットまで見届けるあなたにとって、この本が役立つものであるよう心から願っている。

イントロダクション

長い道のりだった。プリプロダクションから撮影終了に至るまで、数週間、数か月、あるいは年単位の時間が流れたかもしれない。監督であるあなたは、脚本家、撮影監督、撮影クルー、俳優、そしてドキュメンタリーの取材対象者を信頼して仕事をしてきた。そしていま、苦労を重ねて撮った映像がすべて、どんな人間かわからない、この編集技師とやらの手のなかにある。わが子のようにたいせつなものを編集技師に託さなければならない理由はなんだろうか？　編集技師にはどんなふうに話をすればいいのだろう？　カットの微調整とは、よくない演技やインタビューに手を加えるとは、音声の悪い部分を補正するとは、いったいどんな作業なのだろう？

いわゆるコラボレーションのアートでありながら、映画作りに携わる人間はあまりにも細分化されている。制作プロセスのほかの分野について、わかっているつもりではいても、完全に理解しているわけではない。脚本と撮影は仕事としてわかりやすいが、編集はどうだろうか。編集は音と映像の錬金術のようなものであり、おそらくは映画作りで最も不可解な部分だ。

この本では、ポストプロダクションを行う上で活かせるように、編集技師からどんなことを期待できるかを書いた。はじめて監督を務める人にも、多くの作品を手がけてきた監督にも、編集とは、映画作りのほとんどの側面と同様に、地道な作業でありながら魔法のような力を持つものであることがわかってもらえるはずだ。内容を簡単に紹介しよう。

▼撮影の前、そして撮影中に、編集作業に備えてどのように準備しておくべきか。

▼編集技師が作品にもたらすもの。

▼編集と編集機材の歴史。それらが映画の言語にもたらした影響。

▼編集技師を選ぶ際に何を見るべきか。編集技師とはどのように仕事をするのがよいか。

▼編集技師とのコミュニケーションの取り方。編集室の用語、作業内容、ワークフロー。

▼編集作業の実際。編集技師が映像にどのようにアプローチし、作品を組み立てていくか。

▼デイリーからディレクターズカット、編集ロックに至るポストプロダクションのプロセス。

▼ＶＦＸ（視覚効果）の制作と統括。

▼音響・音楽スタッフとの作品のスポッティング、音響と音楽の制作、編集、ミキシング。

▼タイトルの作成、カラーグレーディング、ＤＩ（デジタルインターミディエイト）プロセス、最終成果物の制作。

▼作品のアーカイヴと、それが重要な理由。

第一章

編集を意識して撮影する

現場で撮影しているとき、あなたは監督としてアンテナを張りめぐらせ、あらゆる方向に意識を向けていることだろう。俳優たち、撮影クルー、天候、ロケ場所等々、数え切れないほどの細部に気を配る。一日が終わりに近づくころ、撮影を進めるうえでの日々の難題と妥協によって、あなたの目標——自分が望む映像をフィルムにおさめること——は揺らぎそうになる。そして不安に陥る、「正しいショットが撮れているだろうか」。そして葛藤する、「なぜカバレッジが必要なのだろう」。そしてパニックを起こす、「ちゃんと映画になっているだろうか」。

すべてよい兆候だ。

次の段階について考えてみよう——そう、編集だ。それがあなたの向かう先であり、ゴールである。そこを越えれば、あなたの映画は観客のもとに届くことになる。撮影中に編集に備えるために最もよい方法は、ストーリーを伝えるのに最適のフォーマットで決定的な映像を撮影し、監督と編集技師が思い描く作品作りに必要な音響を収録することだ。きちんとした撮影を行うことで、ポストプロダクションでのストレスを軽減し、時間と資金を節約できる。それでは、さっそく見ていこう。

準備を整えて撮影を行う

しっかりと準備を整えてからロケやセットで撮影を行うことによって、編集室での混乱を防ぐことができる。その方法と理由を説明しよう。

撮影クルーや編集室とのコミュニケーションは明確に

特に、スクリプター(撮影記録係)、撮影監督(DP/Director of Photography)、カメラオペレーター、録音技師とのあいだで意思の疎通がうまくいけば、欲しいショットが撮れるようになり、うまくいけば、あとから思いついたショットを追加で撮ることもできるかもしれない。明確なコミュニケーションを心がければ、編集技師がこれから届く映像を把握することができ、クルーを追いかけてショットを探す必要もなくなる。

撮影現場と編集技師

一般的に、編集技師が撮影現場を訪れることはない。作品の編集にともなう膨大な作業で手いっぱいだからである。また、多くの編集技師が現場に顔を出さず、距離を置くことを望むのは、映像をつなぎ合わせるときに、撮影現場の苦闘を思って気持ちを動かされずにすむからだ。一方、撮影現場を訪れて監督に手を貸し、ショットや演技を観察して頭のなかで映像を編集しはじめる人もいる。編集室からしばらく抜け出して、画面の向こう側にいる人々に会うのが好きなのだ。とはいえ、俳優たちのほとんどは編集技師の顔など知らない。編集技師のほうは俳優たち——身のこなしや振る舞い、性格——を熟知しているとはいえ、日ごろは目にふれない舞台裏で働く人間なのだ。

撮影、撮りなおし、コンティニュイティの問題、その他何かしらの理由で編集技師を呼んで手を借りることもあるはずだ。たいていは、編集室に連絡して編集技師と問題について話し合う。スクリプターも撮影メモについて編集技師と定期的に連絡を取り合うだろうし、コンティニュイティについて相談することもある。気心の知れた編集技師であれば、シーンに問題があることや、ショットが足りないことを伝えてくれる。ぜったいに撮影したはずのショットが、編集の際に見当たらないこともある。撮り忘れたショットがあるとしたら、編集がはじまってからではなく、撮影現場にいるあいだに気づけたほうがいい。

撮影スケジュールはできるだけ守る

そうすることで、編集室での作業の調整やスケジュールが立てやすくなる。

『華氏911』(2004)で、マイケル・ムーア監督は、崩壊するビルの映像ではなく、ニューヨーク市民たちの表情でストーリーを描きだした。

スタッフが正確な記録を残すよう徹底する

撮影メモやカメラログ、サウンドログは、編集に不可欠なガイドラインだ。制作クルーがこうした記録を付けていなかったり、雑な仕事をしていたりすると、編集クルーは映像を探し出す時間を無駄にする。編集室での時間とお金を節約しよう。そのためには、明確で一貫性のあるログとメモを残すことができるスタッフを雇うことだ。

スレート（カチンコ）に明記すべき項目

- ▼シーン番号とテイク数
- ▼日付と場所
- ▼カメラロールとサウンドロール
- ▼監督と作品名
- ▼どのカメラか（A、B、Cなど）
- ▼MOS（音響なしのショットの場合に記載）

すべてのテイクでスレートを読みあげること

これは、スレート（カチンコ）を見ずに音だけでテイクを判断するダイアログエディターにとって不可欠なことだ。現場でほんのわずかな時間をとってスレートを読みあげるだけで、編集室の貴重な時間を節約し、いら立ちのもとを防ぐことができる。

撮影時に勝手にカットしない

ひとつのショットにどれだけの長さが必要かは前もってわからない。どこでカットするかについて先走った判断をして、ショットを早く終わらせたり、アクションからカメラを早く離しすぎたりすることは控えること。ショットのペースを決めるのは俳優とカメラだが、作品のペースは編集で決まる。経験の浅いカメラオペレーターだと、動きがないショットは退屈だと思いこみ、ズームボタンを押してしまうかもしれない。まるでトロンボーンを演奏しているように。これは観客をいら立たせるので、編集技師は使えるコマを探して残業することになる。編集技師は、一連の美しい固定ショットだけで絶妙なリズムを作ることができるのだ。目的もなくズームやパンを行ってカメラを動かしすぎたあげく、使える映像がほとんど、あるいはまったく撮れていないようでは困る。

カバレッジ（カバーショット）を準備する

マスターショット以外のさまざまなアングルからも撮影しておこう。リバースショット、クロースアップ、ツーショット、オーバーヘッドショット、ダッチアングルなど、カバレッジがあれば、監督にとっても編集技師にとっても選択肢が増える。クロースアップを挿入して登場人物が体験していることを観客に感じさせたり、手紙や宝の地図などストーリーの鍵となるアイテムへのカットアウェイショットを挿入したり、コメディシーンで笑いを引き出したり、リアクションショットをちりばめてドキュメンタリーやドラマのシーンを盛りあげたりできる。

カバレッジは、シーンに勢いやテンポ、視点を与えるだけでなく、深みと情報を加える。ときには、一四頁の写真の例のように、メインのアクションに置き換えて使われることもある。

実際に、カバレッジはレスキュー隊のような役割を果たし、カメラのぶれ、インタビューでの言いまちがい、つながりの悪さなどのミスをカバーするために、日常的に救援に駆けつける。カバレッジは保険だと考えよう。試写中に、マスターショットのテンポが悪いことや、繰り返しが多く退屈なことに気づくこともあるだろう。すべてのアクションがシーンにおさまっておらず、どこかかみ合っていない。そうした場合、カバレッジにつなぐことで、編集技師は流れの悪い部分を飛ばし、より重要なポイントへ切り替えることができる。カバレッジを準備しておかないと、後悔することになる。きちんと計画しよう。

Bロール

おもに状況設定や場面移行に使うショットと考えられているBロール（サブ）ショットも、Aロールと同じように映画として取り組むようにしよう。Bロールがどのように作品の魅力を高め、ス

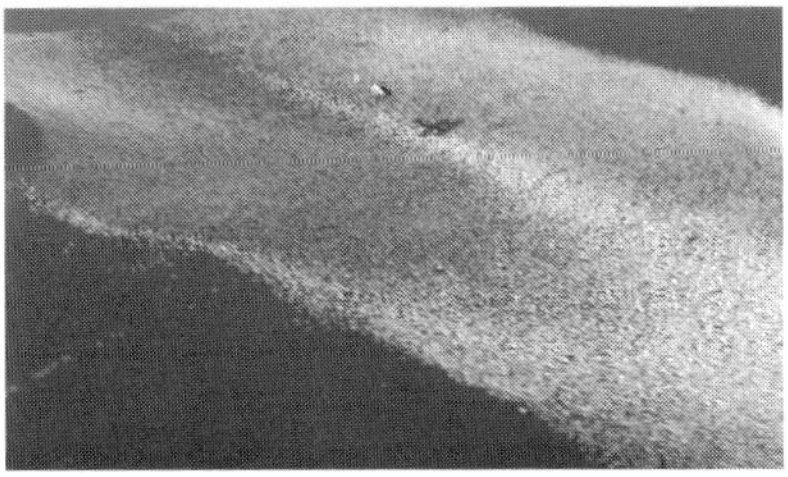

『愛と哀しみの果て』で、主人公の恋模様とケニアへの愛を描き出したのは、おもにBロールからのモンタージュだった。

『ボーン・アルティメイタム』(2007)のインサートショット。ドアに記された名前と役職名が、次の場面で登場する人物の名前、職業、所属機関を観客に簡潔に伝え、ストーリーをスムーズに移行させる。

トーリーを描いてくれるかを考えること。動きのない背景の映像を撮るだけでは不十分だ。アングルや焦点距離を変えてさまざまなショットを撮っておこう。移動撮影やラックフォーカスもいい。検討中の実験的なアイデアを試してみるのもいいだろう。思いがけず印象的なつなぎやモンタージュになることがある。『愛と哀しみの果て』(一九八五)でアカデミー撮影賞に輝いたデヴィッド・ワトキンは、受賞スピーチで、だれもが賞賛してくれるのはケニアの雄大な自然と動物たちの映像だけだと自虐的に語った。真に賛辞を贈られるべきなのは、セカンドユニット、つまりBロールの撮影技師のほうだとワトキンは言ったのだ。

場面の移行(トランジション)を考える

前もってカバレッジを考えて撮影しておくと同時に、シーンがどうはじまって、どう終わるのか、次のシーンへどうやってスムーズに移行させるかを考えよう。編集技師はもちろんあなたが撮影したマスターショットとカバレッジでうまく場面を移行させることができるだろう。とはいえ、シーンの橋渡しとなるような具体的なショットをいくつか撮影しておくべきだ。特にドキュメンタリーの場合、このようなつなぎのショットやインサートショットがあると、見る人が呼吸を整え、いま見たものを吸収する時間を持つことができる。

モンタージュショットを考える

モンタージュは、よいテイク、アウトテイク、ストックショットなどから選んだ映像から作り出すこともできるが、すぐれたモンタージュ（あなたのお気に入りはなんだろうか）のほとんどは、監督がきちんと計画して撮影したもので作られている。映画において、モンタージュは単なる幕間のつなぎではなく、それ自体がひとつの短いストーリーだと考えよう。どんな事実をまとめたいのか、あるいはどんな情報を伝えたいのか？　映像によってどんな感情を引き出したいのか？　音響についても考えておこう。通常、モンタージュにつけるのは音楽だけであり、多少のナレーションや環境音を入れることはあるが、台詞や効果音は入れない。あなたの作品ではどんなものが効果的になるだろうか。

アクションは繰り返して撮る

新しいアングルで撮影するときは、前に撮ったアングルの続きから撮影するのではなく、各ショットの台詞とアクションを繰り

『グローリー／明日への行進』（2014）のエンドクレジットで使用された印象的なモンタージュ。悲惨な過去の映像から、未来への希望と決意をイメージさせるものへと変わっていく。霊歌にヒップホップが重なる背景音楽も感動を高める。

返すようにしよう。カバレッジの場合と同様に、編集での選択肢が増え、ストーリーをよりスムーズかつ効率的に伝えることができる。具体的に説明しよう。ダイニングルームでのシーンのマスターショットを撮影したとする。たとえば「変わり者のジャッキーおばさんが椅子に座り、わけのわからないジョークを言う」という場面があるとしよう。その次にジャッキーおばさんのミディアムショットを撮影するとなったら、彼女がジョークを言うところからではなく、椅子に座るところから撮影をはじめて、マスターでのアクションを繰り返すようにする。こうすることで、編集技師が必要に応じて、マスターショットからミディアムショットにつなぐことができ、それによっておばさんのジョークとそれに対する家族のリアクションまで、ストーリーのスピード感を高めることができる。ひとつのアングルの最後の部分と次のアングルの出だしで同じアクションを撮っておくと、ベストのタイミングでアクションにつなぐための選択の幅が広がる。

カメラをホールドする

固定ショット、ズーム、パン、ドリーなど、どんなショットでも、はじまる前と終わったあとに、カメラを静止させた状態で五秒間撮っておこう。アクションを繰り返すときと同様、この静止させたカメラからの映像があると、編集技師はどこでつなぐかを余裕をもって選べるようになる。また、次のショットへディゾルヴやワ

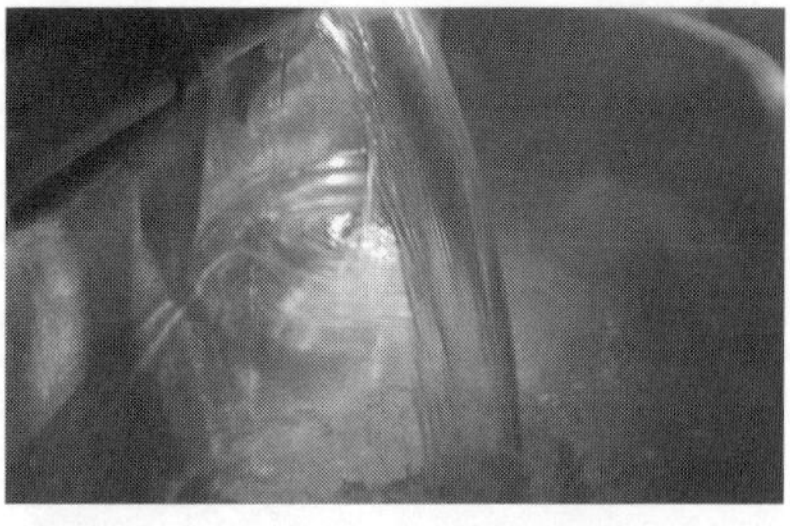

『パンズ・ラビリンス』(2006)では、流れ落ちる水の映像の繰り返しがストーリーを加速させていく。

イプでつなぎたい場合に、必要となるフレームを見つけることもできる。五秒間カメラを静止させておくだけで、編集での問題が解決することがある。編集技師は「アクション！」と声がかかる前、あるいは「カット！」と言われたあとにカメラがとらえた映像を使う場合もあるのだ。

コンティニュイティを考えて撮影する

一台の車がショットごとに異なる風景のなかを走っているようなミスマッチに気づいたことはないだろうか。ミスマッチを見ると、なぜコンティニュイティが重要なのかがわかる。ミスマッチがあると、観客はあなたの映画への興味を失い、不信感を持ってしまう。席を立ち、否定的なレビューを書かれるおそれすらある。

ここで頼りになるのがスクリプターである。撮影の矛盾に鋭く目を光らせる優秀な記録係は、撮影現場のMVPと呼ぶべき存在だ。アクション、照明、衣装、小道具や人物の位置、ヘア、メイクなど、テイクごとに一致させる労力を惜しんではならない。コンティニュイティが欠けているがために、編集技師がここだと思う位置よりも早く、あるいは遅くつなぐはめになるのは惜しい。コンティニュイティの矛盾を防ぐための五つの主な要素を次に挙げよう。

1――つなげられるアングルで撮影する

アングルや焦点距離が同じようなショットをつなぎ合わせると、観客をいら立たせることになる。あえてジャンプカットを使おうとしているのであれば、そのように撮影してもよいが、そうでなければ、三〇度ルールを守るようにしよう。同じものをアングルを変えて撮影する際、角度を三〇度以上変えれば、「バターのように」なめらかにつながるはずだ（つなげられるアングルについては、第五章の「スムーズにつながるアングル」と「つなぐことができないアングル」の項を参照のこと）。

2——目線を合わせる

目は感情や重要な反応を伝える。関わり合いがある登場人物のショットを交互に映すシーンでは、ふたりはお互いを見ている必要がある。つまり、目線（視線）が

『バベル』（2006）に登場するひと組の夫婦（ケイト・ブランシェットとブラッド・ピット）は、幼い子供を失った悲しみをかかえている。カット1と2では、交差しない目線がふたりのあいだの亀裂を表している。カット3でのふたりは目線を合わせており、互いに向き合って悲しみに立ち向かおうとする姿が表れている。

一致していなくてはならない。これを無視すると、目線が合わず、登場人物が正しい方向を見ていないことになる。これでは観客が混乱し、登場人物のやりとりから意図せぬ意味を受け取ってしまう。二二頁の例は、目線を合わせた場合と合わせなかった場合に、登場人物について何を表すかの例だ。

主観ショットと目線

よくある目線のミスは、主観(POV)ショットを撮影するときに起こる。たとえば、頭や目を左から右に動かして何か(たとえば山)を見ている人をクローズアップで撮影するとする。この場合、その山――人物が見ているもの――を撮影するときは、その人物の主観ショットを撮影していることになる。目や頭の動きに合わせるために、主観ショットはキャラクターの頭や目と同じ方向、この例では左から右に動かさなければならない。まちがって撮影したとしても、主観ショットを逆再生させればいいかもしれないが、鳥や車、人などが映っていると問題になる。後ろ向きに動いてしまうからだ。もちろん、VFX(視覚効果)編集技師が消去することもできるだろうが、それにかかる時間と費用を考えると頭が痛い。最初からミスなく撮影するようにしよう。

電話での会話

これは多少ごまかすことができるが、通常、ふたりの人間が電話で話している場合、スクリーン上では、互いに向き合うか、少なくとも基本的に同じ方向を見ることが求められる。ただし、背を向けたり、うつむいたり、目をそらしたりすることが演出上必要な場合は除く。

3――カメラのアングル、フレーミング、ペイシングを合わせる

アングル

編集の際には、マスターとリバースのように、連携するペアとなるショットを作成することが多い。ふたりの人物の会話シーンでよく使われるのは、ミディアムショット、肩越しショット（オーバー・ザ・ショルダー・ショット）、フレンチオーバー（同方向を向いて横に並んだ複数の被写体をサイドからとらえ、前景となる被写体を越えて焦点を合わせたショット）、クロースアップなどのペアだ。インターカット★01のためにペアとなるショットを撮影する場合は、アングルを合わせること。

フレーミング

テイクごとに、登場人物や物のまわりのスペース――配置と構図――を合わせる。

ペイシング

パン、トラック、ティルト、ドリー、フォローなど、カメラを移動させて撮影するときは、あるテイクでは遅く、別のテイクでは速くならないように、動きのスピードを一定に保つ。

『ハリー・ポッターと炎のゴブレット』(2005)でヴォルデモート卿の手下たちがハリーに迫る場面。角度を合わせたふたつのダッチアングルが危険で混沌とした雰囲気を醸し出す。

母娘をとらえた一対のフレンチオーバー。アングルだけでなく構図や照明も合っている。『レディ・バード』(2017)より。

4——スクリーンの方向を合わせる

登場人物や物が最初のショットで画面の左に消えたら、次のショットでは画面の右から入ってくるように撮ること。そうすることで、人や物が左から右へとふつうに動いているように見える。出入りの方向が一致しないと、見る人はアクションを追うことに時間を無駄に使い、映画に没頭できなくなってしまう。

空中に漂う気球はスクリーンの方向と合うように追うこと。

5——一八〇度ルールを守る

画面上の人物の位置関係に混乱が生じないよう、一八〇度ルールをきちんと守ること。ルールをしっかりと理解していれば、ルールから外れたり、新しい方法を考案したりする場合の影響がわかるはずだ。

一八〇度ルールをどう守るか

カメラをセットアップする際には、シーンを水平に一八〇度で二分割するイマジナリー・ラインを考える。

▼**状況**――ふたりの人物が向かい合っている場合、一八〇度ラインは上から見てふたりの頭を横切るように設定される。編集の際、ふたりの背後のアングルに切り替えると、左の人物が右にジャンプしたように見えて観客が方向感覚を失う。もうひとり人物を追加する場合は、新たな一八〇度ラインを追加する。

▼**ルール**――撮影の際は、つねに人物Aが左、人物Bは右となるよう、一八〇度ラインを越えてカメラを移動させないこと。

▼**例**――サッカーの試合の撮影では、グラウンドの片側のみから撮影するため、つねにこのルールが守られている。フィールドの反対側につないで、選手が自陣に向かって走っているように見えることはない。

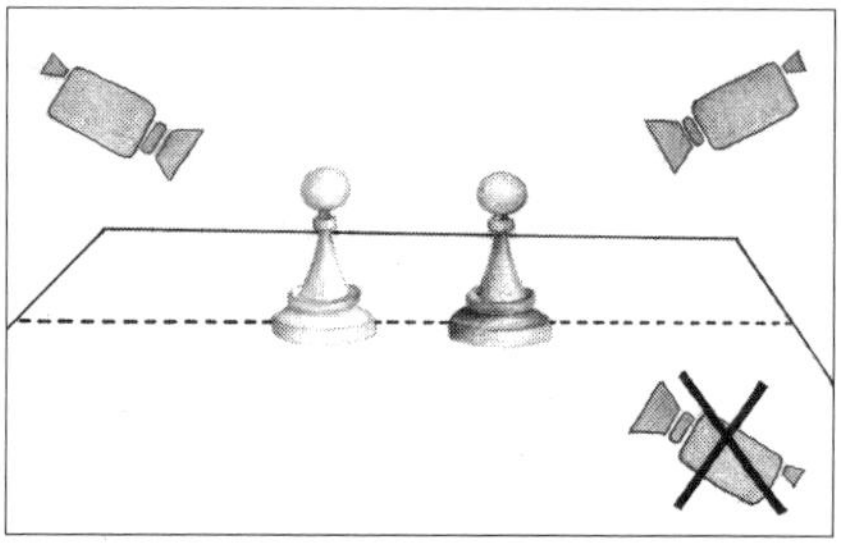

カメラはふたつの駒を結ぶラインの片側に置く。ラインを越えて反対側にカメラを移動して撮影すると、駒の左右が突然入れ替わったように見えてしまう。

ラインを越えずに必要なアングルを撮影する

当然、アクションを両側からカバーするアングルを撮りたい場合も多い。いくつかの方法を紹介しよう。

❖新しい一八〇度ラインを設定する

登場人物を動かすか、カメラを移動させて、ラインを無効にし、新しいラインを設定する。二七頁の写真の例を見てみよう。

❖カットアウェイショットを撮影する

ロバート・ワイズ監督はつねにラインを変更することを考えていました。ですから、その鍵になるショットが必ずひとつあるんです。そういうショットが撮れないと(中略)登場人物が誰ともつながらないシーンになってしまう。誰かの目を見つめている人物がいなくなって、完全に混乱してしまいます。つながりが感じられなければ、観客はそのシーンから置き去りにされた気持ちになってしまうかもしれない。映画とはつながりです。つながりこそが映画なのです。——デデ・アレン、編集技師(『ブレックファストクラブ』〔一九八五〕『狼たちの午後』〔一九七五〕『レッズ』〔一九八一〕)

一八〇度ラインを越えるアングルにつなぐ前に、カットアウェイショットを入れることで混乱を減らすことができる。たとえば、オーバーヘッドショットを入れると、観客は方向がつかめるので、どのアングルへも自由につなぐことができる。特に3D映画では、

ドラマ『トゥルーブラッド』(2008〜14)のこのエピソードでは、フレーム1でハドリーが水槽を背にして右側にいる。フレーム2でハドリーは息子をスーキーに紹介するために移動し、新しい180度ラインが設定される。フレーム3でこのアクションは完了する。4コマ目に切り替わると、今度はスーキーが水槽を背にしている。

ラインを越えると観客が混乱する。その性質上、観客が2D映画よりも深く作品に没入するからだ。

❖あえて一八〇度ルールを破る

暴動や戦闘シーンを撮影するときは、混沌とした状態を追求するために、監督が故意にルールを無視することも多い。どのようなシーンであっても、あえてルールを破るのであれば、やっておきたいことがある。編集で思いどおりにいかなかった場合に備えて、カットアウェイショットを撮影しておくことだ。もちろん、どうしてもルールを守れない状況はある。野生の奔馬の群れを撮影するような場合、ラインの両側でアクションを合わせることは望めない。

映像を完成させる——作品の最終フォーマットやルックを決める

プロジェクトを正しい道を通ってポストプロダクションへ送るための要素のひとつとして、最終フォーマットやルックを決定する必要がある。どんな映像があなたのストーリーに最も適しているか、作品がどんな場所やデバイスで観られるかを考慮して決定する。プロデューサーからの提案もあるかもしれないが、撮影については撮影監督と協議のうえで決定すること。

フォーマット

撮影フォーマットは、今はほとんどデジタルで行うことになるが、フィルム撮影の場合もある。現在では、ひとつの作品をさまざまなタイプのカメラを使って複数の規格とアスペクト比で撮影することも珍しくない。ドラマ『センス8』(二〇一五～一八)の最終シーズンは、一〇か国以上で撮影が行われた。フィルムで撮影しても、編集はデジタルで行う。一方、最終的にどのフォーマットに仕上げるかは、作品を視聴する場所によって異なる。下の表は、四つの視聴場所とそのフォーマットをまとめたものだ。どの場所があなたのプロジェクトにふさわしいかを検討し、最終フォーマットを特定しよう。作品を観る場所は映画館の場合もあればテレビのときもあるので、複数の場所を選んでもよい。

撮影フォーマット――映像

撮影時のフォーマットが、かならずしも最終

作品を観る場所	最終フォーマット	上映方法
映画館	ファイル フィルム	❶デジタルプロジェクターのデジタルファイルから ❷フィルムのリールからプロジェクターを通して(米国外および米国内の一部の映画館)。
テレビ	ファイル	テレビ局のサーバーからアップロードされたファイルから放送される。
家庭用または業務用エンターテイメントシステム	ファイル ディスク	ディスク(DVDまたはブルーレイ)をディスクドライブに挿入して視聴する。あるいは、YouTubeやNetflixなどの動画配信サービスからストリーミング再生する。
コンピューター ＊iPadや携帯電話を含む	ファイル ディスク	イントラネット(QuickTimeのファイルなど)あるいはインターネット(YouTubeビデオ、ウェビソード、Huluなど)からファイルをストリーミングまたはダウンロードして視聴する。あるいは、ディスクをコンピューターに挿入して視聴することもできる。

フォーマットであるとは限らない。たとえば、メモリーカードやハードドライブ上に保存する形でデジタル撮影した素材でも、フィルムやディスクで引き渡すことがある。ふつう最終フォーマットは、映画祭の応募要項、テレビ局の契約書、あるいは配給会社との契約書に記載された引き渡し要件で指定される。どのフォーマットで撮影したとしても、編集技師が映像を受け取るときには、フィルム、ファイル、ディスク、テープなど、異なるフォーマットになっている可能性がある。ドキュメンタリーのプロジェクトでは、8ミリフィルムやUマチックテープのような旧式のフォーマットに収録された、過去数十年間に及ぶ映像を掘り起こさねばならないこともしばしばある。幸いなことに、あらゆるフォーマットはデジタルファイルに変換すれば編集技師のシステムで編集可能だ。

撮影フォーマット——音響

ハイグレードな音声入力ができるカメラであれば、映像と同時に音響をメモリーカードに収録できる。これをシングルシステムと呼ぶ。これは、ニュースや納期が短い番組を撮影

ドキュメンタリー映画『記録する人 マリオン・ストークス・プロジェクト Recorder: The Marion Stokes Project』(2019)は、マリオン・ストークスという女性が自宅で30年以上にわたってすべてのニュース番組を録画した七万本にも及ぶVHSテープの映像をもとにしている。

する場合や、低予算で音響の多重編集に時間をかけられない場合に適している。より高いサンプリングレート(高音質)が必要な場合は、ＤＡＴ(デジタルオーディオテープ)、メモリーカード、メモリースティック、ハードドライブなどの別のフォーマットに音声を収録するダブルシステムを選択する。収録された音声は、ポストハウスか、編集スタッフがデジタル編集システムで同期させる。

色

色は登場人物の印象に大きな影響を及ぼすものです。各登場人物についてのカラーパレットは、撮影監督、美術監督、衣装デザイナーとともに時間をかけて選びます。——ライアン・ピアーズ・ウィリアムズ、監督(『Ｘ／Ｙ X/Y』[二〇一四]『ザ・ドライランド The Dryland』[二〇一〇])

光化学反応によるフィルムからデジタル画像への変革にともない、監督や撮影監督は撮影中に最終的な色味を決定するのではなく、ポストプロダクションの最終段階におけるカラーグレーディングで、カラリストとともに色彩の調整を行うようになった。とはいえ、撮影監督と協議のうえで映画のビジュアルスタイルやルックを確立し、現場の照明やカラーパレットについて話し合うことが重要であることには変わりない。撮影時からカラーグレーディングに備えておけば、カラリストとの時間の大半を、出来の悪いショットを救済するためではなく、映像の修正や微調整、ビジュアルスタイルの確立に使うことができる(カラーグレーディングについては、第一〇章「仕上げと納品」でくわしく説明する)。ただし、カラーグレーディングで何もかも修正できるという意味ではない。撮影監督は、適正な露出時間を設定し、何よりもホワイトバランス★02を正しく調整する必要がある。

すべてはデータのなかに

ＤＩＴ（デジタルイメージングテクニシャン）を起用するのもよい。ＤＩＴは、映像の色調を変換するためのＬＵＴ（ルックアップテーブル）と呼ばれる編集ソフト用の対応表を作成する。ＤＩＴはそのほかに、ファイル、ドライブ、露出値やスレートなどのカメラ情報などのデータも管理することが可能だ。カラーグレーディングを行うとき（そしてフィルム撮影した映像のテレシネを行うとき）、監督であるあなたと、撮影監督、そしてカラリスト（カラリストもＬＵＴを作成することができる）は、ＬＵＴ、そしてもちろんあなたの芸術的センスを頼りに、照明、色、そして作品のルックを完璧に仕上げる。

アスペクト比

アスペクト比とは、フレームの縦横の長さの比率である。カメラは複数のアスペクト比から選択できるようになっており、作品を見る画面も同様になる。ほとんどのデジタルカメラは16：9で撮影するようになっており、それが横長のワイドスクリーンのフレームとなる。これはＨＤＴＶ、ＤＶＤやブルーレイ、Netflix、YouTubeその他の動画配信サービスの標準的なフォーマットである。長年にわ

1			
2	PRODUCTION CO:	LOLLIPOP	GENERAL NOTES
3	PRODUCTION:	GUM DROP 45" spot	MATERIAL THAT HAS NOT
4	DOP:	J BEZOU	ALREADY GONE TO EDIT:
5	DIT:	TOM TURLEY	
6			DATE: 10/12/20
7	FORMAT:	5dmk2 H264 / STILLS CR2 + JPEG LG	A CAM - MAG 27
8	FPS:	25	B CAM - MAG 25
9	RESOLUTION:	1080x1920	C CAM - MAGS 2,3,4
10	ASPECT RATIO:	16:9	
11	RECORDING:		ALL MARKED IN GRAY ON DRIVE
12			
13			
14	DESTINATION DRIVES: 'LOLLIPOP MASTER' + 'LOLLIPOP BACKUP'		
15			

16	MAG #	# OF CLIPS	STILL/VIDEO	NOTES	SCENE #	GB	LENS	STOP	filters	LH	Distance	Incline
17	A1	8	VIDEO		9	7.67	50	4	nd6	4'1	6'6 - 7'8	4degree down
18	A2	30 stills	STOP MOTION	Extended version of A1	4	.9	50	4	nd6	4'1	6'6 - 7'8	4degree down
19	A3	28 stills	STOP MOTION		1B	0.8	50	4	nd6	4'1	6'6 - 7'8	4degree down
20	A4	1	VIDEO	Disregard this, use A6	1B	1.9	50	4	nd6	4'1	6'6 - 7'8	4degree down
21	A5	6 + plates	VIDEO + STILL PLATE	Plates for giraffe	6	3.44	50	4	nd6	4'1	6'6 - 7'8	4degree down
22	A6	4x takes	STOP MOTION		14	4.78	50	8	-	3'7	2'3	14degree down
23	B1	5	VIDEO		4	7.62	50	4	nd6	4'1	6'6 - 7'8	4degree down
24	B2	1 + odd stills	VIDEO + STILLS		2	1.23	50	5.6 1/2	-	3'8	1'10	26degree down
25	B3	32 stills	STOP MOTION	Curtains	6	.8	50	4	nd6	4'1	6'6 - 7'8	4degree down
26	B4	3 takes	STOP MOTION		6	2.67	50	5.6 1/2	-	3'8	1'10	26degree down
27	B4	1	LIVE ACTION		2	.9	50	5.6 1/2	-	3'8	1'10	26degree down
28	A9	65 stills	STOP MOTION	Extended version of A8	4	1.93	50	4	nd6	4'1	6'6 - 7'8	4degree down
29	B5	4	LIVE ACTION		2	5.64	60	5.6 1/2	-			
30	A10	stills/video	PLATES	Plates for orangutan	4	.3	50	4	nd6	4'1	6'6 - 7'8	4degree down
31	A11	1	LIVE ACTION		8	2.6	85	4	nd6	4'3	4'9	10degree down

コマーシャル用のDITのレポート。デジタル一眼レフで撮影したスチール写真と動画の色調を合わせている。

トランスジェンダーのセックスワーカーふたりの生活を描いたコメディ『タンジェリン』(2015)は、アスペクト比2.35:1(16:9に相当)に設定された3台のiPhoneのみで全編が撮影された。

たりアスペクト比は横に広がっていったが、現在のソーシャルメディアのチャンネルでは、縦長になってきている。フェイスブックやインスタグラム、X(旧ツイッター)は、1:1や4:5のアスペクト比に対応している。

どのアスペクト比で撮影するかを撮影監督と決めるときには、観客がどんな画面で観るかだけではなく、どんなストーリーを伝えたいかについても考えよう。あなたの作品は、親しみやすいキャラクター主導のプロットだろうか？　それなら、旧式のSDTVフォーマットである4:3がいいだろう。登場人物を広い背景に立たせたいだろうか？　あるいは、アクションを見せ、背景を入れるためにできるだけ余裕が欲しいだろうか？　それなら、16:9がいい。いずれにしても、考えているすべての画面サイズでアクションが確実に見られるようにすること。

これについて編集はどのように関わるのだろうか？　あなたは編集技師にアスペクト比を変えるよう指示することができる——ソフトウェアがそれを可能にしている。だが、そんな必要があるだろうか？　あなたと撮影監督は、自分たちで選択したアスペクト比に合わせてすべてのショットを撮影してきたはずだ。編集段階でアスペクト比を変えると、それまで考えていたルックが台無しになってしまう。

何KがOK?

2K、4K、6K、8Kというのは、画像の横方向の解像度を画素数(ピクセル)で表したものだ。2Kは二〇〇〇ピクセル、4Kは四〇〇〇ピクセルといった具合だ。画素数が多いほど、より鮮明で自然に近い映像になる。4Kは、通常のHDの四倍の画素数を持つため、ウルトラHDまたはUHDとも呼ばれ、現在の標準的撮影の解像度である。

ストリーミングサービスでは何年も前から4K以上の映像を配信しているが、全米で4Kに対応できる映画館は四〇パーセントしかないし、テレビメーカーも遅れをとっているがゆえに4Kテレビは高価で大型なものしかない。ハリウッドは4Kを超大作専用にし、長編映画の八〇パーセントは2Kで撮影されている。もちろん、すべては変わっていく。おそらく、そう遠くない未来に10Kやそれ以上の映像を楽しめるようになるだろう。とはいえ、いまのところは、何Kで撮影するかを決めるときには、予算とともに上記の要素を考慮してほしい。4K以上で撮影した場合、現時点ではファイルが重すぎて再生できないため、編集技師はプロキシ(編集用に容量を小さくした低解像度ファイル)を使って編集することになる。最終仕上げの段階で、編集技師やポストハウスは、プロキシを高解像度ファイルに再リンクする。

将来図

フォーマットはつねに進化している。撮影、編集、放送、ストリーミング、映写を取り巻く環境はたえず変化しているので、つねに注意を怠らないようにしよう。

作品の音響にどう取り組むか

撮影現場ではどんな音を収録するべきか？　その音が適切なものかどうかはどうやって判断すればいいのか？　音楽はいつ探しはじめるべきか？　音響は、観客をあなたの映画に引きこむために欠かせない役割を果たすものだ。とはいえ、監督にはほかに取り組むべき問題が山のようにあるため、その検討を先送りにしがちである。そこで、あなたの作品に不可欠な音響をいかに予測し、収録するかについて説明しよう。

サウンドビジョンを創作する

映画のあらゆる技巧におけるあなたの決断を、登場人物、物、場所の音によって表現すれば、映画は、想像をはるかに超える声を持つようになるだろう。——ランディ・トム、米映画音響協会（ＣＡＳ）会員、サウンドデザイナー兼ミキサー（『レヴェナント：蘇えりし者』〔二〇一五〕『キャスト・アウェイ』〔二〇〇〇〕『ライトスタッフ』〔一九八三〕『スター・ウォーズ　エピソード６／ジェダイの帰還』〔一九八三〕）

映画に対するあなたのヴィジョンを実現するための要素のひとつとして、見る人がどんな音を聞くかを考えてみよう。これはプリプロダクションの段階からはじめたほうがいい。映画のなかで世界がどのように聞こえるかを想像し、さまざまなシーンやセクションのサウンドスケープを予想する。明るく活発なのか、陽気ななかに不吉なトーンがあるのか、苦しみのなかにも希望があるのか、といったことだ。そうしたシーンやセクションは衝

気候変動と格差社会を描いたディストピア映画『スノーピアサー』(2013)。走りつづける密閉された「鉄の箱」は資本主義を表し、富裕層と貧困層で乗る車両は完全に分けられている。

突するのか、それとも補い合うのか?

それぞれの登場人物や物について、楽器やテーマ曲を思い描くこともできるかもしれない。どんな音がするのか? どんな旋律を奏でるのか? どんな雰囲気を醸し出すのか? たとえば、列車は映画のなかでどんな役割を果たしていたか思い出してみよう。『ポーラー・エクスプレス』(二〇〇四)では魔法のように駆けめぐり、『ドクトル・ジバゴ』(一九六五)では革命の動乱のなかを疾走し、『シンドラーのリスト』(一九九三)では死への恐怖の響きを立ててアウシュヴィッツへと向かっていった。

音響と音楽が語るもの

音響と音楽の一つひとつが、ストーリーを引き立て、支えるものでなくてはならない。そのために不可欠な音を、オンスクリーンのものもオフのものも確実に録音しよう。ヒッチコックのアプローチを学ぶのもいい。「音を正確に描写するには、それに相当する台詞を思い浮かべる必要がある」と考えていたヒッチコックは、『鳥』(一九六三)についてこう語った。「鳥の群れが集まり、あたりを見渡し、攻撃する。言葉にするならこうだ。〝もう逃げられないぞ。ここにいる。勝利の叫びも怒りの叫びもあげることはない。無言で殺していく〟」。もし映画のなかの音が話せるとしたら、場所について何を語るだろう？　登場人物の内なる思いをどのような言葉にするだろうか？

音響効果

具体的な音（ハードサウンド）と背景音（ソフトサウンド）を考え、どのような働きをするかについて検討する。その音は、たとえばインドや火星など、具体的な場所を表現できるだろうか？　その音、あるいは音楽は繰り返し聴こえるものなのか？　音源は画面のなかにあるのか、オフなのか？　喜び、緊張、安堵、悲しみ、恐怖などの雰囲気を醸し出すものなのか、それとも何かたいせつなこと、象徴的なことを表現するものなのか？　あなたの映画の音環境における繊細なビートや壮大なトーンを感じ取り、それが映画のビート、登場人物、そしてテーマをどのように引き立てるかを考えよう。

音楽

音楽はあなたの映画がどんな感情を引き出すかの試金石であり、観客の反応を高めるものだ。考え抜かれた音楽は、その映画にふ

「鳥が来るぞ！」。これは、ヒッチコックの名作『鳥』の宣伝用キャッチフレーズだ。そう、鳥は来た。校庭のジャングルジムから飛び立ち、逃げる子供たちを襲う。『鳥』では音楽が使われず、音響がきわめて重要な役割を果たした。

『ライフ・イズ・ビューティフル』(1997)のラスト近く、連合軍の戦車が近づいてくる轟音は、父親が息子に約束した自由をかなえるものだった。

左:ケン・バーンズ監督のドキュメンタリー・シリーズ『南北戦争 The Civil War』(1990)は、戦争の犠牲者たちの悲劇を当時の歌を使って痛切に表現した。右:『ワンダーウーマン』(2017)の収録風景。

さわしいトーンを定め、コメディ、ロマンス、楽しいことの予感など、これから何がはじまるかを観客が知る手がかりとなる。音楽についてはプリプロダクションの段階から考えはじめよう。作曲家を雇ったら、あなたのアイデアについて話し合い、彼らがさまざまな試みを行い、曲作りをはじめられるようにする。撮影中には、途中で編集したシーンを送るといい。音楽についてのプランができたら、権利を取得したり、どうしても使いたいバンドと録音を行ったり、自分で曲作りをしたりするのに十分な時間を確保すること。

ロケ地で――利用できる音響を収録する

ロケ候補地を視察するときは、目だけではなく、耳もよく働かせること。録音担当者も同行させよう。飛行機、列車、発電機、車の往来、風の音、犬の鳴き声などは、テイクを台無しにするものであり、キャストやクルーが動けなければ貴重な撮影時間が無駄になってしまう。ロケ現場で不要な音が入ってしまうことを避けられない場合もあるが、事前に録音担当者と慎重に討議しておけば、回避策を用意することもできる。音が悪くても編集で直せばいい、なんて考えないように。

クリーンな音を収録する

音響技師の身になって考えよう。頭上でヘリコプターが飛んでいたり、ドアや台車が音を立てたりしていないだろうか。観客がひと言も聞き逃さないように、すべての台詞が鮮明でクリアであることを確認しよう。音が悪い場合、特に台詞は、ポストプロダクションで修正できる範囲は限られているし、費用もかかる。撮影中にきちんと録音するように。

ルームトーンと現場音を撮影中に録音する

▼ルームトーン（室内音）――各シーンにつき、一分間のルームトーンを録音する。ルームトーンとは、人声や

雑音のない室内の環境音のことだ。音響技師はこれを使ってシーンの音響を整える。特に会話シーンで重要だ。

▼**現場音**――屋外の撮影現場では必ず現場音を録音する。画面上の特定のアクションとはシンクロしていない、台詞のない音のことだ。木々の音、車の往来、工場の音など、自然な音を録音しよう。作品の音響をどのようなものにしたいかを考え、それに欠かせない具体的な音響を収録する。音響技師はあらゆる効果音を持っているけれど、あなたが記録映像を撮影したワオキツネザルの交尾音は持っていないかもしれない。音響によってはあとから入手するのが不可能なものも、莫大な費用がかかるものもある。

最後にひとこと

映画業界には、「撮影中に先に払っておくか、編集で追加費用を払うか」という考え方がある。最初からきちんとした画像と音響を収録して、余計な時間と費用がかからないように心がけよう。映像を正しく撮影すれば、ショットはあなたが望むとおりに編集される。音響と映像で最高の作品を作りあげ、観客のもとへ届けよう。

編集を意識して撮影するために監督が知っておくべきこと

- □ セットはきちんと整理する。各テイクのスレートを準備し、正確な撮影メモと撮影ログを確保して保存する。

□ 編集室とは明確なコミュニケーションを心がける。

□ 撮影時に勝手にカットしない。編集とペイシングは編集技師にまかせる。

□ Bロールの計画を立て、カバレッジを撮影しておく。リアクションショット、リバースショット、クロースアップ、ツーショット、オーバーヘッドショット、インサートショットなどがこれにあたる。

□ 場面移行やモンタージュに使うショットは前もって準備する。

□ アングルを変えるときはアクションを繰り返して撮る。

□ つながりを考えて撮影し、ミスマッチを防ぐ。アングル、構図、ショットのペイシング、目線、照明、画面の方向と位置関係はもちろん、小道具、ヘア、衣装も合わせる。

□ 一八〇度ルールを守る。ルールを破るときは、はっきりとした意図を持っていること。

□ 撮影のときは目だけではなく、耳もよく働かせる。自分の作品の音の響きを思い描き、それを表現できるように撮影現場で音響を収録する。

□ 音楽については早い段階で考える。使いたいと考えている作曲家やミュージシャンとはじっくり話し合う。

★01——同時に進行しているふたつの異なるシーンを交互につなぐこと。

★02——色彩科学では、人間が色を見たときに生理的・心理的にどう反応するかを研究している。撮影監督はつねにホワイトバランスをとり、見る人が映像の白い部分を白として認識し、緑などほかの色がかぶることがないようにする。撮影監督は、シーンの彩度をカラーグレーディングで調整できることを頭に入れたうえでホワイトバランスをとっている。

第二章

編集技師がもたらすもの

監督であるあなたは、こんなふうに思うかもしれない。「その編集技師とやらは何者で、いったいどんなことをやるんだろう」。編集技師に仕事について聞いたところで、返ってくる答えはおそらく、いま編集している作品の名前だろう。それがうまくいっているかどうかぐらいも聞けるかもしれない。これでは、あまり答えになっているとはいえない。そして、こんな疑問を持つかもしれない。「編集のどこがそんなにたいへんなんだ？　編集技師の仕事なんて、必要ないコマを取り除いて、すばらしいショットをつなぎ合わせるだけじゃないか。コンピューターでやれば一瞬だろう」。そして、考えこむかもしれない。「いったい、何を好き好んで、暗い部屋にじっとすわって音や映像をいじっているのだろう？　外に出てほかのことをやればいいのに」と。

こうした疑問に答えていく前に理解してほしいのは、映画制作のほとんどの側面と同様に、編集は地道でありながら魔法のような力を持ち、技術と芸術性の両方が必要な作業であるということ。組織のなかで働く能力が要求されつつも、監督であるあなたの意図を実際の映像に取り入れていく。順応性がある編集技師は、ひとつのシーンのこまやかな部分から、作品全体を見渡す広い観点へと目を転じ、一瞬にしてまたそこから戻ることができる。

編集技師は、撮影現場から離れた、おそらくは窓のない部屋で画面に集中しているため、目に見えない存在に感じられるかもしれないが、その貢献は、ストーリー、感情、そして作品の流れのなかに目に見える形で現れる。この章では、編集室の扉を開けて、そこにあるリズムとお決まりの作業について、創造性と実際の作業の両方の面から見ていき、デジタル編集機の前に座る人たちがどんなことをやっているかを紹介しよう。

編集技師と編集についてのよくある誤解

編集技師の仕事についてては、誤解されている点がいくつかある。これについてひとつひとつ説明したい。

映像から悪い部分を取り除く仕事

編集技師について人々が持つ最大の誤解は、映画作りのために映像から悪い部分を取り除くのが仕事だということ。これでは、最高のアップルパイを作るには、おいしいリンゴから傷んでいるところを取り除いて、パイに入れて焼けばいいと言っているのと同じだ。パイを焼きあげるのも、映像の編集も、そんなに単純ではない。たしかに編集のプロセスは消去法だ。編集技師は実際に、できの悪いフレーム、退屈なフレーム、不要なフレームを取り除き、どのテイクのどの部分を残すかを選択する。だが、これは仕事のほんの一部にすぎない。簡単に言うと、編集技師の仕事とは、生の食材――監督が撮影したフィルムやアーカイヴ映像――を混ぜ合わせて、作品のヴィジョンを実現することだ。大まかな定義ができたところで、編集技師が何をもたらすかを完全に説明するために、属性——料理にたとえることにこだわるのであれば材料——ごとにさらに細かく見ていこう。

俳優の敵ナンバーワン

編集技師についての第二の誤解は、編集技師は俳優の敵であり、俳優のよい演技を編集室で捨て去ってしまう、ということ。これはなんの根拠もない話だ。それどころか、誠実な編集技師は、俳優（あるいは撮影対象となる誰でも）のよき友であり、カメラに映るすべての人から最高のものを引き出すことに力を尽くす。編集技師は、すばらしい演技にさらに磨きをかけ、ありきたりな演技を格上げし、ぱっとしない演技を救済する。編集技師こそ、俳優の降板やキャスティングの変更について意見を求められるべきだが、その決定を行うのは監督かプロデューサー、あるいはクライアントだ。編集技師は俳優の敵だという噂はあまりに根強く、わたしなどは以前、住宅保険の優遇料金を拒否されたことがある。わたしが俳優から訴訟を起こされると保険会社が考えたからだ。代理店は上司に相談したが、実情をいくら説明しても会社の方針は変わらなかった。

現実

では、編集とはいったいどういうことなのだろうか。あるときは、そのリズムと流れ、ビートと休符、息つぎやペイシングから、編集は音楽にたとえられる。またあるときは、彫刻にたとえられることもある。編集技師はすべての映像に目を通し、物語を伝えるのに必要なショットやフレームを選び、残りを除外するからだ。あるいは、編集はむしろ建築に近いものかもしれない。脚本という名の設計図をもとに、撮影されたショットをブロックとして、カットごと、シーンごと、セクションごとに作品を築きあげていくからだ。あるいは、編集技師は小説家なのかもしれない。映像と音声、ときには字幕スーパーも使って、脚本や筋書きを最終的に観客向けの形に仕上げる——多くの映画制作者が認めるように、映画を最終的に書きあげるのだから。ときに編集技師は、自分を裁縫師のように感じる。額に汗してへたなショットを縫い合わせ、まずまずの作品を作って他人のおもしろくもないヴィジョンに合わせる。まともな映像を手に、協力的な監督のために観客をとりこにするようなすばらしい作品を作ることを夢見ながら。編集とは、これら五つの技能の要素をあわせ持つものであり、それ自体がユニークな技能だといえる。

クリエイティヴ・アーティストとしての編集技師

黒澤明監督は「撮影とは編集の材料を集める作業だ」とつねづね語っていました。まったく同感です。編集が映画を作る。忘れてはいけないことです。わたしが撮影するのは編集のためなんです。——アレクサンダー・ペイン、監督(『ネブラスカ ふたつの心をつなぐ旅』〔二〇一三〕『ファミリー・ツリー』〔二〇一一〕『サイドウェイ』〔二〇〇四〕『ハイスクール白書 優等生ギャルに気をつけろ!』〔一九九九〕)

独自の視点

あなたの映画作りの中心となる他の人たちと同様に、編集技師も脚本を読み、ドキュメンタリーの筋書きを確認している（ときには編集技師自身が作成することもある）。編集技師がほかのスタッフと違うのは、ショットをおさめるための苦労は経験していないということだ。ロケ地での降雪や灼熱の暑さ、俳優とのいざこざ、取材対象者が突然口を閉ざしてドキュメンタリーが行き詰まる等々。一歩引いて見ることで、編集技師は独自の判断力と異なる視点を持つことができる。彼らの曇りのない目は、映画の成功にとってきわめて重要だ。

編集技師がはじめて作品を見るとき、それはまだ未処理の映像だ。いわば生の食材であり、編集技師がすべてを混ぜ合わせてはじめて料理となる。レシピとしての脚本や筋書きは、編集技師のための設計図である。編集技師は、ステーキを焼く音をジュージューと響かせるように、ジャンプカットやクイックカットであえて編集部分を目立たせることがある。壮大なマスターショットを切れ目なくなめらかに見せることもある。編集台での調理は、セクションを足したり、引いたり、移動させた

編集技師と俳優。提供：クリス・センチャック

編集技師は観客の目だ。提供:クリス・センチャック

りする実験的なプロセスだ。編集を重ねるごとに、監督が望む映画の形が見えてくる。

編集技師は、偏見のない目で監督が撮った映像を注意深く観察し、ストーリーを生かすものに光をあて、退屈、不必要、真実味がないなどの理由で、機能しないショットや台詞、シーンを除外していく。編集技師は、各シーンやセグメントの目的、そして作品全体を考慮して、登場人物やインタビューイーの言葉、表情、成長、進歩を客観性と思いやりをこめて扱う。

編集技師は、何を入れ、何を残すかを選択するとき、演技だけでなく、撮影技術、美術、音響、そして、監督がスタッフと苦心の末にとらえたさまざまな要素から、最高のものを引き出すよう力を尽くす。あるときは魔術師であり、あるときは錬金術師でもある編集技師は、一つひとつのフレーム、ショット、シーンごとに、映像と音声を使って映画を作りあげる。

監督であるあなたがサーカスの団長だとすると、編集技師は映画の調教師だ。独自の視点を持って異なる立場から細部にも全体にも目を配る。これは、監督とその作品に対するまたとない贈り物だ。

編集技師の祈り

天にまします全知全能の監督さま。
願わくはオスカーをお取りになられますように。
生涯功労賞もお取りになられますように。
みこころが撮影現場におこなわれるとおり
編集室にもおこなわれますように。
きょうもわたしたちにデイリーを
時間どおりにお与えください。
映像が見つけられなくてもお赦しください。
わたしたちも記録係を赦します。
わたしたちをいら立ちからお救いください。
才能豊かな監督のもとへお導きください。
スプライサーとマウスと客観的な視点は
限りなくわたしたちのものであります。
アーメン。

ストーリーを伝える

ストーリーが伝わらなければ、どんなに派手な演出があっても意味がありません。問題なのは手先の手段では

ないんです。何よりもストーリーです。――ザック・ステンバーグ、編集技師(『マトリックス』三部作)

編集の本質とは、ショットを削除することでも、巧みに映像をつなぐことでもない。編集技師は監督にとって映画の最終的な作家であり、映像と音でストーリーを伝えるストーリーテラーだ。脚本、撮影現場、デイリーでうまくいかなかったものを、編集によって機能するようにしなくてはいけない。編集技師は映像を読み解き、じっくりと眺め、耳を傾けて、ストーリーを視覚化し、構築する。作家のようにストーリーを設定し、重要な情報をいつ、どのように明かすかを決め、各編集の長さや編集の回数によって時間を縮めたり引き伸ばしたりして、ストーリーを最も効果的に伝えられるように構成する。

脚本と同様に、一つひとつのシーンにも、はじまり、中間部、終わりがある。編集技師は、そのシーンにどのように入り、どのくらいの長さにして、いつ――どのショットで――終わらせるかを考え出さなければならない。意識的にせよ無意識にせよ、編集技師はこんなふうに考えていくはずだ。このシーンでは誰に重点を置くべきか。話し手と聞き手のどちらに焦点を当てるべきか。

シーンのはじまり:イラン革命後のテヘラン。ヴェールを脱ぐのにいくら賭けるかマルジが友人たちに持ちかける。中間部:友人たちが賭けに乗る。終わり:マルジがヴェールを脱ぎ、全員が声をあげて笑う。『ペルセポリス』(2007)より。

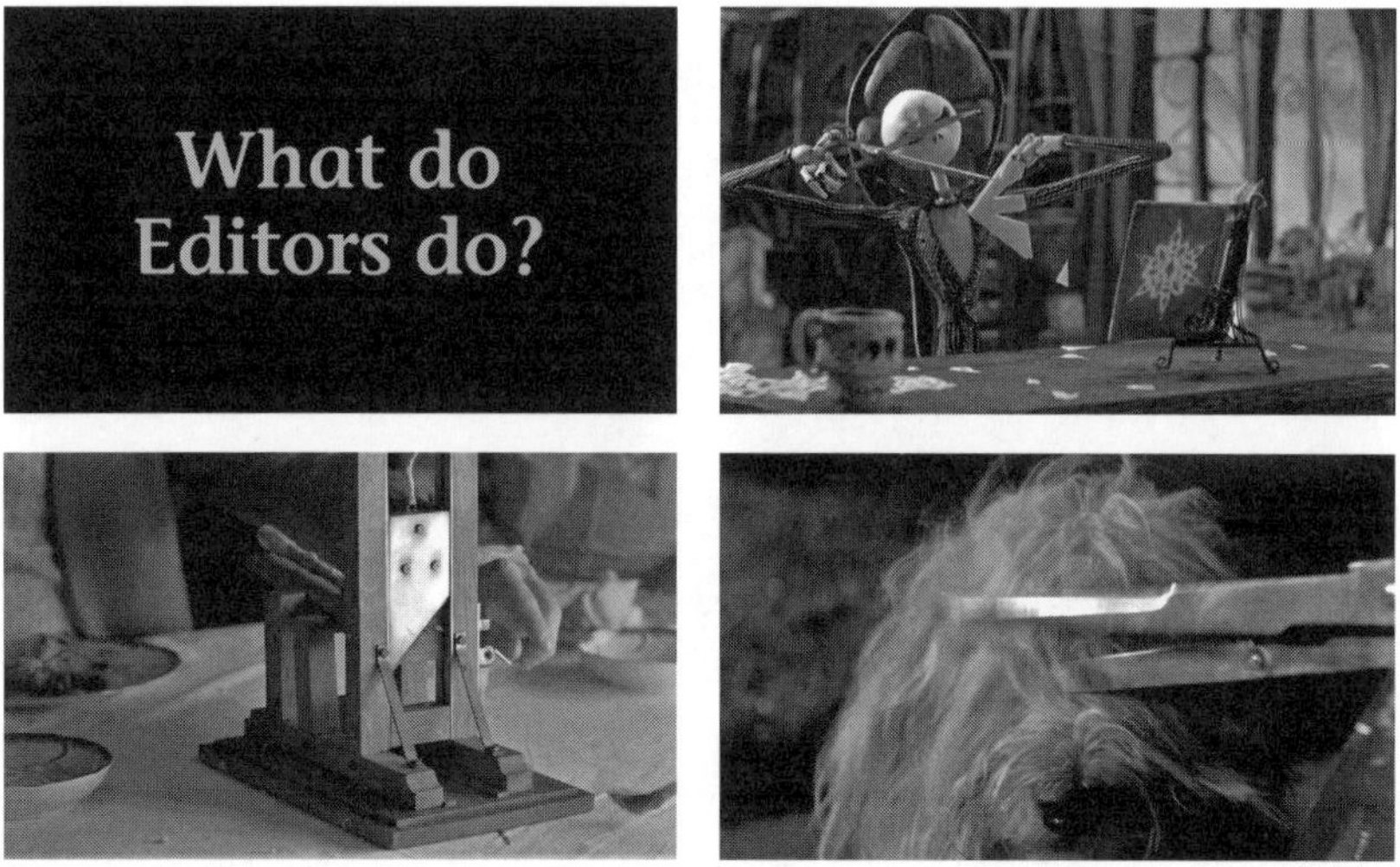

編集についてのすばらしいドキュメンタリー『カッティング・エッジ 映画編集のすべて』(2004)のオープニング。「カッティング」(映画フィルムの編集)という言葉のもうひとつの意味「切ること」を表す短いカットで構成されている。

情報をいちばんうまく伝えることができるのはどのショットか、それをどれくらいの長さにすべきか。多くの映画制作者は、編集とは脚本の最終的なリライトであり、映画の最終的な演出だと考えている。

すぐれた編集とは、すぐれたストーリーテリングであり、映像とストーリーが求めるものを形にすることだ。これこそ、編集技師にとって何よりも大切で、欠くことのできないスキルなのだ。

ドキュメンタリーのストーリーテリング

ドキュメンタリーを制作する場合、準備された筋書きがどんなに役立つものだとしても(不完全なものであることが多く、存在すらしないこともある)、ストーリー、そしてそのビジュアルスタイルとサウンドデザインを最初に形成するのは編集技師だ。そのため、ドキュメンタリーの編集は、監督と編集技師の双方にとって、非常にクリエイティヴな共同作業であり、やりがいのある経験となる。取材対象者や専門家の発言をまとめ、台詞やセクションをつなぐカットアウェイショットを入れる。思考プロセスや視点を明確にするために画像を並べ、ギャップや切れ目を調整する。モンタージュを作成し、音楽を重ね、ナレーションを加える。図表やアニメーションを使うこともある。最も難しいのは、伝えたい多くのストーリーのなかから、長さの問題や視聴者に過度の負担をかけたくないという理由から、どれを外すかを決めることだ。

ストーリーの問題点

最終的な責任は編集室にあります。——デデ・アレン、編集技師(『俺たちに明日はない』〔一九六七〕『狼たちの午後』『レッズ』『ブレックファスト・クラブ』)

映画の問題点は、編集の段階で目に見えて明らかになる。主役の演技に一貫性がない。エンディングがうまくいかない。よいシーンがたくさんあるのに——ありすぎるために——流れが悪い。そこで、監督と編集技師は問題を解決するために、大きな修正や小さな調整を行うことになる。ストーリーを語る視点を増減する、インターカットを行う、シーンを移動させる、台詞を並べ替えたり引き締めたりする、といったことだ。監督と編集技師で、映画が最終的に語るべきストーリーを作りあげるのだ。

編集技師と俳優

どんな作品でも、編集技師が俳優やインタビュイー(インタビューの相手)に会うことはめったにない。編集技師にとって俳優は登場人物であり、インタビュイーは単なる被写体だ。しかし多くの点で、編集技師は画面に映る人物を、本人たちよりもよくわかっている。編集技師は、彼らの見かけや身ぶり、そしてキャラクターや談話に吹きこむ力強い生き方を受け止める。そして、俳優やインタビュイーの話し方や演技に心を動かされる。彼らの気持ちになって考えることによって、こんどは編集技師が彼らの話し方や演技に影響を与える。

編集技師によるサポートは俳優にとって欠かせないものだ。編集技師は膨大な時間をかけてテイクを吟味し、キャラクターを最もよく反映し、シーンを構築できる台詞表現やリアクションを選ぶ。編集技師はキャラクターアークを強固なものにし、俳優のタイミングを調整することで、そのキャラクターの一貫性を保ち、ストーリーのドラマとしての目的をサポートする。編集技師は、よくない演技や退屈な演技を格上げし、すばらしい演技からは最高の瞬間を引き出してさらに輝かせることができる。

編集技師は、俳優のタイミングやリアクションを調整し、それぞれの演技に一貫性があり、ドラマとしての目的が達成できるようにする。ときには、感情と時間を引き伸ばすために、演技に間合いを持たせることもある。また、演技を持続させ、緊迫したペースを保つために、ペースを速くすることもある。編集技師はつねに、シーンや作品全体の目的を考慮に入れて、すべての登場人物やインタビュイーの発言、台詞、表情、全体的な表現に対して客観性を持ちつつ情熱をもって対処する。

バルコニー越しならプロポーズはいっそうロマンチックに。『ラブ・アクチュアリー』(2004)より。

削らざるをえない場合

登場人物やインタビュイーを丸ごと削除するのは、たいていの場合、演技やインタビューそのものが劣っているからではない。その演技やインタビューが作品の進行を遅らせたり、混乱させたりすることが、作品にとってマイナスの要因となるからだ。たとえば、ひとつのシーンやエピソードを削ると、登場人物も削る必要が生じてしまう。また、インタビューで語られた意見や体験が、別のインタビューやナレーションの内容と重複した場合も、そのインタビューは削ることになる。

観客の立場に立つ

映画は編集室で作られる。この事実に、ただ頭が下がる思いです。どんなにすばらしい演技も、最高の企画も、編集がなければなんの意味も持ちません。監督や俳優、デザイナー、脚本家は、ストーリーと自分自身のどちらかを生かせばいいかにとらわれて、ときに道を踏み外し、混乱してしまいます。編集技師はひたすらストーリーを生かすことに努めてくれる。その意味で、編集技師は観客にとって最良の友であり、映画作家にとってつねに救済者です。 ——デヴィッド・マメット、監督／脚本家(『ステート・アンド・メイン State and Main』[二〇〇〇]『ザ・プロフェッショナル』[二〇〇一]『ホッファ』[一九九二]『ハンニバル』[二〇〇一])。

観客に届くのは編集された形としての作品であり、それは編集技師が映像を読みこみ、紡ぎあげたものだ。脚本や計画案や未加工のデイリーではない。映像か音声か、あるいはその両方かを問わず、どのカットも、観客に伝えるのは、内容やプロットだけではなく、登場人物が何を見て、何を経験し、何を考え、感じているか、そして彼らがどう反応し、どう行動するかということだ。これこそが、観客がどのように考え、感じ、見て、反応するかに影響を及ぼす。編集技師は観客の立場に立って考える。観客は知的で――映画ＩＱが高く――繊細なしぐさや表情のなかに多くのことを読み取るので、編集技師とは細やかな心配りが必要な仕事だ。

編集技師は観客の目であり、つねに観客がどこを見ているかに焦点を合わせている。ショット、音声、音楽から、編集技師はストーリーをはっきりとした形にまとめ、各シーンのペースを設定し、観客が何をいつ見聞きするかをコントロールする。それを操作と呼ぶか、関わり合いと呼ぶか、あるいは、単にすぐれた映画作りと呼ぶかにかかわらず、編集によって観客は恐怖を覚え、涙を流し、笑い声をあげる。フィクションかノンフィクションかを問わず、編集によってその作品が観客にとって真実味が感じられるものになる。夢中になった観客が知らず知らずのうちにスクリーンに映るアクションと呼吸を合わせていたら、編集が成功した証だ。

映画の言語と編集技師

編集とは、フィルムをいかに組み合わせ、上映するかということであり、言うなれば映画の言語である。まとめあげた映像がいかに観客に語りかけるか、それが編集なのだ。一般市民が映画を鑑賞するようになって一〇〇年以上になり、その言語はかなり洗練され、第三章で解説する創成期からは大きな進歩をとげた。映画界の有名な伝説★01によれば、一八九六年、パリで上映された短編映画でこちらに向かってくる列車を見た観客は驚いて逃げ出したという。一九八〇年代に南米の田舎町ではじめて映画を観た人々は、蚊のクローズアップが登場する害虫駆除についての映画を拒絶した。「これほど大きな蚊はここにいない」というのがその理由だ。こうした反応は、長年にわたって、ほかの文化圏でも繰り返し見られた。

編集は思考を模倣するものであり、それこそが映画制作をほかの芸術形式と区別するものだ。思考の模倣は、編集技師によるショット——クロースアップ、ワイドショット、リアクションショット、主観ショットなど——の選択とその並べ方によって実現する。そのために編集技師は、フラッシュカット、フラッシュバック、フラッシュフォワード、ショートカット、ロングカットを作り出し、撮影された実際の時間の長さを操作する。編集は心の働きを模倣するものであり、そのためには心が必要だ。

編集技師は映画の言語を話し、すべてのフレームでそれを声にする。作品ごとに、監督と編集技師は新たな言語を作り出す。あるシーンでは、ジャンプカットが夫婦喧嘩の緊張感を高める間投詞の役割を、次のシーンでは、長めのショットが夫婦の和解の余韻を書き記す役割を果たすかもしれない。完成した作品は、うまくいけば、ひとつひとつのカットをただ合わせたよりもすばらしいものになる。編集によって刻みこまれた独自の意味が、観客に感銘を与えるからだ。

実務プランナーとしての編集技師

資料管理も編集技師のたいせつな仕事だ。すべての映像を分類し、メモ

リュミエール兄弟の有名な短編『ラ・シオタ駅への列車の到着』(1895)。南仏の海沿いにある駅で撮影された45秒の作品である。

リーに残す。大がかりな整理作業だ。編集技師は、アシスタントと見習い——どちらかだけでもいればいいほうだ——とともに、映像はもちろん、脚本と撮影メモ、スケジュールとワークフローを整理し、編集室のなかもきちんと整頓する。編集技師が何をどのように整理しているのか、基本的なことがわかれば、編集室を構成するものに親しみが湧くのではないだろうか。そうすれば、編集技師と並んで編集室に座ることになっても、あなたにとってなじみの場所のように感じられ、すぐに腕まくりをして作業に取りかかることができるはずだ。

編集室

専用の特別室が与えられることもあれば、間仕切りで囲ったスペースの場合もあり、ソファと椅子がやっと置ける程度の小屋という場合もある。スタジオやポストハウスの一角にある場合もあるし、モーテルやトレーラーハウスのなかということもある。わたしは監督のクローゼットのなかで編集したこともある。ミュージックビデオの編集を

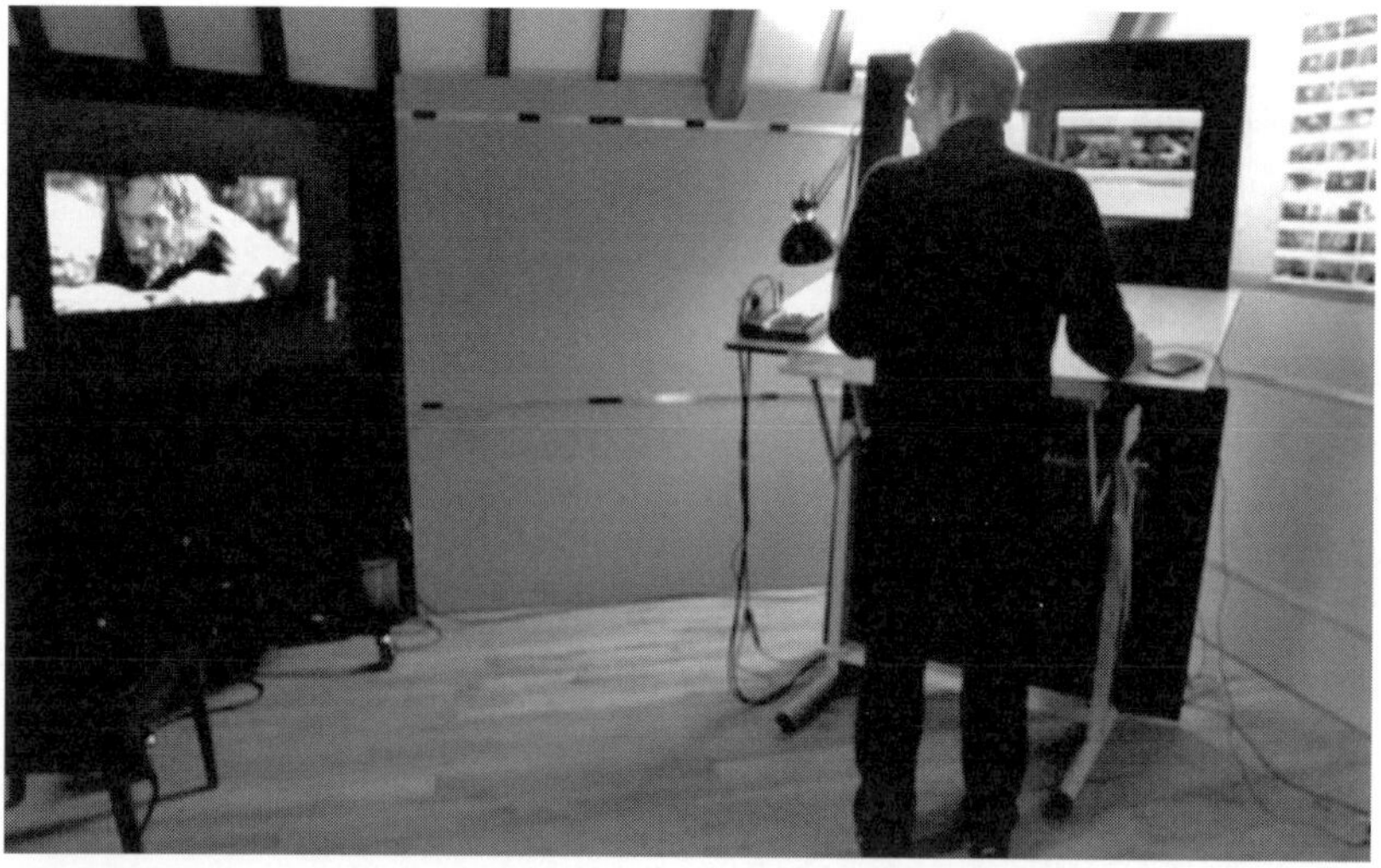

映像編集に関するベストセラー『映画の瞬き』の著者である編集技師ウォルター・マーチ。カリフォルニア北部の自宅ガレージ二階にある編集室にて。『カッティング・エッジ 映画編集のすべて』より。

やっている知人は、バンドのツアーに同行して、何か月ものあいだバスのなかで作業をしていた。どこのどんなところであっても、編集室は編集技師の仕事場であり、監督であるあなたもそこでかなりの時間を過ごすことになる。ほとんどの編集室には窓がなく、あったとしても暗くしてある。映像やシーンを見やすくするためだ。

編集はだらしがない人間には向いていない。編集スタッフは、ソース映像、ログ、脚本、大事な連絡先——ピザの宅配サービスなど——ありとあらゆるものがすぐに使えるように部屋を整える。雑然とした編集室では落ち着いて仕事ができず、試写の際のメモを探すのに血眼になったり、コーヒーが行方不明になったりして時間が無駄になってしまう。編集スタッフは、適切な照明、電源、スピーカー、温度を確保し、映像の視聴、編集、作品の試写に理想的な環境を作る。ソファ、ランプ、小型冷蔵庫、疲れにくい椅子の確保もたいせつな仕事だ。

デジタル編集システム

Adobe Premiere、Avid Media Composer、Final Cut Proなど、使用するデジタル編集機の設定管理も編集技師の仕事だ。理想を言えば、時間の余裕をもって機械の性能を試し、音声と映像の機器が完璧に機能していること、ソフトウェアが適切に動作していること、作品の設定が正しいこと、すべてのソース——サーバー、デバイス、カメラカードなど——からの映像のインポートとエクスポートが機能していることを確認しておきたい。デイリーが到着してから問題が発覚するようでは、スタートからいやな雰囲気になり、ストレスがたまる。予想される映像量に対してどれだけのストレージが必要かの判断も重要だ。

デジタル機器——Adobe、Apple、Avid——についていえば、どのメーカーの編集ソフトも複雑で、新しい機能やソフトの新しいバージョンがリリースされるたびに学ばなくてはならないことが出てくる。システムの操作、ほかの機器にデータを送る方法、クラッシュやフリーズへの対処なども、編集技師に求められるスキルだ。デジタル編集システムを使った作業には、VFX（簡単なディゾルヴから複雑なグリーンスクリーンまで）の作成、会話や効果音、音楽、ナレーションの追加とミキシングなどがある。

編集技師としてのやりがい

緊張に満ちた時間、楽しい時間、苛立ち、喜び——さまざまな気分や感情を経験することになるはずだ。そして、うまくいけば、満足のいく——誇りにさえ思えるような——作品を作りあげられる。すべては、つつましい編集室のなかで。

ワークフロー

編集技師は、作品のワークフロー——編集室に届いた最初のフレームから最終のカットまで映像がどのような経路をたどるのか——を明確に把握する。ワークフローの基本は、デジタル編集システムに取りこむ（入力する）ことになる映像のフォーマット——カード、ディスク、ドライブ、ファイル、テープなど——と、作品を仕上げる最終フォーマットを理解することからはじまる。

長編映画、ドラマ、ドキュメンタリー、低予算作品、高額予

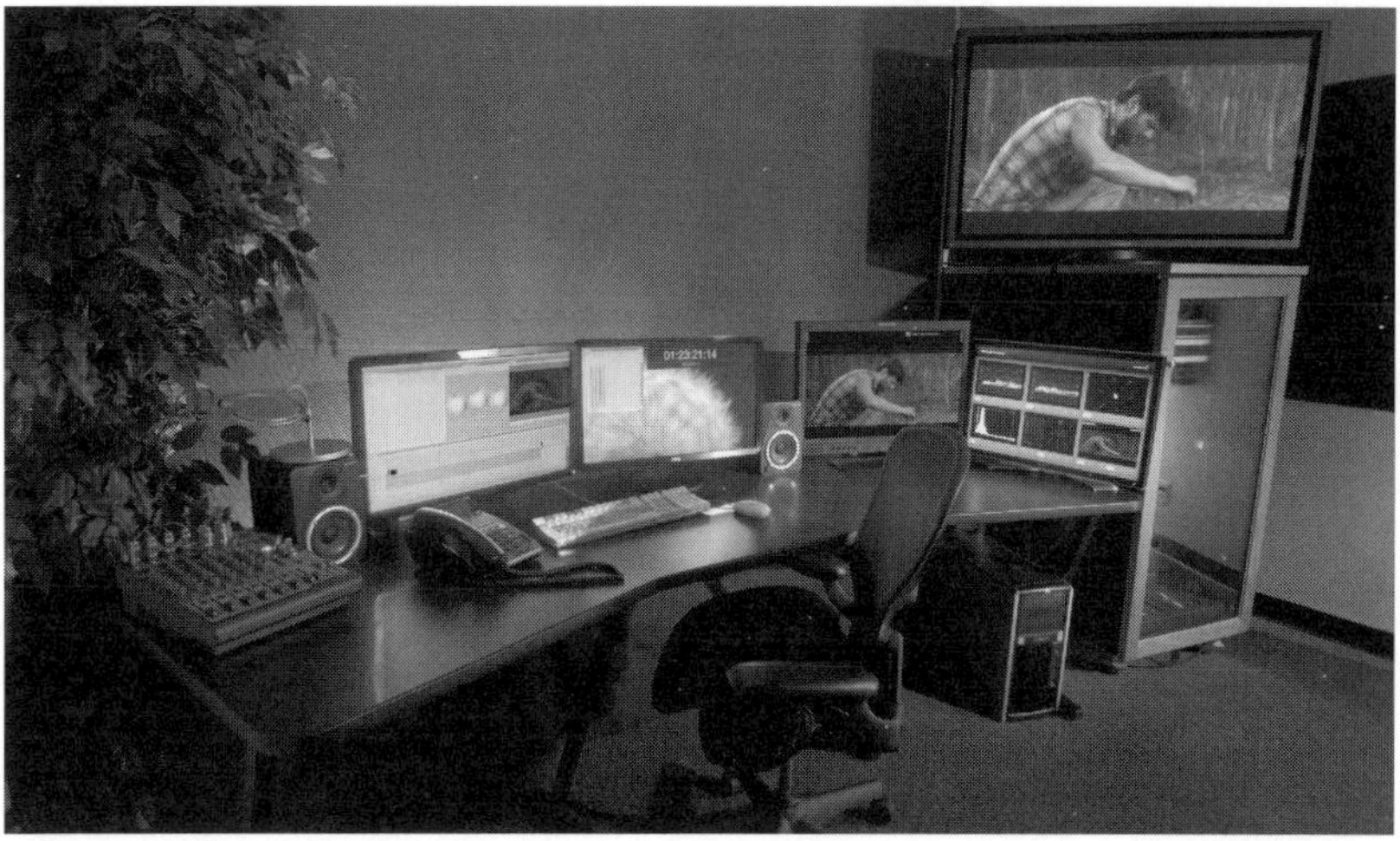
ポストハウスにセットされたデジタル編集システムの例。提供：AlphaDogs

基本的ワークフロー

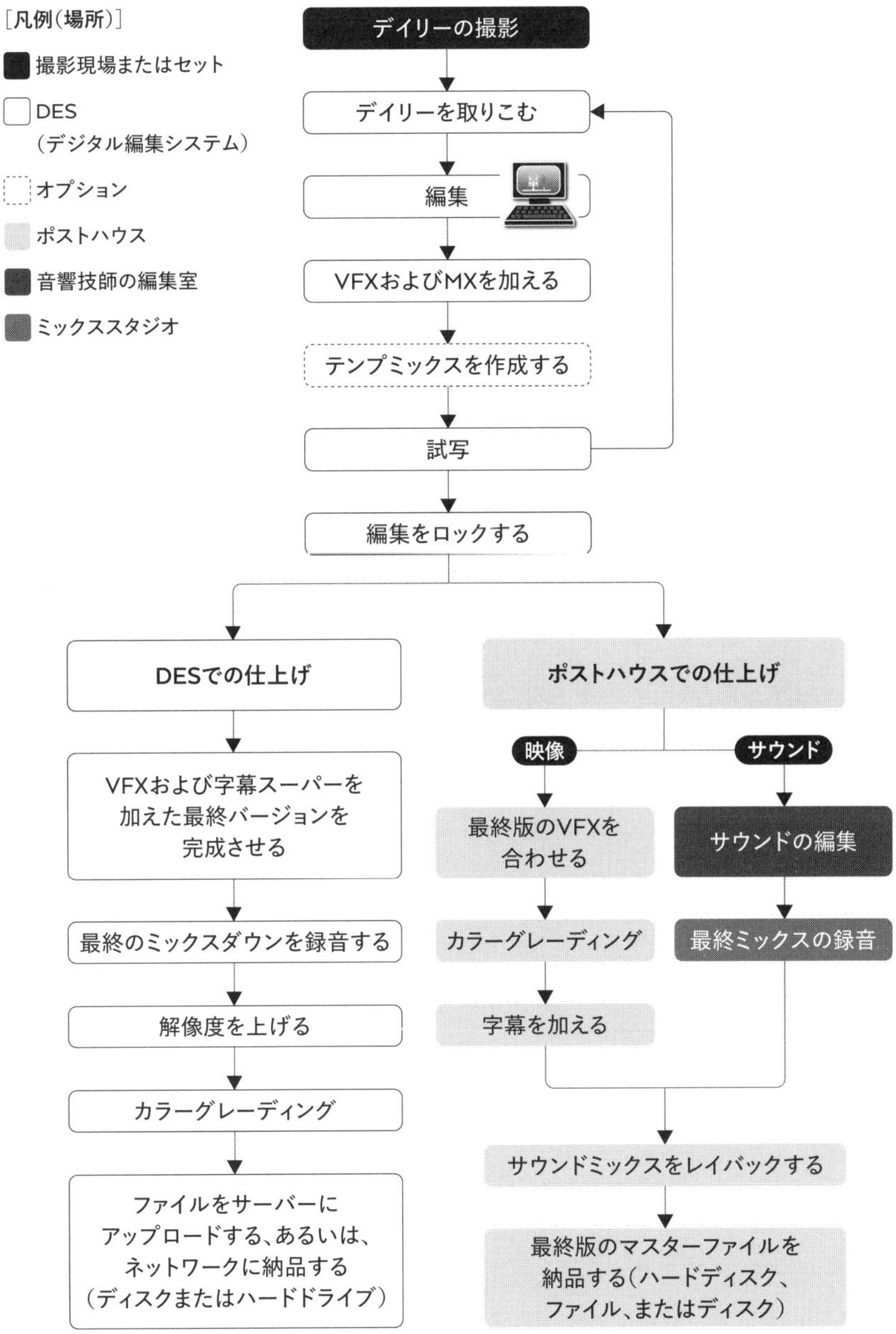
［凡例（場所）］
撮影現場またはセット
DES
（デジタル編集システム）
オプション
ポストハウス
音響技師の編集室
ミックススタジオ
デイリーの撮影
デイリーを取りこむ
編集
VFXおよびMXを加える
テンプミックスを作成する
試写
編集をロックする
DESでの仕上げ
VFXおよび字幕スーパーを
加えた最終バージョンを
完成させる
最終のミックスダウンを録音する
解像度を上げる
カラーグレーディング
ファイルをサーバーに
アップロードする、あるいは、
ネットワークに納品する
（ディスクまたはハードドライブ）
ポストハウスでの仕上げ
映像
サウンド
最終版のVFXを
合わせる
カラーグレーディング
字幕を加える
サウンドの編集
最終ミックスの録音
サウンドミックスをレイバックする
最終版のマスターファイルを
納品する（ハードディスク、
ファイル、またはディスク）

算作品、アニメーション、Final Cut Proによる作品、Avidによる作品、ＨＤ作品、３Ｄ作品、それぞれにワークフローがある。とにかくありとあらゆるものにワークフローがあるのだ。ワークフローは、編集システム、作品のタイプ、予算、使用するカメラ(Alexa、RED、Viperなど)によっても異なる。共通のワークフローもあるが、例外もまた多い。

前頁のフローチャートは、編集プロセスの基礎をまとめたものだ。あらゆるプロジェクトが取る基本的なステップであり、作品によって多少の違いはあるが、どの作品もだいたいこの流れに沿ったものとなるはずだ。各ステップについてはのちの章でくわしく説明しよう。

ポストプロダクションのスケジュール

スケジュールには、撮影日や、ファーストカット、ディレクターズカット、ミックスステージ、納品などの期日といった予定が次々と書きこまれる。ピックアップや再撮影が必要になった場合は、その日付も新たに追加される。編集技師にスケジュールを伝えるのは、ふつうポストプロダクションのスーパーバイザーだ。スケジュールがまったくない場合もあれば、作業しながら作っていく場合もある。スケジュールが変更になっても驚いてはいけない。予定は未定にして決定にあらず、なのだ。変更によって監督には余裕が生まれ、編集技師は深夜まで、ときには週末も働くこともある。ポストプロダクションは制作の最後の段階なので、撮影が遅れたりスケジュールが短縮されたりすると、編集技師はハードな長時間労働をすることになる。ポストプロダクションのスーパーバイザーは、編集技師とともにスケジュールを決め、つねに最新情報を監督に伝える。

デイリー

デイリーをはじめとするすべての映像――アーカイヴ映像、ストックショット、インサート、VFX、SFX――をデジタル編集システムで記録することは、編集技師に課せられた整理作業のなかで最優先事項だ。作品のソースフォーマット（ディスク、ハードドライブ、テープ、フィルム）や番組のタイプ（脚本があるかどうか）によって異なるが、編集技師が受け取るレポートには、監督のメモ、スクリプターのメモと撮影記録、書きこみの入った脚本のページ、編集技師の日誌（別名ワンライナー）、撮影日誌、DITレポート、ラボのレポート、カメラと音声のロ

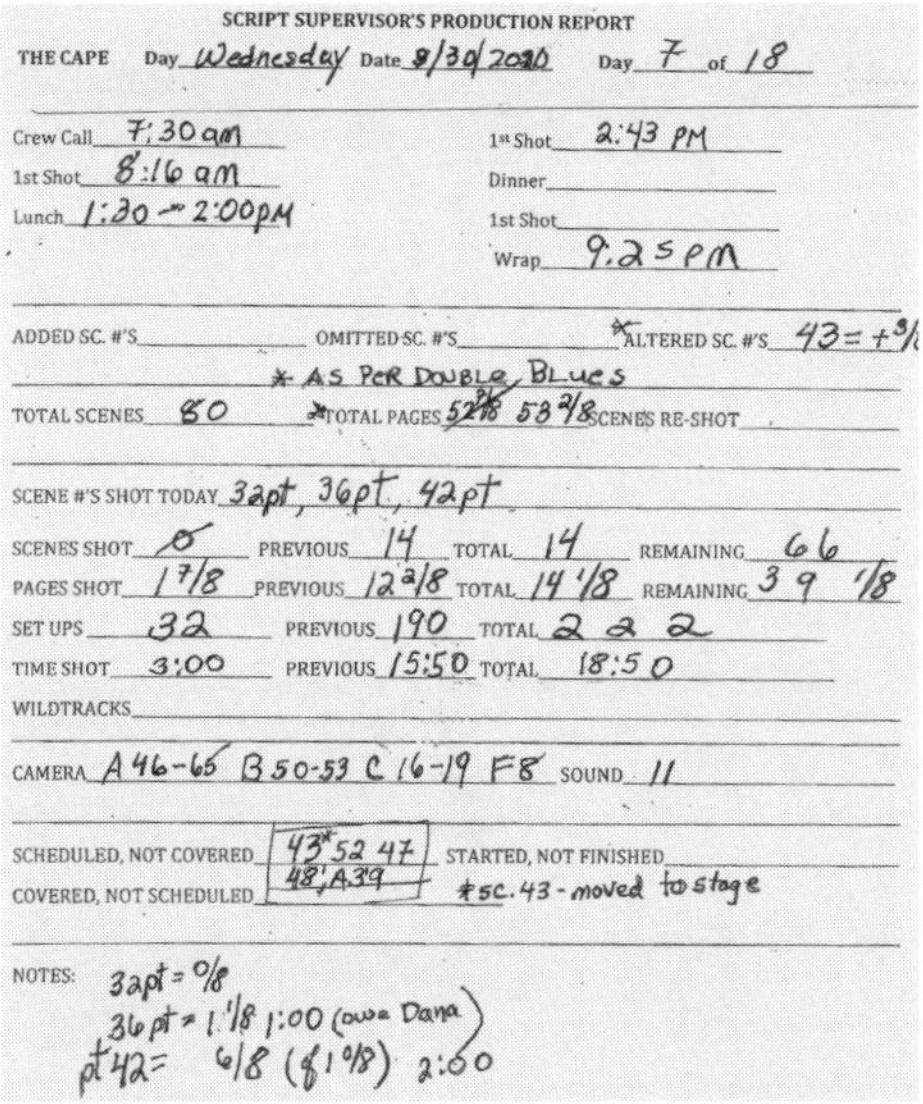
SCRIPT SUPERVISOR'S PRODUCTION REPORT

THE CAPE Day Wednesday Date 8/30/2020 Day 7 of 18

Crew Call 7:30 am | 1st Shot 2:43 PM
1st Shot 8:16 am | Dinner
Lunch 1:30 – 2:00 PM | 1st Shot
Wrap 9:25 PM

ADDED SC. #'S OMITTED SC. #'S *ALTERED SC. #'S 43=+3/8
* AS PER DOUBLE BLUES
TOTAL SCENES 80 *TOTAL PAGES 52 7/8 53 2/8 SCENES RE-SHOT

SCENE #'S SHOT TODAY 32pt, 36pt, 42pt

SCENES SHOT 0 PREVIOUS 14 TOTAL 14 REMAINING 66
PAGES SHOT 1 7/8 PREVIOUS 12 2/8 TOTAL 14 1/8 REMAINING 39 1/8
SET UPS 32 PREVIOUS 190 TOTAL 222
TIME SHOT 3:00 PREVIOUS 15:50 TOTAL 18:50
WILDTRACKS

CAMERA A46-65 B50-53 C16-19 F8 SOUND 11

SCHEDULED, NOT COVERED 43* 52 47 STARTED, NOT FINISHED
COVERED, NOT SCHEDULED 48, A39 *sc. 43 - moved to stage

NOTES: 32pt = 0/8
36pt = 1 1/8 1:00 (ow Dana)
pt 42 = 6/8 (of 1 0/8) 2:00

スクリプターの撮影記録。その日おこなった撮影についてまとめてある。

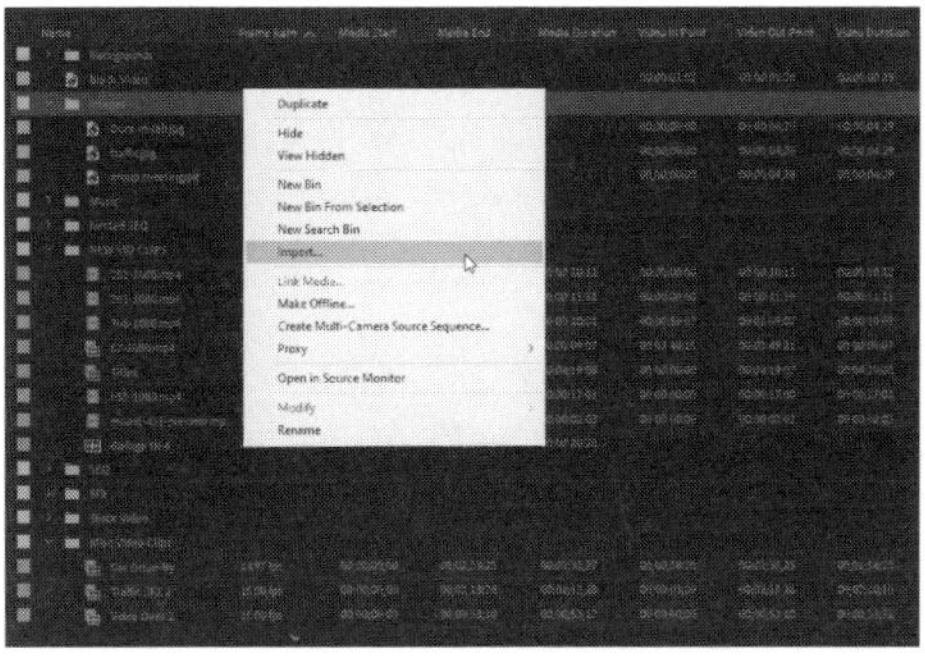

Adobe Premier Proの取りこみ画面。「インポート」をクリックすると表示される。提供：ジェイ・シャーバース

グなどがある。作品がフィルム撮影の場合は、現像所のレポートとテレシネレポート★02も必要だ。

編集技師(いる場合はアシスタント)は、こうしたレポートを入念にチェックし、保管する。監督が撮影した映像をすべて確実に揃えておきたいからだ。試写を行っているさなかに監督から「トースターのクロースアップはどこにある? 撮ったはずなんだが」と言われるのは編集技師にとって悪夢でしかない。編集技師がすべてのレポートや書類を徹底的に整理するもうひとつの理由は、監督と顔を合わせたときに特定のテイクを見たいと言われたり、特定の日や場所のデイリーを見たいと言われたりしたときに、情報や映像にすぐさまアクセスできるようにするためだ。

次に編集技師は、デイリーをデジタル編集システムに取りこむ(入力する)。音声と映像のファイルを同期させなければならないこともある。ショットを編集システムのデータベースに記録するときは、マスターショット、WS(ワイドショット)、MS(ミディアムショット)、CU(クロースアップ)など、必ず説明を付けておく。監督から指示があったものや、編集技師自身が気に入ったテイクには、星印(*)や、NG(ノーグッド)などの印をつけてわかるようにする。編集室から最終的な納品物まで追跡できるよう、各ショットにはすべて、固有のID(シーン番号、テイク番号、説明、タイムコード、メタデータなどから作成)をつける。

最後にひとこと

編集技師は、監督であるあなたの共同作業者だ。映像を整理し、編集、再編集を経てあなたのヴィジョンを形にし、映像のなかのストーリーに命を吹きこみ、観客を魅了する。

編集技師とその仕事について監督が知っておくべきこと

- □ 映画制作のほとんどの側面と同様に、編集は地道でありながら魔法のような力を持ち、技術と芸術性の両方が必要な作業である。
- □ 撮影した映像は、編集技師が作品を形にしていくための材料である。
- □ 編集技師は撮影には参加しないため、映像に秘められたストーリーに対して客観的な視点と独自の判断力を持つ。
- □ 編集の本質とは、ショットを削除することでも、巧みに映像をつなぐことでもない。編集技師は監督にとって映画の最終的な作家であり、映像と音でストーリーを伝えるストーリーテラーだ。
- □ 編集技師は、キャラクターアークを強固なものにし、タイミングやリアクションを調整して俳優の演技をさらによいものに見せる。
- □ 編集技師は観客の立場に立ち、観客の視線がどこに注がれているかを意識する。観客がどのように考え、感じ、見て、反応するかは編集によって決まる。
- □ 編集は思考を模倣するものであり、監督と編集技師が作品ごとに新たに作り出す映画の言語である。
- □ 編集技師は、デイリーはもちろん、レポート、メモなどの書類、ワークフローとスケジュール、仕事場である編集室など、すべてをきちんと整理して管理する。

★01――実際にはこのような事実はなく、これは映画の魅惑について一般市民に知らせるために当時広められた都市伝説だ。
★02――フィルム映像をテープに変換すること。

第二章

映画と編集の歴史を振り返る

遠いむかしから、発明家、科学者、技術者、芸術家といった人々は、静止した画像を動かすことによって、自分たちの世界をほかの人間に向かって表現する方法を模索してきた。そのため、映画編集の歴史は連動したふたつのレンズを通して見ることができる。

❶編集技術と機材の変革と進化
❷映画の言語——映像と音声がどのように観客に語りかけるか——が発展するなかで編集が果たしてきた重要な役割

すべての変革と進化についてこの章で語りつくすことはできないが、今日のわたしたちへとつながる時代の移り変わりを振り返り、重要な出来事

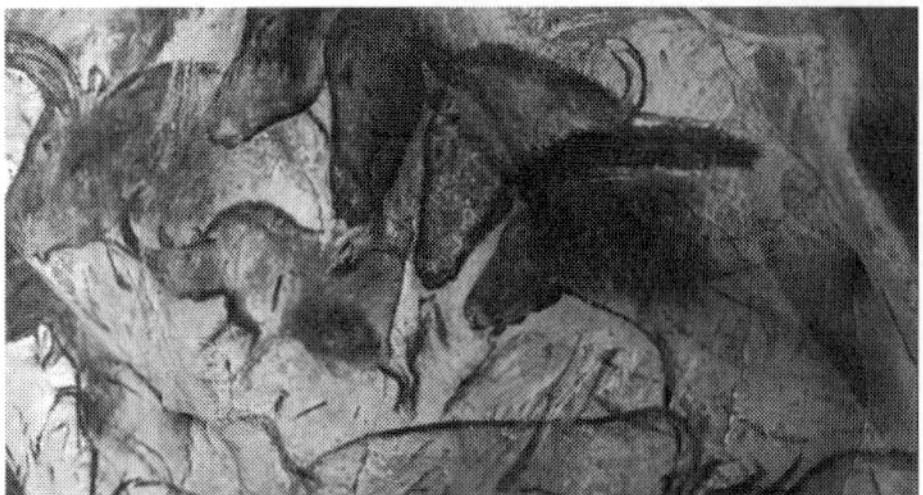

フランス南部アルデシュのショーヴェ洞窟に描かれた複数の馬の頭。光をあてると動いているように見える。ヴェルナー・ヘルツォーク監督『世界最古の洞窟壁画 忘れられた夢の記憶』(2010)より。

にスポットライトをあてていきたい。

歴史のはじまり

およそ三万年前、フランス、スペイン、ポルトガルの洞窟で旧石器時代の画家たちが、はじめて動く映像を制作した。ビュラン(石器時代の剥片石器)を使って、動物の連続した動きを分割し、重ね合わせて描いた一連の絵は、たいまつで照らすと動いているように見える。野牛が尾を振り、ライオンが歩きまわり、馬が頭を振る。こうした動画をどんなときに、どのように観たのかはわかっていない。

見て楽しむおもちゃ

時は流れて一六〇〇年代になると幻灯機が登場し、一八〇〇年代には動いて見える画像を投影するはじめての装置として人気を集めた。一枚から三枚のレンズを使い、ガラス製スライドに手描きした絵を壁に投影する。光源は、ろうそくの光にはじまって、石油ランプ、ライムライト(石灰光)のようなガス灯、そして電球へと発展した。映写技師は、怪物、マンドレイク、星座、超常現象などの映像をつなぐのにディゾルヴの技法を使った。やがて幻灯機は、人体解剖図、天文現象、歴史上の人物などを映すことに使われ、子供たちが楽しみながら学べる教材としての役割を果たすようになった。

初期の映像装置は、ホームシアターというよりは、見て楽しむ物珍しいおもちゃだった。ソーマトロープ——ギリシャ語で「驚きの回転」の意味——は、表と裏に違う絵や言葉を描いた円板の両側に二本の紐を取りつけ、その紐を回転させるだけで、鳥かごから鳥が飛び出したり、詩やなぞなぞが見えたりする仕掛けだ。一八二四年にイギリスの医師ジョン・エアトン・パリスは、ソーマトロープを使って、映像が動く錯覚を生む残像現象★01を実証した。

こうした初期の動く絵の仕掛けは、絵が描かれた紙片、回転する円盤、回転するランプシェード、観客がまわす円筒などを利用したもので、フェナキストスコープ、ゾーイトロープ、プラクシノスコープなど、ギリシャ語を語源とする神秘的で技術的な響きを持つ名前が付けられていた。今日の映像装置の名前とも似かよっている。

写真による実験、賭け、そして競走馬

一八七〇年代には写真が流行していたが、撮影を行うのはもっぱら写真家だった。一般市民にカメラは普及しておらず、画像も動かないものだった。鉄道王で元カリフォルニア州知事のリーランド・スタンフォードが友人と行った賭けがきっかけとなり、ひとりの写真家が一瞬の動きをとらえる実験をおこなった。これが映画の先駆けとなったと言われている。

当時「疾走する馬は四つの蹄すべてを一度に地面から離すことができるか?」いう議論がさかんに行われていた。スタンフォードはできると考えていた。だが、残像現象があるため、人間の目ではこれを見極めることができない。競走馬の厩舎と競馬場を持っていたスタンフォードは、自分の信念を証明し、二万五〇〇〇ドルとも言

［左上］1890年頃の幻灯機。ロンドンのストランドにあるJ H Steward & Co.社製。ライムライトを光源に使った学生向けのモデルだ。提供：David Evans, Secretary, Magic Lantern Society of U.S. & Canada

［右上］幻灯機用の手描きのガラス製スライド。1860年頃のもの。悪魔、骸骨、「神はあなたの治世を数え、それを終りにいたらせた」というヘブライ語の呪文が描かれている。提供：David Evans, Secretary, Magic Lantern Society of U.S. & Canada

［左下］ソーマトロープの仕組みを説明したトレーディングカード。提供：Jack and Beverly Wilgus Collection

［右下］ゾーイトロープ（回転のぞき絵）。筒を回転させ、側面にあいた垂直のスリットからのぞきこむと、内側の面に描かれた一連の絵が動いているように見える。ミルトン・ブラッドリー社〔ボードゲームのメーカー〕の1889年版カタログより。

マイブリッジが1878年に撮影した『動く馬』と題した連続写真より、馬の4つの蹄が同時に地面から離れているのをとらえた1枚。

われていた賭け金を勝ち取るために、騎手と写真家を探した。一八七二年、依頼を受けた有名なイギリス人写真家エドワード・マイブリッジは、速足で駆け抜ける何頭かのサラブレッドの写真を撮影した。だが、馬たちは疾走せず、画像はぼやけていた。

マイブリッジは、高感度のフィルム感光剤と高速のシャッター装置の開発に取り組んだ。これがストップモーション写真の実現へとつながっていく。一八七八年六月、報道陣がスタンドから見守るなか、ギルバート・ドム騎手がサリー・ガードナー号にまたがり、スタンフォードが所有するパロアルト競馬場を疾走した。マイブリッジは二四台の乾板カメラを設置して、馬が疾走すると連続してシャッターが切れるようにし、一二枚の写真を撮影した。マイブリッジは報道陣とともに暗室でネガを現像し、真実を立証した。さらにマイブリッジは、撮影した写真をつなぎ合わせ、ゾーイトロープで連続動作として見せた。大成功だった。馬の四つの蹄は同時に地面から離れており、スタンフォードは賭けに勝った。さらに意義深いのは、マイブリッジが動きと時間を静止させ、ふたたび動かしたことだ。動きを解析し、変換させたことは、のちの映画作りに大きな影響を与えることになり、映画の言語が生まれることになった。

映画の誕生——映像が動き出す

それまでは、編集といってもイメージを選んで並べることにすぎず、編集という用語は存在しなかった。一八八九年、ニューヨーク州ロチェスターのジョージ・イーストマンがロール状のセルロイドフィルムを発明したことにより、すべてが変わっていく。ニュージャージー州ウエストオレンジでは、写真技師のローリー・ディクソンが、雇い主であるトーマス・エジソンの研究室にあった縫製機を使って、イーストマンのロールフィルムにスプロケットホールを追加した。ディクソンは、自分が設計したキネトグラフ[★02]というカメラにフィルムを装填した。ついに映画の歴史が動き出したのだ。

エジソン

一八九三年、エジソン社は、エジソンの助手であるディクソンが監督を務めることにより、世界初の映画スタジオであるブラック・マライア[★03]で映画製作を開始した。タール紙で覆われ、内外ともに黒く塗られたブラック・マライアは、開閉可能な屋根がある日時計のような外観で、回転台の上に建てられており、撮影中の照明を得るために、日光があたる方向に向けて人力で動かせるようになっていた。エジソンのスタジオでは、鍛冶屋、くしゃみをする男、キスをするふたりの劇団俳優、ボクシングをする猫、射撃の名手アニー・オークレイなどを撮影した短編が作られた。また、スコットランド女王メアリー・スチュアートの斬首と、マッキンリー大統領の暗殺者であるレオン・チョ

トーマス・エジソンが建てた世界初の映画スタジオ「ブラック・マライア」。提供：トーマス・エジソン国立歴史公園

ルゴッシュの電気処刑という二件の死刑執行を再現する作品が作られた。

リュミエール兄弟

大西洋を隔てたフランスのリヨンでは、オーギュストとルイのリュミエール兄弟が、エジソンと同様に事業の成功で得た資本を使って、独自のセルロイドフィルムによる映像装置「シネマトグラフ」を発明した。リュミエール兄弟は、駅に到着する列車、ワインを飲みながらカード遊びに興じる紳士、赤ん坊に食事をさせる夫婦など、「アクチュアリテ」★04と名づけた身近な風景を撮影した作品を作った。その後、リュミエール兄弟は世界じゅうにカメラオペレーターを派遣し、舞台や日常生活だけではなく軍事活動やさまざまな行事を撮影した。一八九五年一二月二八日、リュミエール兄弟は、カメラと映写機を兼ねたシネマトグラフをパリのグランカフェに持ちこみ、一フランの入場料で一〇本のアクチュアリテを二〇分間上映した。これが世界初の一般上映とされている。★05

こうして映像は動くようになったが、観客の心はどうやって動かしたのだろうか。

[左]猫の巡業サーカスで知られていたヘンリー・ウェルトンを呼んでブラック・マライアで撮影された『猫のボクシング』(1894)
[右]リュミエール兄弟の『工場の出口』(1895)。リュミエールの工場から仕事を終えて出てくる人々を撮影したもの。グランカフェで上映されたなかの一本である。

初期の映画館

当初、エジソンらによる短編映画は、ミュージック・ホールでのヴォードヴィルの演目のひとつとして一般大衆に公開された。やがて、貸店舗の店先を改装し、硬い木の座席を置いた、ニッケルオデオンと呼ばれる入場料五セントの映画小屋が登場し、人気を集めた〔ニッケルは五セント硬貨の意〕。ニッケルオデオンの短い歴史（一九〇五〜一九一三）のはじまりだ。ニッケルオデオンにはスクリーンがなく、後ろの壁に映画を投影し、ピアノやドラムの伴奏を付けた。一九一〇年には、一万館以上のニッケルオデオンがあり、アメリカの人口の約三割が毎週訪れていた。ニッケルオデオンの観客の多くは移民であり、興行主にも移民が多かった。当時移民は、一三五〇万人にのぼり、人口の一四・七パーセントを占めていた。

ニッケルオデオンと大衆の人気を争っていたのが、エジソンのキネトスコープだ。キネトスコープはひとりずつしか見ることができないもので、ペニー・アーケード、ゲーム・パーラー、遊園地などに置かれていた。いまで言うゲームセンターだ。客

ペンシルベニア州ピッツバーグのニッケルオデオン。1905年ごろ。
提供：フォーシャーコレクション提供

は二五セント硬貨をスロットに挿入し、覗き穴に身をかがめて、エジソンが製作した短編映画の数々を鑑賞した。エジソンは一九〇一年にブラック・マライアを閉鎖し、マンハッタンの九階建てビルの屋上にガラス屋根のスタジオを新築した。

最初の編集

この時代まで、ほとんどの映画はワンショットか、撮影しながら編集した複数のショットで構成したものだった。カメラオペレーター(たいていは監督自身)は、撮影をはじめると、編集したいポイントでカメラを止めて位置を変え、次のショットを撮った。一方、世界のあちこちで新しい技法を試す動きがあった。つかの間の流行に終わったが、「ファントムライド」と呼ばれる、列車の屋根に固定したカメラで撮影した主観ショットによる映画は、列車にほんとうに乗っているようなスリルを味わえるものとして人気を集めた。一八九九年、のちにブライトン派と呼ばれるイギリスの先駆的な映画作家たちのひとり、ジョージ・アルバート・スミスは、トンネルを通過する列車のショットを前後ふたつにカットし、セットで撮影したふたりの俳優がキスをするショットを中間に挿入した。観客は、列

[上]サンフランシスコのキネトスコープ・パーラー。1895年撮影。提供:トーマス・エジソン国立歴史公園
[左]エジソン社のキネトスコープで短編映画を鑑賞する様子。提供:トーマス・エジソン国立歴史公園

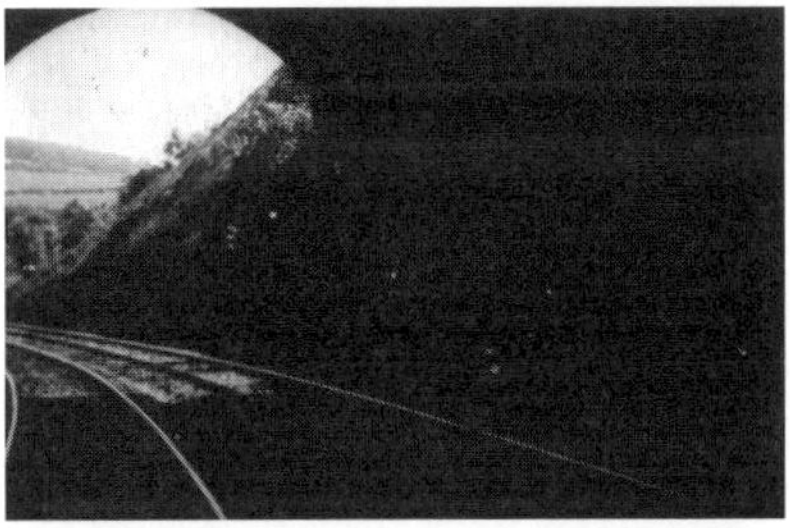

ジョージ・アルバート・スミスによる38秒間の短編『トンネルでのキス』。列車がトンネルに入る主観ショット、キスシーン、トンネルから出る列車、という3つのショットで構成されている。

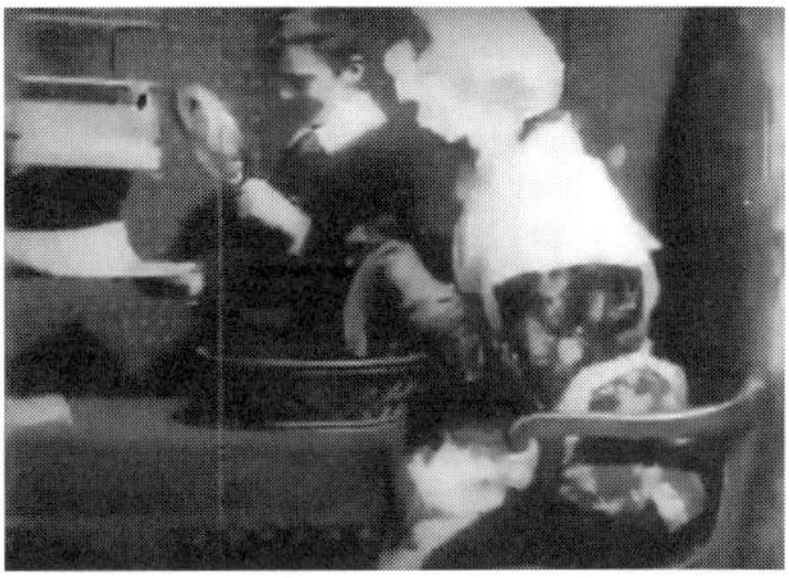

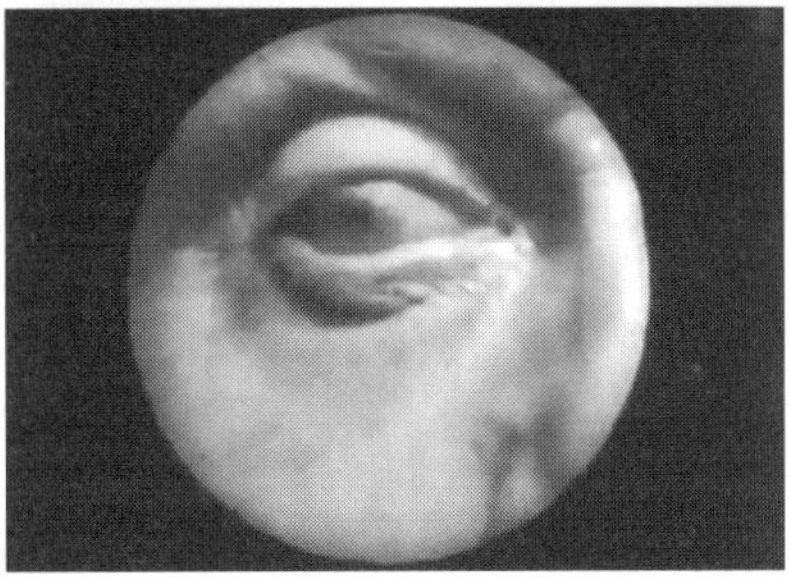

『おばあさんの虫眼鏡』(上映時間1分19秒)。少年の主観ショットである新聞広告のクロースアップからはじまり、おばあさんの虫眼鏡をかざしてさまざまなものを見ていく少年の好奇心を描いた。

車がトンネルに入っているあいだにキスしたのだと理解した。

『トンネルでのキス』(一八九九)のこのシークエンスは、編集によって作られた最初期のものであり、異なる時間に異なる場所で撮影されたふたつのショットをつなげているという点で革新的なものだった。観客はこのショットを、ひとつの場所でのひとつの出来事としてなんの問題もなく理解できた——時空間がつながったのだ。

当時の映画のほとんどは、ワンテイクのロングショットで構成され、舞台劇のようなものだった。カメラは、一階席に座る観客のように、少し離れたところからワイドショットでアクションを撮っていた。ジョージ・アルバート・スミスの『おばあさんの虫眼鏡』(一九〇〇)は一歩進んだ作品だ。スミスは、ミディアムショットと、おばあさんの虫眼鏡で遊ぶ少年の主観ショットであるクロースアップを交互に切り替えて作品を構成した。

歴史に新たなページを刻んだ四人の映画作家

ジョルジュ・メリエス——月世界への旅

一九〇二年、ひとりの監督が作った劇映画が、編集を進歩させ、今日に至るまで多くの映画監督や映画作家に影響を与えつづけている。ジョルジュ・メリエスによる『月世界旅行』(一九〇二)だ。メリエスはそれまでに四〇〇本近い映画で経験を積んでおり、監督、俳優、奇術師、舞台演出家として学んだあらゆるトリックやテクニックをこの作品に注ぎこんだ。

パリ郊外にあったガラス張りのスタジオで、メリエスは機械じかけの舞台装置を駆使して、三か月間かけてこの一四分間のSFスペクタクルを撮影した。費用は一万フランだった。当時としては超大作であり、費用と製作期間も破格のものだ。メリエスは『月世界旅行』の全編にわたってマットショットと多重露光を駆使し、月面の吹雪などさまざまな出来事を演出した。

編集

メリエスはカメラを動かす以外の方法での編集を開拓した。ストップトリックあるいはストップモーションと呼ばれる技法を使ったが、これは撮影中に一時停止させたカメラを固定したまま、フレーム内になんらかの変形を行うものだ。メリエスはマッチカットと着色によって、ストップトリックを隠し、この映画の五〇か所を超える編集部分が目立たないようにしている。

さらに画期的なのは、『月世界旅行』が時系列を無視したストーリーテリングを取り入れていることだ。ストーリーの大部分は、リアルタイムの動きによるひとつのシーンから別のシーンへと時間の流れに沿って展開している。ところがメリエスは、月面着陸の場面についてはリプレイ映像を使って二度登場させている。まず、弾丸の形をした宇宙船が顔のある月の表面(月の仮面をつけた俳優)に突き刺さる。この映画で最も有名な場面だ。次に、宇宙船が月の表面に静止する様子が描かれ、着陸場面が繰り返される。

評価

メリエスの努力は報われた。世界じゅうの観客が、彼が作り出したSFファンタジーによって月へと旅をした。モノクロのアクチュアリテとは対照的な、手描きで色づけし、演劇の要素を取り入れたこの奇抜な冒険物語は、本国フランスで大きな人気を集めた。アメリカでも、あまりの人気にエジソン社をはじめとした多くの業者が違

［左］ジョルジュ・メリエス自身が二役を演じた『ゴム頭の男』(1902)。
［右］月世界の吹雪。地球が地平線から昇り、天文学者たちが眠ると、さまざまな星が空に浮かぶ。『月世界旅行』より。

天文学者たちが掲げた天体望遠鏡がモーフィングで椅子に変わる。ストップトリックとマッチカットの組み合わせである。メリエスはハサミと糊を使ってこの作業を行った。『月世界旅行』より。

着陸したロケットが人間の顔をした月の右目に突き刺さっている有名な映像。着陸シーンは宇宙船が月の表面に激突するショットでもう一度描かれる。『月世界旅行』より。

巨大な大砲の形をした打ち上げ機が建設され、宇宙船が月へ向かって旅立つ。『月世界旅行』より。

法な海賊版作りに乗り出した。このため、メリエスのスター・フィルム社の利益の多くが吸いあげられた。

後世への影響

メリエスは『月世界旅行』や『ドレフュス事件』などの作品で、観客を魅了しただけでなく、編集技法を開拓したことにより、エドウィン・S・ポーターやD・W・グリフィスなど、後進の映画監督たちに多大な影響を与えた。グリフィス監督は「映画のすべてはメリエスのおかげだ」と語っている。マーティン・スコセッシ監督は、自身初にして唯一の3D長編映画『ヒューゴの不思議な発明』(二〇一一)で、『月世界旅行』の場面を盛りこみ、メリエスとその作品へオマージュを捧げた。だが、メリエスの晩年は不遇だった。人気は衰退していき、スター・フィルム社も倒産して、一九一三年以降映画を撮ることはなかった。何十年ものあいだ、『月世界旅行』のカラー版プリントは修復不可能な状態か、現存しないものと考えられていた。メリエスが作曲家に依頼した劇伴[★06]も同様だった。一九九〇年代になって、かなり損傷した状態ではあったが、プリントが発見された。一二年の月日と、五〇万ドル〔一部報道では、「五〇万ユーロ」「一〇〇万ドル」とも説明されている〕の費用をかけてデジタル修復されたプリントには、エール（フランスの人気ポップ・デュオ）が新しく劇伴を付け、二〇一一年のカンヌ国際映画祭のオープニングナイトで披露された。メリエスをはじめとする初期の映画作家たちの作品は現存していないものも多いが、『月世界旅行』で実を結んだ当時の革新的な取り組みはけっして色あせることはない。

アリス・ギイ＝ブラシェ——物語映画の母

一八九五年三月、リュミエール兄弟がパリの産業イベントでシネマトグラフの上映会を行った。この上映会に、光学機器の販売会社であるゴーモン社の社長が二二歳の秘書アリス・ギイ＝ブラシェを連れて出席していた。ゴーモン社はのちに映画製作に乗り出したが、大量に作り出されたその作品を観たアリスは、自分ならもっといいものができると社長のレオン・ゴーモンに掛け合った。ゴーモンは了承したが、秘書の仕事を続けることが条件だった。一八九六年、アリスは昼休みを使って、ワンシーンで構成された一分足らずの映画『キャベツ畑の妖精』を撮影した。この作品は人気を集め、アリスはゴーモン社の製作責任者となり、三〇〇本の映画を監督した。製作にあたった映画も三〇〇本以上にのぼる。一九一〇年、アリスはパリからアメリカに移住し、当時映画産業の中心であったマンハッタン対岸のニュージャージー州フォート・リーで、ソラックス社を設立した。最新式のこのスタジオでアリスはさらに三二五本の映画を作った。

当時、監督は脚本、撮影、監督、編集、企画など、すべてをこなすのが一般的だった。アリスは演技をすることはあったが、自分で撮影をすることはなかった。つねに専門のカメラオペレーターを雇った映画監督はアリス

［左］ニュージャージー州フォート・リーの自身のスタジオ、ソラックスで監督するアリス・ギイ=ブラシェ。1911から13年ごろ。提供：Ally Acker, Reel Women Media
［右］白人俳優が黒人俳優と共演することをいやがったため、アリスは1912年の作品『愚者とお金』をすべて黒人俳優を使って撮影した。

『フェミニズムの結果』（1906）。社会風刺映画であるこの作品で、ブラシェは男女の役割を逆転させて描いた。女性は男性に言い寄り、家ではゴロゴロして過ごし、乳母車を押した夫から酒場通いをやめて早く家に帰るよう懇願される。そして女性しか入れないバーで女同士で盛りあがる。

がはじめてだ。アリスは、コメディ、アクチュアリテ、西部劇、ダンス映画、吸血鬼もの、サスペンス、宗教ドラマなど、予算の多寡を問わず、幅広いジャンルの映画を監督した。また、虐待を受けた女性、移民、ユダヤ人に心を寄せる作品を手がけており、『愚者とお金』(一九一二年)は、物語映画としてはじめてアフリカ系アメリカ人を描いたと言われている。

編集への貢献

アリス・ギイ＝ブラシェは世界初の女性監督であり、自分のスタジオを創設した映画界のパイオニアだった。ゴーモン社のクロノフォン[★07]を使って初期の音響つき映画を一〇〇本以上制作し、マットや二重露光といった当時では画期的な特殊効果を採用した。さらに、フィルムの逆回転や、アメリカ人に先駆けたディープフォーカスの使用、クロースアップや逆アングルの使用によって劇的効果を高めた。だが、アリスがほかの監督や編集技師と一線を画し、ゴーモンから重用された理由とは、フィクションを映画に取り入れたことだ。アリスは、観客が求めるストーリーとその表現方法をよくわかっていた。物語映画の母であるアリスは、観客にとって現実味のある人物が登場する映画を作りあげた。

残念なことに、メリエスと同様、アリスのキャリアは早すぎる終焉を迎えた。映画産業がカリフォルニアに移り、ソラックス社を売却せざるを得なくなったのだ。一九一九年に最後の作品を撮影したアリスは、ハリウッドに移ったものの、ロイス・ウェバー[★08]をはじめとする女性監督たちとともに、ハリウッドから締め出された。一九五三年、アリスはフランス最高の勲章であるレジオンドヌール勲章を授与された。死後の二〇一一年には、フォート・リー・フィルム・コミッションの働きかけにより、全米監督協会(DGA)の会員に迎えられ、生涯にわたる功績をたたえる特別監督賞を受賞した。プレゼンターとして賛辞を述べたのはマーティン・スコセッシである。

エドウィン・S・ポーター──クロスカットの登場

一九〇五年には、リュミエール兄弟は、ほかの事業に専念するために映画作りから撤退していた。エジソンも、発明品の特許を取得することに追われていた。一九一八年に独占禁止法違反の判決を受けたエジソンは、会社を売却して映画事業からは手を引いた。一方、エジソン社の社員から映画監督としてのキャリアをスタートさせたひとりにエドウィン・S・ポーターがいる。

ポーターの経歴も、ジョルジュ・メリエスやアリス・ギイ＝ブラシェと似た道をたどった。ポーターは一九〇一年から一九一五年のあいだに二五〇本の映画を撮り、映画監督として人気を集め、編集にも大きな貢献をした。だが、自由で規則に縛られることがなかった映画製作が画一化された産業となるにつれ、そのキャリアは衰退していった。ポーターは『大列車強盗』（一九〇三）を皮切りに、大衆向けする作品を次々と生み出した。『大列車強盗』はワンリー

ポーターの『大列車強盗』の有名なラストシーン。緑色に着色されたシャツを着て水玉のスカーフを巻いた強盗が観客に向かって発砲するミディアムショット。製作会社のカタログには、このシーンは興行主の好みで映画の冒頭につけてもよいとされていた。

『大列車強盗』で使われた初期のクロスカット。強盗に縛りあげられていた通信員が娘に救出され、保安官に列車強盗を通報に行く（上左）。ダンスホールの場面（上右）へクロスカットし、10秒間のダンスシーンののち、通信員が駆けこむ。保安官たちが一団となって出ていくと（下左）、強盗団（下右の奥）が保安官たちに追われて丘を駆けおりる場面が10秒間つづく。

ラー（一巻もの）[★09]の一二分間の作品であり、当時の映画としては長尺だった。初の西部劇でもあり（実際に撮影されたのはニュージャージー北部だが）、先駆的な編集が行われている。

スプライス編集

フィルムスプライサー（接合機）は、一八九〇年代に映画がはじめて上映されたときから存在し、おもに映写技師が当時のワンショットの映画をつなげて長さがあるプログラムにするために使った。『大列車強盗』の最後のショットは、映写技師が切り取って冒頭につなげることも選べた。どちらにつなげれば観客に恐怖を与えられるかを興行主が考えることができたのだ。どちらを選ぶにせよ、このショットは映画のなかで唯一のクロースアップとして非常に印象に残るものであり、無法者が観客に向かって発砲する姿を映し出すことで、スクリーンの内と外を隔てる壁を打ち破った。

アクションを作り出し、クロスカットを行う

『大列車強盗』では、編集面でさまざまな画期的技法が使われた。時系列に沿って一四あるシーンはそれぞれワンショットで、室内のものも屋外のものもワイドショットで撮られているが、ポーターはアングルに変化をつけ、パンやティルト撮影を行い、俳優を動きまわらせることによってフレーム内に多くのアクションを作り出した。さらに、編集面で最も重要なのは、シーンとシーンのあいだの時間を短くし、初歩的でゆっくりしたペースとはいえ、はじめてクロスカット[★10]と言えるものを行ったことだ。

D・W・グリフィス——世界初の長編映画

俗にフリッカー[★11]と呼ばれた映画を観るために大衆は詰めかけ、字幕で逐一説明されなくても時間と場所の移り変わりを理解できるようになっていた。物語のある長編映画作りのための機は熟していた。ワンシーン・ワンショットの映画に対する目新しさが薄れつつあったこのころ、映画製作も組織化された産業へと移行していき、予算やスケジュールを定め、部署ごとに監督者が置かれるようになった。初期の編集技師は若い男性で、カメラから取り出したネガフィルムをハサミで切って、スレートが映ったフレームやぼやけたフレームを取り除いていた。編集機などはなかった。監督は、拡大鏡やライトボックスでフィルムを見て、カットや字幕をメモしていた。

初期の編集者たち

一九一〇年ごろから映画産業が発展するにつれ、カメラオペレーターと監督はつねに撮影現場にいることが求められるようになる。監督たちは自分の映画の編集をしなくなった。現像所はポジフィルムを焼くようになり、

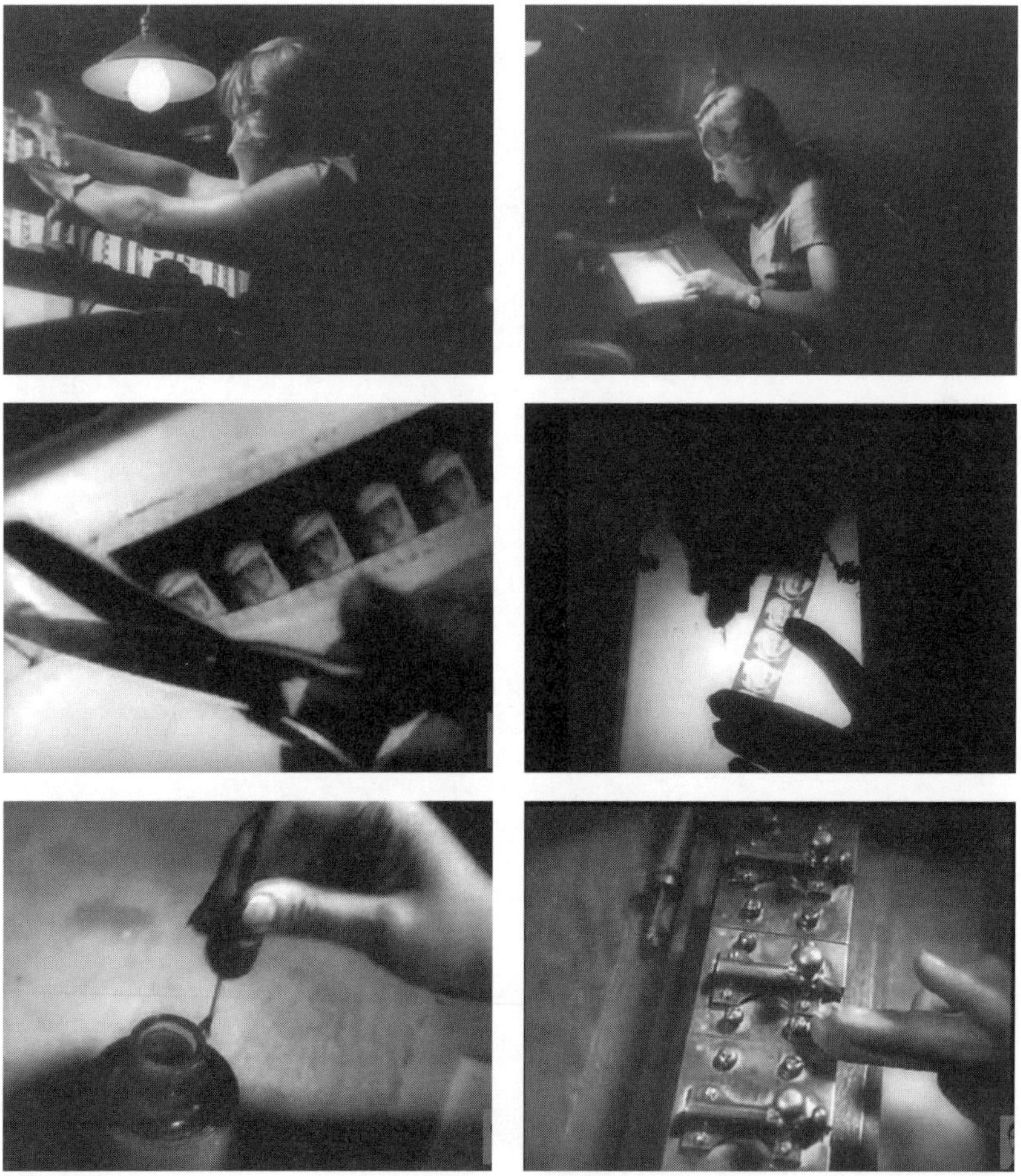

『カメラを持った男』(1929)で描かれた、骨の折れる編集作業。ショットを選択して、ライトボックスに乗せて確認し、ハサミを入れる。そして、感光乳剤をこそげ取り、スプライサーで前のショットと糊づけするのだ。

編集という退屈で目が痛くなるような低賃金の労働には女性が雇われるようになった。パッチャー（つぎ当てをする人）あるいはジョイナー（つなげる人）と呼ばれた彼女たちは、何百フィートものフィルムを巻き取りながらショットを探し、現場で作成された撮影用台本を見ながら、手作業でシーンを切り取ってつなぎ合わせた。デイリーは、毎日の撮影後に試写されるようになった。

　映写ブースのある小さな劇場で試写しながら実質的な編集を行った監督がD・W・グリフィスだ。当時の三五ミリフィルムは可燃性の硝酸エステルをベースとしていたため、試写中に映写機を停止させると、ブースが火災を起こす可能性があった。そこでグリフィスは、編集すべき箇所を見つけるとブースにブザーで知らせ、映写技師が巻き取りリールに紙を差し込んでその箇所に印をつけた。このようにしてグリフィスは、劇場にいたふたりの編集技師とともに、一二リールから成る三時間近い大作『國民の創生』（一九一五）――公開直前まで『クランズマン』〔KKKの構成員の意〕というタイトルだった――を完成させた。その編集技術の高さとのちの長編映画に与えた多大な影響によって、いまも高く評価されている作品であるが、南北戦争後

発展する映画産業の舞台裏では、パッチャーまたはジョイナーと呼ばれる多くの女性たちが働いていた。
提供：Ally Acker, Reel Women Media

の南部再編に関する歴史の歪曲と、人種差別的な描写は非難されるべきである。

グリフィスの編集

グリフィスは、オーバーヘッド、切り返しショット、クロースアップ、サイドアングルといった複数のアングルを用い、はじめて本格的なインターカットを駆使した編集を行った。「ブルランの戦い」の場面でのインターカットは臨場感あふれるもので、観る者の心を奪った。「戦場の静寂」というタイトルカード(中間字幕)に続く厳粛な音楽が流れるセクションでは、死体が並ぶ静かで青く着色されたショットに、戦闘シーンの能動的で赤く着色したショットをフラッシュバックで織りこんだ。

グリフィスは、カットをタイトにする(ひとつのカットを終えて次のカットに入るまでのフレーム数を少なくする)ことで、アクションと時間を短縮し、物語のペースを上げた。また、シーンのあいだだけでなくショットのあいだのクロスカットも行い、過去の監督たちよりもタイトかつ頻繁なクロスカットを行った。編集とストーリーテリングにおいて画期的だったの

南北戦争における南軍の英雄だった父親を持つグリフィスは、戦争の混沌と悲惨さを誰よりも劇的に表現した。『國民の創生』より。

暗殺者ジョン・ウィルクス・ブースがリンカーン大統領のもとへ向かう場面のマッチカット。『國民の創生』より。

が、アクションマッチと呼ばれる、動きをマッチカットさせる技法だ。グリフィスは、登場人物の出入りなどのありふれた動きや、クライマックスでピストルを構えたジョン・ウィルクス・ブースがリンカーン大統領暗殺へと向かう場面などのアクションをマッチカットした。今日ではアクションマッチはありふれた技法となり、観客の情報把握力が高まるにつれて、さらにタイトなカットが行われるようになっている。

『國民の創生』の余波

公民権団体、政治家、新聞社から強い抗議を受け、三つの州で上映禁止になったにもかかわらず、『國民の創生』は大ヒットし、ＫＫＫの復興につながった。さらに、この映画は、途中休憩を入れ、エンドクレジットに編集技師――当時はまだカッターと呼ばれていた――を記載した最初の映画であった。グリフィスはさらに数本の長編映画を制作したが、『國民の創生』ほど成功したものはなかった。やがて、スタジオ・システムが浸透し、独立系の監督が影響力を失ったハリウッドで、グリフィスの名は忘れ去られていった。

一九二〇年代——映画産業の発展

ハリウッド

一九二〇年代、ハリウッドが活況を呈し、映画会社が足元を固めるにつれて、映画製作のプロセスはシステム化され、機材も改善されていった。カメラの軽量化によって自由に動きながら撮影できるようになり、編集技師は編集機を使うようになった。

ムヴィオラの登場

一九二四年、電気技師イヴァン・セリュリエが、パッチャーたちの部屋に立ち寄り、その作業環境を改善することを思い立った。セリュリエは小さな手まわしの機械にふたつのリール、閲覧用レンズ、ランプハウスを取りつけ、作業台にボルトで固定した。名前はビクトローラをもじったものだ。ムヴィオラの一号機はダグラス・フェアバンクスが一二五ドルで購入した。

音がうるさく、ときにはフィルムを噛んでしまうこともあったが(後継モデルと同様)、カッターたちはすぐにムヴィオラを気に入った。その理由はつぎのとおりだ。❶フレームごとに止めることができ、カッ

サイレント映画時代の初期のムヴィオラ。
提供:シャロン・スミス・ホーリー

トすべき位置を油性ペンでマークできる。❷さまざまなスピードで簡単に映像を見ることができるため、シーンのペイシングに役立つ。❸映像に集中できるので、より多くの良質な映画を量産できる。

ロバート・ワイズやオーソン・ウェルズなどの巨匠は、ムヴィオラを映画のリズムを作り出す楽器だと考えていた。

観客と編集

一九二〇年ごろには、編集技師も観客も映画の言語を承知していた。エスタブリッシングショットによる場所と時間の設定を理解し、クローズアップによって伝えられる感情に反応した。人と人あるいは場所と時間のあいだの切り返しショットやクロスカットを把握し、着色によるルックとムードの強調を楽しんだ。そして、シーンがはじまる際のアイリスイン、ディゾルヴなどの基本的な画面転換の技法にも慣れていった。裏方の存在だった編集は、映画の完成度を左右する重要な役割へと変わりつつあった。

ソ連映画とその理論が、そのすべてに揺さぶりをかけることになった。

ソ連映画の衝撃

ソビエトの映画は、感情に訴えるまったく新しい映像の並べ方を生み出したんだ。——クエンティン・タランティーノ、脚本家／監督(『ワンス・アポン・ア・タイム・イン・ハリウッド』[二〇一九]『パルプ・フィクション』[一九九四]『レザボア・ドッグス』[一九九二])

一九一七年のロシア革命によって皇帝による支配は終わり、社会のあらゆる分野を国営化する社会主義のイデオロギーが取って代わった。映画製作もその例外ではなかった。新しいソビエト連邦はプロパガンダには長けていたが、物資が極度に欠乏しており、フィルムに余裕などなかった。一九一九年に設立された世界初の国立映画大学の教授たちは、独創的なアプローチで次世代を育成する必要があった。学生たちはアメリカ映画を徹底的に分析し、再構築した。D・W・グリフィスも研究対象だった。撮影にはフィルムの短い断片を使った。その結果生まれたのがモンタージュ理論であり、フィルムの断片をどのように組み合わせて映画を構成するか、そしてこの編集が社会主義思想を教育する必要のある労働階級の観客にどのような影響を与えるかを重視した。ソ連の映画作家たちは、別々のショットを結合させることによって、大きな意味が生じると信じていた――全体は部分の総和に勝るのだ。

クレショフ効果

ソ連の映画作家は、自分たちの理論を映画学校や作品を通して実証していった。国立映画大学で教鞭を取っていた理論家のレフ・クレショフは、余ったフィルムを使ってある実験を行った。三つのショット――湯気の立つスープ皿、棺に収められた少女、寝椅子に横たわる物憂げな女性――を、無表情な男性(国外逃亡したロシアの名優)のクロースアップとつなげた。観た者は、それぞれのショットの組み合わせに関連性を見出した。男はスープを見て空腹を感じ、少女の亡骸を見て悲しみ、横たわる女性を見て情欲を感じていると考えたのだ。実際には、男のショットはまったく同じショットが三回使われていた。クレショフの実験は、多くの映画監督や心理学者が繰り返し行い、同じ結論に達した。映像を見る者は、そこになんらかの意図があるかどうかにかかわらず、つなげられた別のショットから意味を推察するのだ。

セルゲイ・エイゼンシュテイン

同じく国立映画大学の教授だったエイゼンシュテインは、クレショフの理論を基礎にして、有名なモンタージュ論を独自に書き、それに基づいて映画を制作した。エイゼンシュテインのモンタージュ理論は、ヘーゲルの弁証法――テーゼ、アンチテーゼ、ジンテーゼ――とマルクス主義哲学を組み合わせたものだ。皇帝が労働者を抑圧し、労働者は反乱を起こす。皇帝は反乱を抑圧するが、労働者は大義のためにより多くを勝ち取る。エイゼンシュテインは、ショットを互いにぶつかり合うように対比して並べ、映像が伝えようとするものを観客が確実に理解できるようにすべきだと考えた。『戦艦ポチョムキン』(一九二五)のあまりにも有名な「オデッサの階段」のシークエンスは、無慈悲な兵士たちの歩調と、転がり落ちていく乳母車を対比させたものであり、彼の信念を完璧に表現している。

ジガ・ヴェルトフ

ヴェルトフは「キノキ(映画眼)」という記録映画集団を率いて、日常生活を演出も演技も字幕もなしで見せることで「キノ・プラウダ(映画真実)」をとらえることをめざした。その集大成と言えるのが、一九二九年にヴェルトフが仲間のキノクス(カメラの眼を持つ者)たち、そして編集技師(ヴェルトフ自身の妻)とともに作った傑作『カメラを持った男』である。キーウ、モスクワ、オデッサで三年間かけて撮影されたこの映画は、都市生活を記録した六八分間の作品だ。その前衛的なスタイルは、一九三〇年代のレニ・リーフェンシュタールによるナチスのプロパガンダ映画、一九五〇年代のフランスのシネマ・ヴェリテ、そして現代のミュージックビデオを先取りしたものだ。

『カメラを持った男』には、高まっては押し寄せ、そして引いていく音楽的なペイシングがある。スタッカート

クレショフ効果。ショットの意味は、いつ、どこでそれを撮影したかにかかわらず、別のショットとつなげることによって生まれるとクレショフは実証した。

エイゼンシュテイン監督・編集による『戦艦ポチョムキン』の「オデッサの階段」のシークエンス。エイゼンシュテインのモンタージュ理論を実証するものである。兵士に撃たれた母親が手を放したことによって乳母車が階段を落ちていき、逃げまどう民衆たちから悲痛な声があがる。

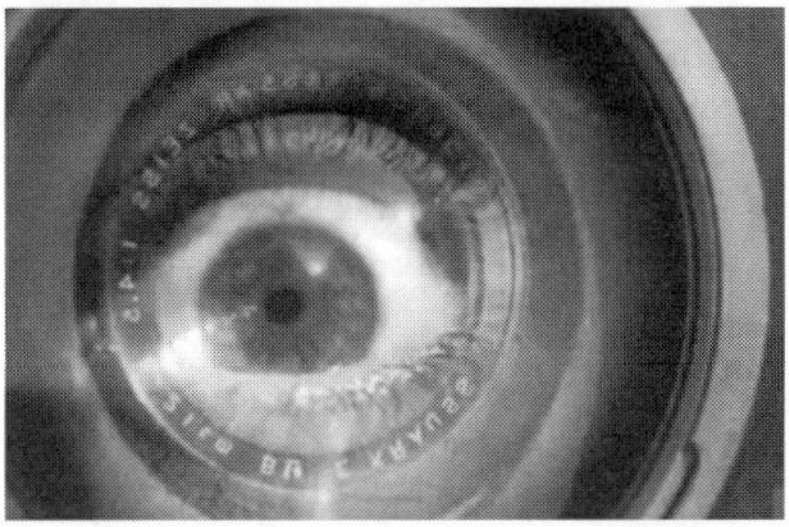

ヴェルトフの『カメラを持った男』には、カメラをまわすカメラマンの映像が挿入されており、映画制作の過程を明らかにするとともに、それが世に数ある仕事のひとつにすぎないことを表現している。ビールジョッキのなかにいるカメラマンの映像は、ビアホールのシークエンスのはじまりだった。カメラのシャッターから浮かびあがる「映画眼」のショットで映画は終わる。

『カメラを持った男』より。三脚が立ちあがり、そこにカメラが乗るストップモーションのシークエンス。

や休符があり、大きく盛りあがる部分もあれば、ふだんの生活のように何事もなく流れる部分もあるのだ。ヴェルトフは、フリーズフレーム、ストップモーションアニメーション、スピードアップ、ブラックフラッシュフレーム、スプリットスクリーン、そして多様なアングル(オーバーヘッド、ローアングル、ダッチアングル)を使うことでこのペイシングを作り出している。また、多重露光、物の動きや形状などのさまざまなマッチカット、フレームの繰り返しなどの技法も使った。今日では二・五秒となっているASL(一ショットあたりの平均時間)は、この映画が作られた一九二九年には一一・二秒だったが、『カメラを持った男』のASLは二・三秒だった。

人間の誕生から死まで、結婚、離婚、

ロバート・フローリー監督、スラヴコ・ヴォルカピッチ編集、グレッグ・トーランド撮影による実験的な短編『ハリウッド・エキストラの生と死』(1928)。ミニチュアセットを使ってロサンゼルスの街並みを表現し、成功の階段をのぼろうとする主人公のショットを繰り返して、マッチカット、スプリットスクリーン、多重露光といった技巧を駆使している。製作費はわずか97ドル(現在に換算すると1415ドル)だった。ジョージ・ガーシュウィンの「ラプソディー・イン・ブルー」にインスパイアされたというこの作品は、前衛的でありながら広く公開され、人気を集めた。

仕事、娯楽など、さまざまな場面の克明な記録に加えて、この映画では、制作プロセスそのものが映画に組みこまれており、撮影するカメラマン、編集する編集技師、映写機を操作する映写技師、鑑賞する劇場の観客の姿を表に出している。

一九三〇年代

ハリウッド

一方、映画製作の中心地では、ジャンルが確立されつつあった。コメディ、ドラマ、ギャングもの、ホラー、ミュージカル、ロマンス、サスペンス、戦記物、西部劇、そして新しいカテゴリーである「映画作りについての映画」だ。

お楽しみはこれからだ

一九二〇年代後半にはテクニカラーが盛んに使われていたが、それ以上に重要なのは、すべてを劇的に変える技術が実現しつつあったことだ。サウンドである。技術者たちは一八九〇年代から映画と音声を結びつけようとしていた。だが、映像と同期させられるとともに、確実かつ簡単に録音でき、効率的な編集が可能で、なおかつ劇場ではっきりと聴こえる音声の完成への道は遠かった。

一九二七年、何本かのサウンド映画が公開された。一本は、チャールズ・リンドバーグによる世界初の大西洋横断飛行を伝えるニュース映画で、ニューヨークを飛び立つときの音を観客が聞くことができた。また、F・W・ムルナウ監督の『サンライズ』(一九二七)はサイレント映画ではあったが、効果音と音楽が使われた。これらの映画も人気を集めたが、なんと言ってもヒットしたのは、映画史上はじめて登場人物が台詞を話す『ジャズ・シンガー』(一九二七)だ。アル・ジョルソン演じるキャラクターがキャバレーの観衆に向かって言う「待ってくれ。お楽しみはこれからだ(Wait a minute. Wait a minute. You ain't heard nothing yet)」は映画史上初の台詞として知られている。この作品には、音声をディスクに記録したものと、フィルム自体に記録したものの二種類があった。世界初の「トーキー」と呼ばれてはいるが、台詞はふたつしかない。だが、観客は熱狂し、映画そのものと映画作り、そして編集を永遠に変えることになった。

人気を呼んだとはいえ、当初、会話シーンの撮影には困難がともなった。録音機材が固定マイクのため、俳優とカメラも動くことができなかったのだ。撮影現場には「モニターマン」と呼ばれる録音技師がいて、テイクごとに親指をあげて合図を出した。こうした問題は、防音ブリンプやブランケットといった対策をとることで軽減され、一、二年のうちに技術的進歩によって克服された。しかし当初

[左]1894年、ローリー・ディクソンがエジソンのキネトフォン用に17秒のテストフィルムを作り、金属製の円錐——マイク——に向かってバイオリニストが演奏した民謡を蝋管に録音した。70年後、当時の管が発見され、アカデミー録音賞に輝くウォルター・マーチが1998年にその音声をデジタル機器で再び同期させた。
[右]アル・ジョルソンが映画史上初の台詞「待ってくれ。お楽しみはこれからだ」を口にする場面。『ジャズ・シンガー』より

は、こうしたことが原因で、トーキーを「サイレント」映画よりも軽視し、トーキーは一過性の流行で終わると予測する映画評論家もいた。

音響編集技師の登場

ムヴィオラは電動モーターで動くようになり、磁気ヘッドと内蔵スピーカーを搭載した最新モデルは、電動のフットペダルによって画像と音声のリールを再生できるようになった。サウンドは、光学トラックとしてフィルムの端に記録され、映写機のエキサイターランプで読み取る。一秒あたりのフレーム数は二四に統一された。さらに大きな意味を持つのは、音響の出現によって、音響編集という新しい仕事が生まれたことだ。台詞、効果音、音楽を新たに加え、編集し、ミキシングする。外国映画の吹き替えや、技術的に問題がある台詞を置き換えるルーピング(いわゆるアフレコ)[★12]、フォーリー[★13]などの作業もある。音響編集技師は、耳と目を使って音を解読し、光学トラックに記された波形を読み取って編集することを学んだ。

初期のサウンド映画と劇場

一九二八年、ウォルト・ディズニーの『蒸気船ウィリー』(一九二八)でミッキーマウスがデビューした。エンドクレジットには「サウンド付きカートゥーン」とある。音声(動物のうなり声や鳴き声)、効果音、音楽をすべてポストプロダクションで作成したはじめての映画であり、これ以後すべてのアニメーション映画がこの方法で制作されるようになった。

一九三〇年までには、アメリカの映画館の半数が音響設備を備えていたが、ディスク方式はフィルムの音響にその座を奪われていた。ヒッチコック、ウェルズ、ラングをはじめとする、音声の持つ力をいち早く把握し実行

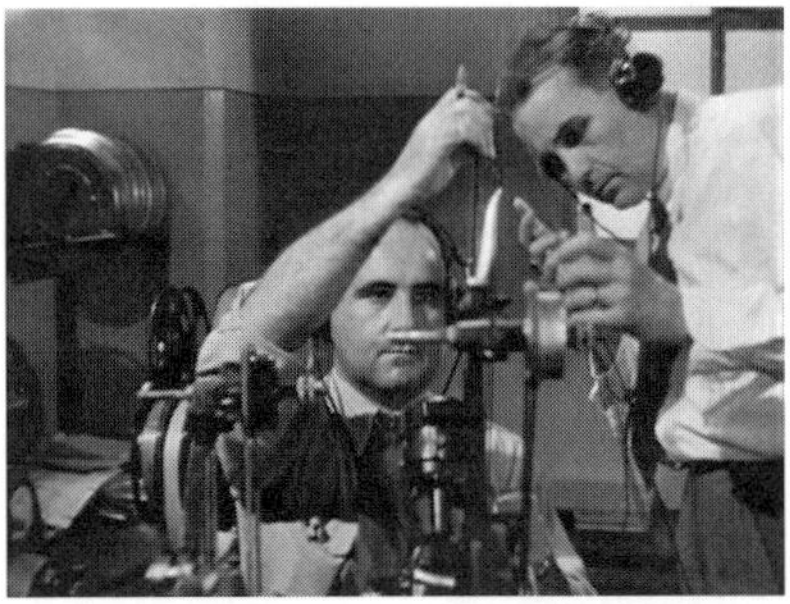

[左]初期の音響編集。『ようこそ映画音響の世界へ』(2019)より。
[右]『蒸気船ウィリー』(上映時間7分46秒)でデビューしたミッキーマウス。

に移した監督たちによって、この一〇年間に、音声によってストーリーを伝え、人々の内面や感情を明らかにする技術が発達した。

編集に対する賞

一九三五年、ロサンゼルスのダウンタウンにあるビルトモア・ホテルで開催された第七回アカデミー賞授賞式で、はじめて（映像の）編集に対して賞が授与された。『エスキモー』（一九三三）のコンラッド・ネルヴィッヒが、『クレオパトラ』（一九三四）のアン・ボーチェンズを抑えて受賞者となった。音響の編集が評価されるには、さらに二八年待つことになる。一九六三年、新設された音響効果編集賞（のちに音響編集賞と改称）をウォルター・エリオットが『おかしなおかしなおかしな世界』（一九六三）で受賞した。

一九三七年、映画編集者二名と音響編集者一名が映画編集者協会を結成した。現在はエディターズ・ギルド（またはIATSE Local 700）と呼ばれる、編集技師の労働組合である。当初の組合員は、合わせて五七一名の映像編集者と音声編集者、アシスタント、見習い、資料管理者で構成されていた。

ユニオンバグの愛称で呼ばれるエディターズ・ギルド（IATSE Local 700）のロゴ。IATSE（国際舞台演劇・映画従事者同盟）は舞台係の組合として1893年に結成された撮影技師、照明主任、大道具などの包括的組合であり、組合員数は増えつづけている。

ドイツのプロパガンダ映画

一九三〇年代には、映画館でおもに上映されるのはニュース映画となり、レニ・リーフェンシュタールの監督・編集によるプロパガンダ映画が注目を浴びた。一九三四年、ニュルンベルクでナチスの全国党大会が行われ、その様子を記録した『意志の勝利』(一九三五)がリーフェンシュタールの手によって制作された。国家の資力——撮影スタッフ、カメラ、立案、そしてヒトラー自身からの依頼——を意のままに使って、リーフェンシュタールはヒトラーをキリスト教の救世主にも似た存在へと高めた芸術的ドキュメンタリー映画を作りあげ、第三帝国政権のためにドイツ人が一致団結するよう導いた。『意志の勝利』では、ヒトラーが乗った飛行機は雲の切れ間から降下し、十字架の形の影を投げかける。一九三六年、リーフェンシュタールはベルリン・オリンピックの記録映画『オリンピア』(一九三八)を制作した。有名な高飛びこみのシークエンスは、実際の競技映像と演出用に収録した映像を交互につないだもので、スワンダイブとスローモーションの着水シーンの連続によって、バレエのような一幕となっている。バスビー・バークレーのミュージカルも顔負けだ。

[左]ニュルンベルクへと向かうヒトラーを乗せた飛行機が、ビルの白い外壁に十字架の形をした影を落とす。『意志の勝利』より。
[右]雲を背景にして高飛びこみの選手をとらえたショット。『オリンピア』より。リーフェンシュタールの映像表現は高く評価されており、自分が忠誠を尽くしたのは映画であって、ヒトラーではないと主張しつづけた。だが、ナチスの協力によって五本の映画を監督した彼女は、戦後の映画界から追放されることになった。

一九〇年代

第二次世界大戦中、アメリカの陸軍航空隊（AAF）には第一映画部隊があり、ジャック・ワーナー、ロナルド・レーガン、ウィリアム・A・ウェルマンといった映画人たちが所属していた。「セルロイド特殊部隊」として、「映画で敵を倒す」をモットーに、「フォート・ローチ（ローチ砦）」の愛称で呼ばれたカルバーシティのハル・ローチ・スタジオで四〇〇本以上の訓練映画、情報映画、娯楽映画を制作した。

バッグス・バニー、ダフィー・ダック、ポーキー・ピッグ、ウッディー・ウッドペッカーなどのキャラクターが登場して敵をからかう短編映画もあれば、模型やシミュレーションを使った、外地を飛ぶ爆撃機のための資料映像もある。ロナルド・レーガンが出演した『職務を超えて Beyond the Line of Duty』（一九四二）は一九四二年にアカデミー短編映画賞を受賞した。

RKO281

一九一五年生まれのオーソン・ウェルズは、第二世代の映画監督である。舞台やラジオドラマで経験を積んだあと――監督、俳優、その他なんでもこなし

［左・中］第二次世界大戦中、ムヴィオラで映像を見る編集技師たち。カリフォルニア州カルバーシティのハル・ローチ・スタジオにて。『ハリウッド戦場に行く 陸軍航空隊第一映画部隊 Hollywood Goes to War: The Army Air Forces 1st Motion Picture Unit』（1944）より。

［右］軍隊向けアニメーション映画『スナフー等兵、カムフラージュについて講義する Private Snafu—A Lecture on Camouflage』（1944）。

チャールズ・フォスター・ケーン(オーソン・ウェルズ)の肩越しに二番目の妻が去っていく姿をディープフォーカスでとらえたショット。『市民ケーン』より。

た――映画監督への道を歩みはじめたウェルズは、セルゲイ・エイゼンシュテイン、ジャン・ルノワール、ルネ・クレール、フランク・キャプラなど、先人たちの作品を徹底的に研究した。特にジョン・フォードの『駅馬車』(一九三九)は四〇回観たと言われている。すべては「RKO281」という暗号名で製作され、『市民ケーン』(一九四一)として公開された初監督作品のための準備だった。アメリカの新聞王の心の奥底に深く入りこみ、新旧の映画技術を組み合わせたこの作品――グレッグ・トーランドによるディープフォーカスを駆使した撮影が名高い――は、長年にわたってアメリカ映画史上ナンバーワンとして高く評価されている。

編集

『市民ケーン』はさまざまな点で斬新な編集を行っていた。まず、ウェルズはフラッシュバックとフラッシュフォワードを多用して、ケーンと近しかった三人の人物――ビジネスパートナー、旧友、ふたり目の妻――の語りによって、多重的にケーンの生涯を描いた。第二にあげられるのは、時間軸の巧みな操作だ。死に瀕した老人の姿のケーンから少年時代へとさかのぼり、そしてまた老いたケーンへと時間を戻した。

第三に、ラジオ界での経験から、その音響技術を映画に応用したことだ。台詞を切り詰めて途中で切ったりオーバーラップさせたりすることにより、シーンに熱気とエネルギーを注ぎこんだ。ウェルズが音を重ねて作り出した聴覚的なモンタージュは、映像を強調し、盛りあげ、ときには支配した。ウェルズはRKOのサウンド・ライブラリーを使わず、スタッフとともに映画の効果音をすべて作り出し、登場人物の関係をむき出しにするようなサウンドトラックを考えた。ケーンと妻が冷え切った暮らしを送る、巨大なザナドゥ城はその例だ。

ウェルズは静寂の価値も知ってお

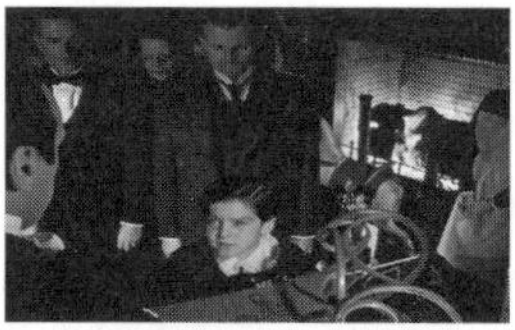

このシーンの最初のふたつのショットでは、少年時代のケーンに向かって後見人が「メリークリスマス」と言っている。3番目のショットに切り替わると、見るからに年をとった後見人が「そして、新年おめでとう」と言う。観客は、たった3つのショットと、オーバーラップしたありふれた時節のあいさつで、ケーンが（画面に映っていないところで）少年から大人になったことを理解する。

ディープフォーカスによるショットと広間に響き渡る声がザナドゥ城での暮らしを物語る。『市民ケーン』より。

朝食のモンタージュでは、年齢を重ねていくケーン夫妻それぞれのミディアムショットのあいだにスウィッシュ・パン（カメラをすばやく横に降る動き）が入る。最後のショットでカメラが後ろに引くと、最初のショットでのふたりの親密な情愛が消えてしまったことが明らかになる。『市民ケーン』より。

り、音楽における休符のように静寂を使うことで、重要な場面で間《ま》を持たせ、ザナドゥ城での生活に重くのしかかる苦い絶望を浮き彫りにした。音楽は旧知のバーナード・ハーマンに依頼し、撮影と編集にも同行させた。ハーマンは曲作りだけでなく、みずからオーケストラ用の編曲を手がけ、指揮をした。さらに、ウェルズは、時間の経過を表すモンタージュを作りあげて、ケーンの試練と苦難を描き出した。絶賛された朝食のシークエンスは、二四カット、三分足らずで、ケーンと最初の妻との結婚生活が崩壊していくようすを描いている。この場面の最後では、自社の新聞を読むケーンに対して妻はそのライバル紙を読んでおり、ふたりのあいだの距離が鮮やかに表現されている。

かつてウェルズが『駅馬車』を研究したように、今日の映画作家たちや映画愛好家たちは『市民ケーン』を研究し、最大の敬意を払っている。

二十世紀後半

一九五〇年代

テレビドラマとホームコメディ

第二次大戦後一〇年間で、一般家庭へのテレビの普及にともなってホームコメディが人気を集めるようになった。制作をスピードアップするために複数のカメラで撮影し、毎週の放送日に間に合わせるためにプリントを空輸することもあった。これによって編集での連続性の問題は減ったが、同期、コーディング、編集のために三五ミリフィルムの映像が三倍持ち込まれることになった。当時は、編集者がカットする場所に油性ペンで印をつけ、アシスタントがフィルムをカットして番組用にリールをつなぎ合わせていた。『アイ・ラブ・ルーシー』(一九五一～五七)の編集技師ダン・カーンは、はじめてムヴィオラを使って映像と音声をインターロックさせた。三つのピクチャーヘッドとひとつのサウンドヘッドを持つこのムヴィオラをカーンは「モンスター」と呼んでいた。今日のマルチカメラによる作品(おもにホームコメディやコンサート番組)は、デジタルシステムで映像と音声をインターロックさせている。

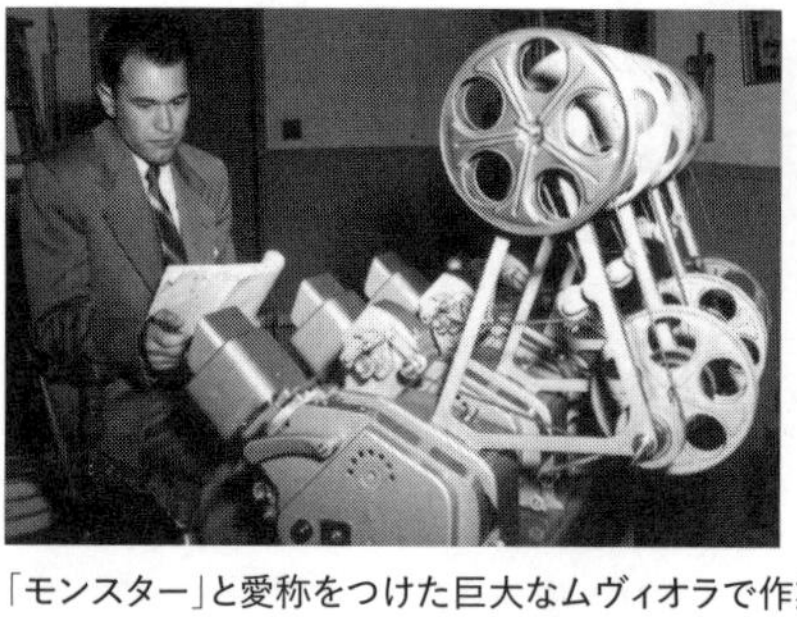

「モンスター」と愛称をつけた巨大なムヴィオラで作業をするダン・カーンと、3つのピクチャーヘッドに映し出された『アイ・ラブ・ルーシー』のさまざまなカメラアングル。提供:ダン・カーン・エステート

フランソワ・トリュフォー監督の『大人は判ってくれない』(1959)のラストシーン。振り向いた主人公の顔をアップでとらえ、フリーズフレームで終わる。ラストシーンにフリーズフレームを使ったのはこの映画がはじめてである。原題の『Les Quatre Cent Coups』はフランス語で「浮かれ騒ぐ」を意味する慣用句だが、アメリカでは直訳した『The 400 Blows』(400回の殴打)というタイトルで公開された。

ヌーヴェルヴァーグ――フランスからの新しい波

テレビのポストプロダクションが新しい手順に落ち着きつつあったころ、編集作業そのものも、伝統的、古典的と今日呼ぶようなスタイルになっていた。すぐれた編集とは、時系列に沿ったストーリーと、つないだ箇所が目立たないように仕上げた「目に見えない編集」を意味した。編集技師にとって、一般に認められたパターンとは、シーンのはじまりはマスターショットやロングショットで大きくとらえて時間、場所、登場人物や被写体の配置を確立し、次に肩越しのショットで狙いを定めていき、ドラマが盛りあがって登場人物の感情が露わになるにつれてクロースアップにしていく、というものだった。

　フランスの映画作家や批評家たちは、このありきたりな編集とアメリカ映画の氾濫にうんざりしていた。彼らが掲げる「作家主義[★14]」の理論を体現するような、オーソン・ウェルズやハワード・ホークスといった特定のアメリカ人監督を支持する一方で、ブルジョワジーだけでなく、一般市民の日常生活に焦点を当てた新しい国民的映画を作りたいと願っていたのだ。一九五一年、彼らは映画批評誌「カイエ・デュ・シネマ」を創刊し、ヌーヴェルヴァーグ――フランス語で「新しい波」――の火付け役となった。

ヌーヴェルヴァーグの編集の特徴に、ジャンプカットの使用がある。★15 ジャン＝リュック・ゴダールが『勝手にしやがれ』（一九六〇）ではじめて使ったとされている（原題の「À Bout de Souffle」は「息もつけない」という意味であり、英題は『Breathless』）。だが、編集した部分をあえて見せるジャンプカットだけが、ハリウッドに対抗する技巧だったのではない。ヌーヴェルヴァーグの映画作家たちは、ストーリーを多重的に語り、プロットや台詞を即興で作った（『勝手にしやがれ』では全編そのようにして撮影したと言われている）。セットを避け、手持ちカメラで街頭撮影を行い（ハリウッド並みの予算や台車をはじめとする機材が不足していたのも理由のひとつだ）、ポストプロダクションで音を追加した。映画館に足を運ぶ観客に、映写機を通してセルロイドフィルムを見ていることを意識させるためだ。

虚構のないリアリズムを目指したヌーヴェルヴァーグの映画作家たちの根底にあったのは、実存主義哲学、戦後の生活、そしてゴダールの「映画は一秒間に二四回の真実である」「映画には、はじまり、中間、終わりがあるべきだが、かならずしもその順番である必要はない」という信念だった。これと同一線上にあるのが、ヴェルトフの「キノ・プラウダ」に触発されたドキュメンタリー映画制作「シネマ・ヴェリテ」だ。どちらも「映画の真実」と訳される。

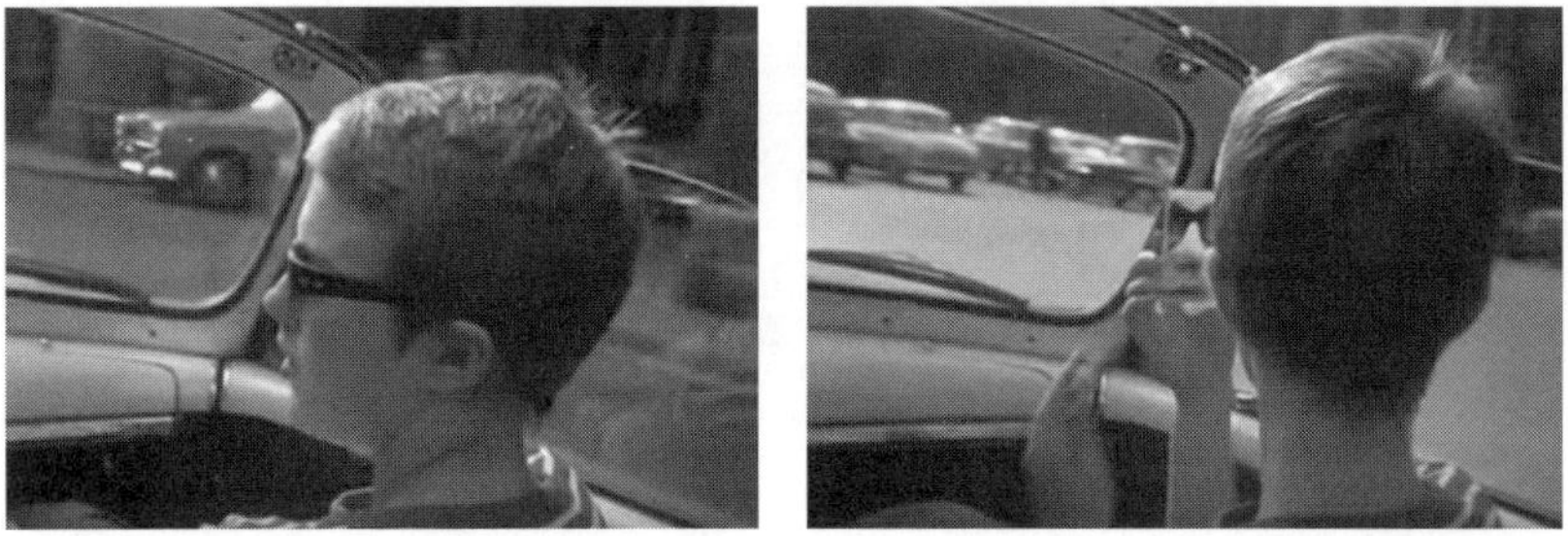

ジャンプカットによって長いテイクを短縮し、無軌道な若いカップルがパリで車を走らせる緊張感を保っている。『勝手にしやがれ』より。

一九六〇年代

> アメリカ映画編集者協会(ACE)の目的と使命は、職業としての映画編集の技巧と科学を発展させること、創造的芸術としての映画編集において、すぐれた芸術性と科学的成果を実現することにより、映画の娯楽的価値を高めること、職業としての映画編集の名声と尊厳を高めたいと願う編集技師たちを緊密な協力関係で結ぶことである。——ACE指針

編集技師たちの名誉協会

一九五〇年にふたりの編集技師によって設立されたACEは、編集技師たちの名誉協会であり、協会独自にすぐれた映画編集をたたえるエディー賞を設けている。第一回の受賞者は『罠にかかったパパとママ』(一九六一)のフィリップ・W・アンダーソンだった。エディー賞は、現在ではテレビ、アニメ、ドキュメンタリー、コメディも対象とし、毎年一月に正装の晩餐会で授与式が行われる。

一九五三年に設立されたアメリカ映画音響編集者組合(MPSE)は、音響編集の芸術的価値について、一般の人々はもちろん映画界全体に対して周知することによって、会員が正しく評価されるよう尽力している。毎年開催するガラディナーで、音響編集の三〇以上の部門に対してゴールデンリール賞を授与している。

アメリカ映画編集者協会(ACE)所属会員によって毎年選考されるエディー賞。提供:ヴィクトリア・ローズ・サンプソン

編集機と編集

一九六〇年代には、アメリカの編集技師にとって画期的なツールとなるテーブル型編集機が登場した。その代名詞となっているブランドが、ドイツのＫＥＭとスタインベックである。モニターはムヴィオラの四倍の大きさで、音声はムヴィオラの一トラックに対して三トラックあった。リールは水平に置かれ、より多くの映像を見ることが可能になった。

この時代には、編集のあり方を変えるような驚くべき映画も生まれた。そのひとつに、デヴィッド・リーン監督による三時間を優に超える大作『アラビアのロレンス』(一九六二)がある。ふたつの場面をつなぐのに、ディゾルヴではなく、マッチカットを使い、ロレンスのひと呼吸で時空間を越えたシーンの考え抜かれた編集は映画史に残るものだ。

『二〇〇一年宇宙の旅』(一九六八)の冒頭にも、有名なマッチカットの例がある。原始時代の猿人が上空に放り投げた骨が、ゆっくりと降りてくると宇宙空間の人工衛星に変わる。物の形状と動きを一致させたダブルマッチカットである。

こうした有名な例以外で、編集のあり方を揺るがした二本のアメリカ映画がある。まったく異なるタイプではあるが、いずれもヌーヴェルヴァーグの影響を受けた作品だ。

『質屋』

左岸派のアラン・レネ監督の『二十四時間の情事』(一九五九)に影響を受けた『質屋』(一九六四)は、ホロコーストを扱った最初期の映画のひとつである。シドニー・ルメット監督と編集技師ラルフ・ローゼンブラムは、フラッシュカット(ほとんどが三分の一秒未満)、サウンドマッチ(地下鉄の轟音が、収容所へ向かう家畜運搬車での赤ん坊の声と重

［左］16ミリ用テーブル型編集機で作業する編集アシスタントと監督。背後に編集中のフィルムを吊るしたトリムビンがふたつある。提供：マーティ・バーカン
［右］音響編集のすぐれた作品に毎年授与されるゴールデンリール賞。提供：ヴィクトリア・ローズ・サンプソン

『アラビアのロレンス』の有名な「マッチカット」。アン・V・コーツはこの作品でアカデミー編集賞を受賞した。

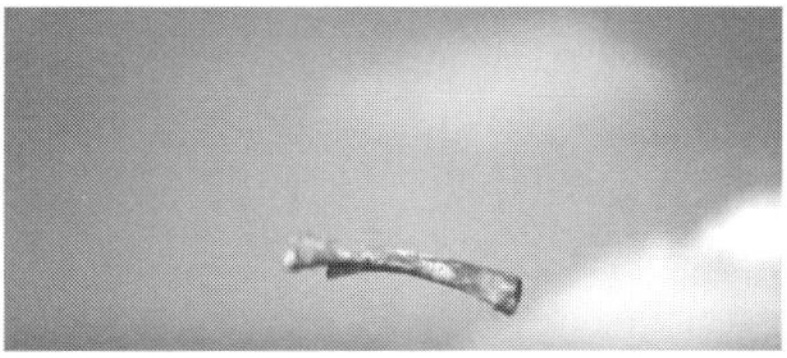

形状と動きによるマッチカット。『二〇〇一年宇宙の旅』より。

ニューヨークで質屋を営むソル・ナザーマン（ロッド・スタイガー）を苦しめるナチスの強制収容所での記憶。地下鉄の車内でのシーンに、家畜運搬車で収容所へ送りこまれたときの光景をフラッシュカットで挿入している。

なる）、繰り返し聞こえる犬の鳴き声など、「メモリー・カット」と呼ぶ技法を駆使して、生き残った者の深く傷つき、苦悩に満ちた人生を描き出した。

『俺たちに明日はない』

犯罪を重ねながら町から町へと逃亡を続けるカップルを描いた『俺たちに明日はない』。ふたりがテキサス・レンジャーに銃殺されるラストシーンはあまりにも有名だ。銃弾の乾いた音だけが響くこのシーンは、一分間にわたって通常撮影とスローモーション、ジャンプカットを組み合わせた五〇カットで構成され、残酷でありながらバレエのように美しく、感覚的でありながら客観的であり、短くも長くも感じられるものとなっている。レンジャーたちが茂みから這い出し、環境音だけが聞こえる重苦しい静けさのなか、映画は終わる。

『俺たちに明日はない』の編集技師デデ・アレンは、ヌーヴェルヴァーグの影響のほかに、マンハッタンでのコマーシャル編集の経験からも多くを学んだと語っている。アレンは、シーンとシーンのあいだをディゾルヴさ

スローモーション、通常撮影、ジャンプカットによるクライド・バロウ(ウォーレン・ビーティ)の最期。『俺たちに明日はない』より。

4つのクロースアップで、ボニー(フェイ・ダナウェイ)がはじめて会ったクライドに惹かれていくようすが表現される。

せずにつなぎ、登場人物やシーンの設定をクロースアップやジャンプカットで表現した。従来のハリウッドに対抗したこのスタイルは、のちの編集に大きな影響を与えた。

一九七〇年代

この一〇年間で、シネコンが台頭するとともに、新しい世代の映画監督が登場していった。フランシス・フォード・コッポラ、スティーヴン・スピルバーグ、ジョージ・ルーカス、マーティン・スコセッシなどだ。一九七〇年代にはあらゆる場所が事件の舞台となった。『ゴッドファーザー』(一九七二)では街、『ジョーズ』(一九七五)では海、『スター・ウォーズ』(一九七五)では宇宙だった。田舎町も例外ではない。一九六九年七月、ニューヨーク州マウント・ベセルの住民たちがそれに気づいたのは、音楽イベントに自分たちの町が占領されたときだった。

『ウッドストック／愛と平和と音楽の三日間』

三時間を超す映画『ウッドストック／愛と平和と音楽の三日間』(一九七〇)は、一六ミリフィルム一二〇時間分の映像からまとめられたも

フリーズフレーム、スーパーインポーズ、16台のカメラによるマルチアングル、スプリットスクリーンなどを駆使して、『ウッドストック／愛と平和と音楽の三日間』は伝説的音楽イベントの模様をとらえた。1971年のアカデミー賞長編ドキュメンタリー映画賞に輝いている。

ヘリコプターのショットがサイゴンのホテルにいるウィラード大尉のオーバーヘッドショットと重なっていくオープニング。『地獄の黙示録』より。

のであり、イベントそのものはもちろん、当時の世相も鮮やかに描いている。刺激的なモンタージュ、インタビュー、スプリットスクリーンによる編集で、ミュージシャン、入場者、町の人々の姿をとらえたこの作品は、観る者にその場にいるような興奮をもたらす。編集を担当したセルマ・スクーンメイカーはこの作品でアカデミー編集賞にノミネートされ(ドキュメンタリーとしては異例)、助監督を務めたマーティン・スコセッシとともに輝かしいキャリアを重ねている。

『地獄の黙示録』

この一〇年の最後を飾ったのが、終結から四年が経ったベトナム戦争の悪夢を描いた『地獄の黙示録』(一九七九)だ。この作品では映像面でも音響面でも実にすぐれた仕事が行われた。三時間近い大作は印象的なマッチカットからはじまる。ヘリコプターが画面を横切り、ジャングルが爆撃される音と光景がモーフィングし、主役のひとりであるベンジャミン・L・ウィラード大尉(マーティン・シーン)のホテルの部屋で天井ファンがまわる音と影に変わっていく。アカデミー賞では、編集賞はノミネートに終わったが、音響賞を受賞した。

一九八〇年代

『レイジング・ブル』

セルマ・スクーンメイカーがはじめてアカデミー編集賞を受賞したのが『レイジング・ブル』(一九八一)だ。この作品は、偉大な編集技師と偉大な監督が手を組めば、どれほどすばらしいリズムを生み出すことができるかの教科書だ。スクーンメイカーとスコセッシは、緩急を使い分け、弾むような楽章や静かな楽章を持つ交響曲のような映画を作りあげ、観客はその世界に没入した。

この映画は、一九四〇年代のミドル級チャンピオンで「レイジング・ブル(怒れる雄牛)」と呼ばれた実在のボクサー、ジェイク・ラモッタ(ロバート・デ・ニーロ)の栄光と挫折の記録であり、人生に関わった人々とリングの内外で、ときに暴力的な闘いを繰り広げた彼の頭のなかを描いた。試合シーンでは、スローモーションを巧みに織り交ぜることによって、パンチを繰り出すボクサーの動きが再現され、スキップフレーム★16が荒々しいアクションを強調し、スピード感を高める。モノクロ作品のなか、途中にはさまれたカラーによるシーンは、ホームムービーのような古びた映像で構成され、異なる流れを作っている。ジェイクが市営プールで二番目の妻と恋に落ちる場面でのスローモーションによる主観ショットや、マネージャーである弟とその妻や子供たち(ほとんど無言)とのキッチンでの緊迫したシーンも印象的だ。

MTVの影響

『レイジング・ブル』の編集は、一九八一年八月一日にアメリカで開局したMTVと、編集の「現代的スタイル」を確固たるものにしたミュージックビデオの時代を先取りしたものだった。MTVの放送開始以降、映画作家た

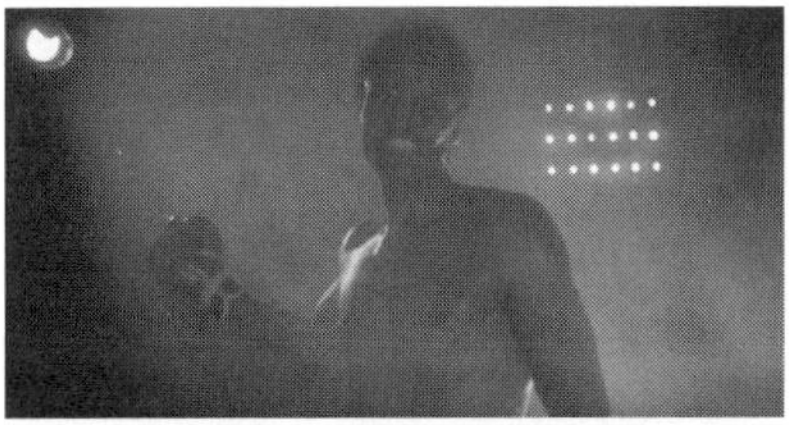

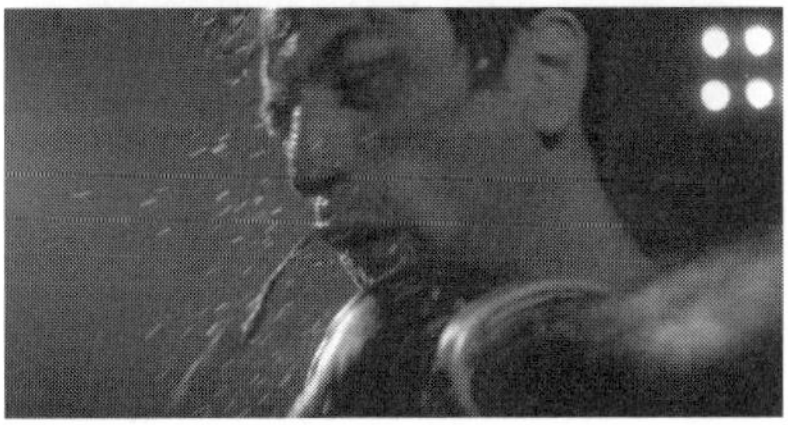

ロープに追いつめられたジェイクに、対戦相手シュガー・レイ・ロビンソンがこぶしを構え、観客が息を飲むようすがスローモーションで描かれる。場面は飛び、ロビンソンがジェイクに連打を浴びせる。『レイジング・ブル』より。

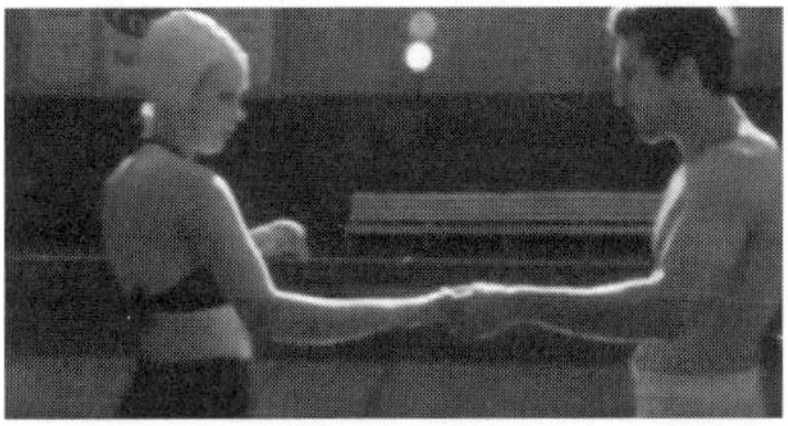
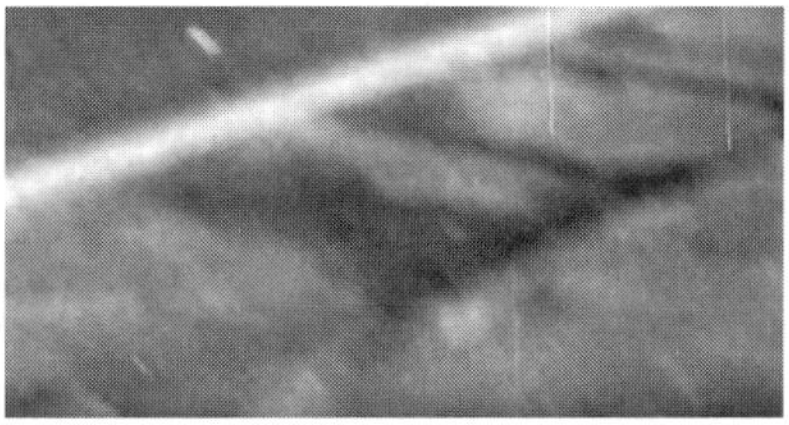

プールサイドでじゃれ合うジェイクと2番目の妻ビッキー（キャシー・モリアーティ）の映像に、プールのぼやけた映像がインターカットされる。『レイジング・ブル』より。

ちは編集におけるＭＴＶの影響について議論し、それを嘲笑しつつも受け入れてきた。そもそも、その影響とはなんなのだろうか。あるミュージックビデオ編集者は、それを「奇抜な映像を作り出すこと」と表現した。定義が曖昧な言葉だが、ＭＴＶの特徴をかいつまんで説明すると、ＡＳＬ（一ショットあたりの平均時間）を短くし、手持ちカメラをラインをまたいで動かし、カット、ＶＦＸ、ストーリーラインなどすべてを反復させつつ、台詞を排除し、音楽にストーリー（内容がないこともある）を支配させるのだ。

ビデオテープでの編集

一九八〇年代はじめ、長編映画以外の編集技師は、作品のはじまりから終わりまで順番に（リニアに）編集し、記録するビデオ編集機で作業するようになった。ジョイスティックやコントローラー、キーボードなどで操作するリニア編集機は、編集室でのスプライシングなどの手間がかかる作業をなくし、ソース映像のテープで試写してから収録用テープに記録することができた。撮影映像の記録と整理は依然として必要だったが、現像所ではなくオンラインで最終的な作品を制作できるようになった。

［左］ジョイスティックで操作するリニア編集機ECS-90。フリーズフレームは電源を抜いて作成した。
［右］ノンリニア編集機として人気があったEdiflex。編集技師は油性ペンに変えてライトペンで編集を行うようになり、一二台のテープデッキから一二本のビデオテープを再生させた。トニー・シュミッツ提供。

[左]ルーカスフィルムが設計した編集システムEditDroidは、その名にふさわしくレーザーディスクに頼るものだった。編集技師はハサミのアイコンをクリックしてカットし、操作を誤るとダースベイダーが現れた。提供:Droid Works
[右]Lightworksのデジタル編集システムは、テーブル型編集機のコンソールを丸みを帯びたものにした。提供:Lightworks NLE

一〇年が経つころには、テレビ番組の編集はすべてNLE(ノンリニア編集システム)で行われるようになり、時間軸に関係なしに、(映画と同じく)任意の順序で編集し、テープやレーザーディスクへ記録するようになった。

一九九〇年代

技術の進化は、予算、変化に対応できる姿勢、プロジェクトでの必要性(映像の量、スケジュール、最終フォーマット)など、さまざまな要因がからむものであり、一夜のうちに起こるものではない。一九九〇年代のはじめ、編集技師たちの作業には二種類の媒体と三種類の編集機があった。長編映画はテーブル型編集機でフィルムを、テレビ番組はノンリニア編集機でテープを、ドキュメンタリー、ニュース、企業のPR映像を編集する技師はリニア編集機でテープを扱っていた。九〇年代のなかば、デジタルシステムが登場し、プリプロダクションから撮影、ポストプロダクションに至るまで、業界のすべての段階に革命が起きた。あらゆるフォーマットのフィルムやテープがデジタル画像に変換できるようになり、ノンリニア・デジタル編集システムにデジタルキャプチャした画像といっしょに編集できるようになったのだ。ソフトウェアが改善され、広く受け入れられるようになると、映画制作のあらゆる分野の編集技師がデジタル編集に移行していった。

デジタルシステムによって、編集技師はそれまでできなかったさまざまな作業を自由に行えるようになった。ショットのトリミングや引き伸ばし、カットやリカット、シーンの別バージョンの作成、効果音やナレーション、音楽の無制限のトラックへの追加・ミキシング、VFX（視覚効果）やタイトルの作成、映像とサウンドのスピードアップやスローダウンなどだ。

リアリティ番組の影響

デジタル革命と時を同じくしてリアリティ番組が登場し、人気を集めるようになった。台本もなく、区切りもなく、コンテもなければ、撮影の記録すらほとんどない大量の映像を前に、リアリティ番組の編集技師は、ストーリーを引き出すために高速でデイリーを見ることを覚えた。この新しい形の番組の先駆者として、彼らは編集を変えてきた。

リアリティ番組の編集技師は、限られた台詞をつなぎ合わせ、ショットのスピードに変化を加え、ジャンプカットやフラッシュフレーム、トランジション効果を駆使して番組を盛りあげる。マッチカットなどは行わず、つないだ箇所が目立つかどうかも気にしない。こうした編集や撮影スタイルが番組にリアリティを持たせ、視聴者が信じ、期待するものを作り出すのだ。

リアルタイムで物語が進行するドラマシリーズ『24 -TWENTY FOUR-』（2001～14）の主役、テロ対策ユニットの捜査官ジャック・バウアー（キーファー・サザーランド）。1時間のエピソード1回分で1時間を描き、1シーズン24回で24時間が進行する。

二一世紀

リアリティ番組、MTV、そしてデジタル技術が、「現代の編集スタイル」と呼ばれるものをもたらした。

ASLについての研究★17

現代の映画はさらにおもしろいものになるかもしれません――もっとたやすく夢中にさせられてしまうことでしょう――宇宙の自然のリズムが心を動かしているからです。　――コーネル大学のジェームズ・カッティング教授、ジョーダン・デロング、クリスティン・ノーセルファー。

認知心理学を専門とするジェームズ・カッティング教授は、一二名の大学院生とともに、「映画の表象的な側面を意識させないようにしながら、物語を伝えるもの」と定義づけた「ハリウッドスタイル」の編集と映画制作について研究した。研究チームは、一九三五年から二〇〇五年の間に撮影された、アクション、アドベンチャー、アニメーション、コメディ、ドラマの五つのジャンルから人気映画一五〇本を選び、各シーンのショットの長さを測定した。

人間の脳で自然に起こる感知のパターンを説明するカオス理論――1／fゆらぎ――を応用したところ、一九八〇年以降に作られた映画は、心の自然なリズムである1／fゆらぎと一致することがわかった。研究チームは、このゆらぎのパターンが映画製作の歴史のなかで発達したものだと推測した。シークエンスの編集リズムが映画を明確で魅力的なものにできるかどうかの鍵を握るからだ。アクション映画は1／fゆらぎに最も近く、続いてアドベンチャー、アニメーション、コメディ、ドラマの順であることがわかった。研究チームは「今後五〇年ほどのあいだに、ハリウッド映画は、アクション映画を筆頭に、物理学、生物学、文化、精神など、他分野で見られる1／fゆらぎにほとんど一致するショットの構造へと進歩していくだろう」と予測した。

現代的スタイルの編集

では、こうした研究や、MTVやリアリティ番組の影響に、向上しつづけるデジタルシステムの機能を組み合わせると、編集はどうなるのだろうか。まったくなんでもありだ。フィクションにかぎらず、多くの映画は、時系列に沿ったプロット、目立たない編集、ゆっくりしたペース(ASLが長い)、特別な瞬間やシーンを強調するための音楽の挿入といった、伝統的なスタイルで編集されている。また、複数のプロットと多重構造を持ち、大胆な編集やVFXを多く使用して、ペースが速く(ASLが短い)、歌や音楽を自由に使った、現代的なスタイルでカットされたものも多い。二〇〇九年のアカデミー賞で作品賞や編集賞など八部門を受賞した『スラムドッグ$ミリオネア』(二〇〇八)の一二一頁に紹介する場面は、現代的スタイルの傑出し

アカデミー編集賞に輝いたデヴィッド・フィンチャー監督の『ソーシャル・ネットワーク』(2010)は、会話が主体の映画であり、一見伝統的な編集が行われているかに見える。だが、双子のウィンクルボス兄弟を演じたふたりの俳優(アーミー・ハマーとジョシュ・ペンス)のうち、ペンスの顔はデジタル処理でハマーの顔と入れ換えられた。この映画では、顔の入れ換えやマットペインティングなど、1000に近いVFXが使われている。

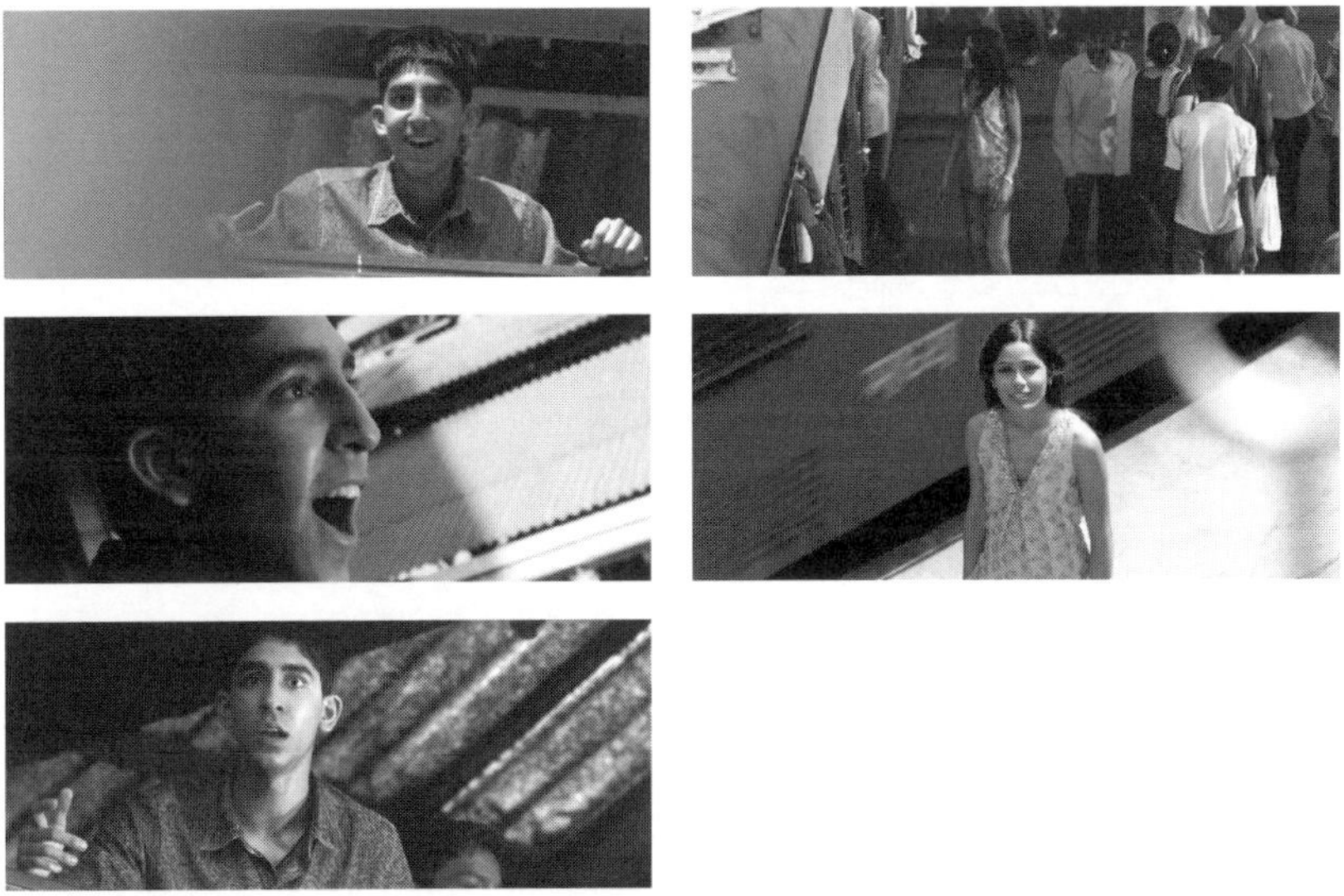

混雑した鉄道駅のざわめきのなか、ジャマール・マリク(デーヴ・パテル)が探していた最愛のラティカの姿に気づく(上左・上右)。彼が叫ぶ「ラティカ!」という声以外にこのシーンに台詞はなく、ラティカは静かに微笑む(中右)。フラッシュカット、静かな音楽、そして列車の音が、ふたりのあいだに流れる時間を引き伸ばす。だが、ラティカを連れもどそうとする追手が迫ってくるのを見つけたジャマールは恐怖する(下左)。彼女を助けようと駆けだすとき、音楽は激しいものに変わり、アングルが歪んで、ペースは狂おしいほど速くなる。『スラムドッグ$ミリオネア』より。

た例だ。

ほとんどの作品の編集は、伝統的に見えようとも、現代的に見えようとも、両方のスタイルを兼ね備えているものだ。古典的で正攻法のスタイルで編集が行われたように見える作品でも、目立たないVFXのレイヤーが隠れていることがある。

CGキャラクターが登場するのは『アバター』のようなSF映画ばかりだと思いがちだが、ドラマ、コメディ、ドキュメンタリーでも数多く登場するようになっている。スコセッシ監督の『アイリッシュマン』(二〇一九)ではロバート・デ・ニーロがCG技術で若返り、ポン・ジュノ監督の『パラサイト 半地下の家族』でも多くのショットがCG合成されている。どちらも同じ年のアカデミー編集賞にノミネートされた。一方で、CGによる映像の合成は芸術的な論争にとどまらないものとなっており、犯罪行為や名誉毀損につながるディープフェイクの不正使用が急増している。

最後にひとこと

壁画にはじまり、見て楽しむおもちゃ、フィルム、テープ、デジタル映像へと長い道のりだった。観る場所も、洞窟から、サロン、家庭、劇場、テレビやコンピューターの画面へと変わってきた。だが、これからどんな技術、ジャンル、プラットフォームが生まれようとも、映像を最終的なストーリーの形に仕上げるのは編集技師の腕だ。

『チェチェンへようこそ―ゲイの粛清―』(2020)。ゲイへの弾圧がつづくチェチェンから救出された23人のLGBTの人々に取材したドキュメンタリー。身元が特定されないようにフェイスダブル技術を使い、声も変えてある。

編集の歴史について、監督が知っておくべきこと

- □ 映画の言語――映像と音声がどのように観客に語りかけ、影響を与えるか――が発展するなかで、編集は重要な役割を担ってきた。
- □ 編集の歴史のなかで、ストーリーの伝え方も進化してきた。その重大なステップとなったのが、異なる場所、異なる時間で撮影したショットをつなげたときに、観客がひとつの場所でのひとつの出来事として認識できるようになったことだ。これによって、時空間をつなげられることが可能になった。
- □ 初期の映画は監督が編集技師の役割を兼ねていた。

□技術の革命と進化により、編集方法も変わっていった。

□トーキー（音声付きの映画）の出現により、音響編集とミキシングという新しい仕事が生まれた。

□エイゼンシュテインをはじめとするソ連の革命的映画作家たちは、並置したショットが観客にどのような影響を与えるかを研究し、モンタージュ理論を発展させた。

□フランスのヌーヴェルヴァーグの映画作家と理論家たちは、ハリウッドの伝統的な編集パターンに異議を唱え、編集と映画制作を可視化させた。

□編集されたショットの長さやリズムが映画に与える影響について近年研究が行われ、注目が集まっている。

□MTV、リアリティ番組、インターネット、デジタル編集システムによるショットのスピードアップ、編集の可視化、複数のストーリーライン、ノンリニア構造、VFXの多用は、今日の編集に大きな影響を及ぼした。

★01──人間の目が連続した静止画像を動く映像としてとらえる現象。科学者や知覚心理学者はこの概念に異論を唱えるが、映画理論家は映画史との関連性を主張している。

★02──ギリシャ語の「キネト（運動）」と「グラフォ（書く）」を組み合わせた言葉。

★03──ブラック・マライアとは、囚人護送車を意味するスラング。建物が黒塗りであったことから。

★04──リュミエール兄弟やエジソンは一九〇八年には製作をやめていたが、アクチュアリテは現在のニュース映画、ドキュメンタリー、リアリティ番組のことで、YouTube動画のルーツと言える。

★05──ウエストオレンジのトーマス・エジソン国立歴史公園には、一九五〇年代にエジソンの息子によって復元されたブラック・マライアがあり、釘やタール紙にいたるまで忠実に再現されている。リュミエール兄弟が住んでいたリヨンの邸宅はリュミエール博物館となっている。どちらも映画関係者なら見ておきたい感動的な場所だ。

★06──サイレント映画は、一八九〇年代半ばから一九二〇年代後半に至る創成期においても、無音で鑑賞するよう意図されていたわけではない。多くはナレーションが付くか、スクリーンの後ろで俳優たちが台詞を読んでおり、ほとんどがピアノの伴奏付きだった。ピアニストが楽譜を使ったり、即興で演奏することもあった。シアターオルガンと呼ばれる、オーケストラのような音を出したり、馬が駆ける音や、銃声、雷鳴などの効果音を出したりできるパイプオルガンの一種が使われる場所もあった。映画の人気が高まると、スタジオはオリジナルのスコアを劇場に送り、少人数のオーケストラで演奏できるようにした。

★07—クロノフォンの蝋管にあらかじめ録音した音声を映像と同期させた。

★08—ロイス・ウェバーははじめて長編映画を監督したアメリカ人女性であり、社会問題を扱った作品で名高い。みずからのスタジオを設立し、一〇〇本を超える映画を手がけた。スプリットスクリーン(画面分割)の技法を使った先駆者でもある。晩年は恵まれず、貧困のうちに生涯を終えた。

★09—リール一巻き分の三五ミリフィルムは約一〇〇〇フィートだった。ワンリーラーとは一〇分から一二分の短編映画のこと。当時映画はリールの数で長さを表した。四リーラーはフィーチャー映画と呼ばれ、短編映画と同時に上映されるメインの映画であった。一九一四年にアメリカでは四〇〇本を超えるフィーチャー映画を観ることができた。

★10—クロスカットとは、異なる場所で同時に起きている、相互に直接的な影響がある複数のアクションを交互に映し出すこと。

★11—初期の映画にフリッカー(ちらつき)が生じた原因には次のようなものがあった。❶映写機のシャッターやランプの性能が悪かった。❷映写機が手まわしだった(カメラも同様)。❸フィルムによって一秒あたりのフレーム数が違っていた。

★12—音響技師はフィルムループを三本作る。映像ループ、ガイドループ(差し替えられるループ)、レコードループ(俳優が読む差し替え用の台詞を録音するループ)である。ルーピングは現在ではＡＤＲ(Automated Dialogue Replacement)と呼ばれ、デジタル処理される。

★13—ポストプロダクションで映像に合わせて録音する効果音。足音などがその例だ。考案者のジャック・フォーリーにちなんで名づけられた。

★14—映画の真の作家とは脚本家ではなく、独自のスタイルを持つ監督であるとする考え方。ヒッチコックはその最たる存在だ。

★15—似かよったショットを時間の経過を飛ばしてつなぎ合わせることによって、被写体がジャンプしているように見えるカット。技術的な観点から言うと、ふたつのショットのあいだの角度が三〇度未満であることから起こる。

★16—ひとつのカットのなかで一定の間隔(三コマごとなど)でコマを取り除き、スキップのような動きを作り出すこと。

★17――二〇一一年にジョセフ・マリアーノとジェフリー・ザックスは、連続性のある編集と不連続な編集についてそれぞれ脳のどの部分が反応するかをＭＲＩを使って調査した。二〇一七年にはハイマンらが脳波計を使った調査を行った。これらの調査論文の詳細については巻末の参考文献一覧に記載してある。

第四章

共同作業者を選ぶ
——監督と編集技師の関係

監督であるあなたは何か月も必死に働いて作品を立ちあげ、撮影を完了させた。さあ、映像を編集へ手渡すときだ。聞いたことがある人、なんとなく知っている人、あるいは面接で話したばかりの見知らぬ人に映像をゆだねることになる。もしかしたら、もう編集技師が決まっているかもしれない。できれば、採用に関して意見を言いたいところだ。どのように選考されたにせよ、あなたはこう思うだろう。「なぜこの人物に大事な作品をまかせなければならないのだろう？　その編集技師はわたしのヴィジョンを支持してくれるのだろうか？　うまくやっていけるだろうか？」。この章では、編集技師と仕事をする際にどんなことが期待できるのか、そして、どうやってあなたの作品に適した人を雇うかについて紹介していく。まずその前に、この大きな疑問から考えていこう——そもそも、なぜ編集技師が必要なのだろうか？

なぜ自分で編集しないのか――自分の作品を編集することの長短

編集の経験はあるだろうか。もしなければ、デジタル編集システムについて短期間で多くを学ぶ必要があるし、講習費も高額になる。あなた自身の編集経験の有無はさておき、作業を編集技師に任せる最大の理由は、第二章で述べたように、編集技師はストーリーテリングや問題解決の能力を持つだけでなく、独自の新鮮な視点をもたらしてくれるからだ。

もちろん、駆け出しの監督が自分で編集を行い（たいていは予算上の理由）、うまく仕上げている例も多い。一方、熟練の監督たちの多くが編集を行うのは、すべてを自分の管理下に置きたいからだ。フレデリック・ワイズマン、コーエン兄弟（ロデリック・ヘインズ名義）、黒澤明、ガス・ヴァン・サント、スティーヴン・ソダーバーグ（母親の名前で）、ロバート・ロドリゲスといった監督たちがその例だ。だから、監督みずから編集すると決めたのであれば、編集技師と書いた帽子をかぶり、観客に見せたいと思う映像を編集するのもいい。技術的なことや事務作業のためにアシスタントを雇い、試写を行ってフィードバックを得るために、家族、友人、映画関係者を集めた独自のフォーカスグループを作るのもいい。十分な時間をとってしっかりと考えてほしい。

提供：サンドラ・エイデアー（ACE）

提供：ルーエン・ヴー（ACE）

編集技師に何を求めるか

映画の最も無防備な状態をさらけ出す時間を共有する。不確実な未来を共有する。ともに泣き、ともに笑う。こうして編集技師が真のパートナーになるんだ。——ギレルモ・デル・トロ、監督（『シェイプ・オブ・ウォーター』［二〇一七］『クリムゾン・ピーク』［二〇一五］『パンズ・ラビリンス』）

まず何よりも、作品のヴィジョンを支持してくれると思える人を選びたい。直接ヴィジョンについて話し合うことはないとしても、映画に対する監督の意図を理解していると確信できる人でなくては困る。監督であるあなたに必要なのは、ともに献身的に働き、プロジェクトの命運を左右する局面で発生する、あらゆる難題の解決にあたってくれる編集技師だ。監督のアイデアが荒唐無稽なものであったとしても、積極的に試してくれる人がいい。すぐれた編集技師は、監督の考え方をすばやく理解するよう努め、世界観をわかってくれる。

第二に、あらゆるフレーム、シーン、カット、試写において、作品とストーリーのために戦ってくれる編集技師を選びたい。これは、監督のアイデアにすべて同意するという意味ではない。編集技師には独自の視点があり、作品を観ることになる観客と同じように、そのショットを撮るのに現場でどんないきさつがあったかは知る由もないので、演技とストーリーだけに集中して、映像から最高のものを引き出すことができる。壁にあたったとき、うまくいっている部分とそうでない部分をそつなく指摘し、ともに解決策を考えてくれるような信頼できる人間にいてほしいものだ。たとえば、作品が長くなりすぎている場合、削除したり、切り詰めたりできるシーンはどれだろうか。シーンの流れが悪い場合、台詞を減らすのか、タイトにつなぐのか、ほかのシーンとインターカットするのか。編集技師のアドバイスは貴重だ。

第三に、聡明で知識が豊富な編集技師を見つけること。フィクション作品であれば脚本、ノンフィクションであれば制作意図や筋書きを深く理解できる能力が必要だ。さらに、デジタル編集システムを使いこなせること、編集プロセスを熟知していること、ショット、シーン、カットをすばやく呼び出せるよう、きちんと整理整頓できることも必要だ。作品作りに欠かせない、音響や音楽、視覚効果(VFX)の担当者や編集アシスタントが何を必要としているかも把握できなければならない。

第四に、波長が合いそうな人を探すこと。編集作業、制作会議、試写など、多くの時間を過ごすことになる。食事をともにすることもあるだろう。いっしょにいて気を遣わずにすむ人がいい。

第五に、適応力のある人を選ぶこと。監督自身わかっているように、同じ作品などひとつとしてなく、それぞれに進行具合も違う。編集技師も、映像に実際に取りかかるまでは、どのように編集していくか明言することはできない。大半の作品は、監督と編集技師の双方にとって新しい領域をもたらすことになるので、未知の状況や予想外の事態に対応できる人を選びたい。監督自身が自分の求めるものをはっきりわかっておらず、正確に説明できないこともある。関係を深めていくうちに、すぐれた編集技師なら言外の意味を読みとれるようになり、監督の意図やヴィジョンを瞬時に理解してくれるはずだ。

最後につけ加えると、制作期間中、その編集技師のスケジュールをずっと押さえておけるかを確認しよう。やり方に慣れた人に去られると、別の人間が引き継いだときに適応するまでに時間が

提供:Community Media Center County of Marin, CA.

かかってしまう。

編集技師と映画監督のあいだには、仲間同士の絆が存在します。互いに支え合う、信頼に満ちた関係ですし、安らぎを感じます。編集室は真の映画作りがはじまる場所であり、わたしにとって最も落ち着くところです。

——スティーヴン・スピルバーグ、監督(『シンドラーのリスト』『プライベート・ライアン』〔一九九八〕『ジュラシック・パーク』〔一九九三〕)

よい編集技師を見つける方法

知りたいことは面接でたしかめよう。その前に、ほかの監督や、プロデューサー、アソシエイト・プロデューサー、プロダクション・マネージャー、ポストプロダクション・スーパーバイザーに訊いてみよう。これまでの仕事をまとめたデモリールや、編集を担当した作品を見て、編集技師としての仕事ぶりを確認することもできる。

ジャンルを決めつけない

俳優と同様に、編集技師も同じジャンルの仕事ばかり割り当てられることがある。コメディが得意、ミュージックビデオ専門、アクション大作を担当したことがある、長編ドキュメンタリー賞に三回ノミネートされた、などといった具合だ。これにだまされないようにしよう。すぐれた編集技師はどんなタイプの作品でも編集できる。キャリアにおいてひとつのジャンルのレッテルを貼られるのを好まないのは、映画監督も編集技師も同じだ。

ベテランと若手のどちらを選ぶべきか

映画監督の仕事については、編集技師から多くを学びました。『ローハイド』(一九五九〜六五)に出ていたころは、編集技師の人たちのまわりをうろついて、仕事ぶりを観察していたものです。——クリント・イーストウッド、監督(『グラン・トリノ』[二〇〇八]『ミリオンダラー・ベイビー』[二〇〇四]『許されざる者』[一九九二]『ペイルライダー』[一九八五])

ベテランと若手、どちらを選んだしても、編集技師と監督は互いに必要であり、助け合うべき存在だ。そして、互いに相手から学ぶことができる。

ベテラン編集技師

年若い監督がベテランの編集技師を選ぶのは、その経験が頼りになるからだ。どっしりと構えた年配の編集技師には、安定感と落ち着きがあり、監督であるあなたの不安を理解し、直感とアイデアを支え、正しい方向へと導いてくれる。熟練の編集技師は、多くの監督や作品を救ってきた。年配の編集技師のなかには、監督経験者も多い。いまでは監督をめざすことはなく、波乱に満ちた編集室に安住の地を見出しているというわけだ。数々の功績を持ち、さまざまな作品を経験してきた編集技師は、駆け出しの監督にとっても経験を積んだ

[左]編集技師ウォルター・マーチ。『カッティング・エッジ 映画編集のすべて』より。
[右]提供:マット・オーファラ

『アオラレ』(2020)編集中の編集技師とアシスタント。提供:スティーヴ・ミルコビッチ、バート・ブルヴィ

監督にとってもよき相談相手となってくれる。

若手編集技師

若手の編集技師は、デジタル作業全般にくわしく、たいていはミュージックビデオを何本か編集した経験がある。年配の編集技師よりも固定観念にとらわれていないため、監督の指示に喜んで従い、さまざまな実験に付き合ってくれる。マイナス面として考えられるのは、監督の考えや映像の意味への理解が足りないことだ。最悪の場合、まったく意見を持ち合わせていない。自分の考えを明らかにしたがらないこともある(これは自分の意見を無視されることに疲れた年配の編集技師にも当てはまる)。経験が浅くても、優秀な編集技師は、監督のために精力的に働き、時間と努力を惜しまずに監督が意図したとおりに作品を編集するよう努める。

編集技師を参加させるタイミング

編集技師は映画制作のいちばん最後の段階で参加すればいいのだろうか?　場合によりけりである。たしかに編集技師は、撮影が終わるまで編集をすることはできない。映画制作においてポストプロダクションがはじまるのは、撮影が終わったあとだ。一方、テレビシリーズや多くのハリウッド映画では、撮影開始前に編集技師とアシスタントを迎えて、編集室の手配をし、送られてきた瞬間に映像に取りかかれるよう準備を整える。3DやVFXを駆使した作品では、プリプロダクションの段階で編集技師が参加して、プリビズと呼ばれる企画段階で、ストーリーボードの映像をカットする。同様に、アニメーション映画では、編集技師はプリビズ中に参加し、ストーリーボードの映像とキャラクターの会話トラックを編集する。これらがロックされたら、ストーリーリールを編集して、ストーリーボードと会話のトラックを結合させる。

逆に、低予算の作品や、休止期間をはさんで長期にわたって撮影する作品では、編集技師が撮影終了分のすべての映像を持って編集室で待機していることもある。いずれの場合も、プロデューサー、アソシエイト・プロデューサー、あるいはUPM（ユニット・プロダクション・マネージャー）と相談して、編集技師を参加させる時期を決めよう。

監督と編集技師の関係

編集技師はリレーの最終走者であり、強い絆で監督と結ばれている。運命共同体だということをお互いわかっているからだ。脚本家とではありえない。――ウィリアム・ゴールドマン、脚本家。著書『映画業界での冒険 Adventures in the Screen Trade』より。

制作スタッフのなかで、監督が誰よりも長い時間を過ごすことになるのは、おそらく編集技師だ。同じ船に乗り、荒波や嵐を乗り越え、力を合わせて岸までこぎつける。監督は船長として最終的な決定権を持つとはいえ、理想を言えば、監督と編集技師は、生みの苦しみを経て作品を世に送り出すクリエイティヴ・パートナーなのだ。

監督と編集技師の関係は、言うなれば結婚のようなもの。テレビの仕事、あるいは独立系や短期のプロジェクトの場合、さまざまな編集技師と仕事をする可能性が高いが、いつも同じ編集技師と仕事をしたいと思うこともあるだろう。実際に、長くコンビを組んで仕事をしていることで知られる監督と編集技師がいる。マーティン・スコセッシとセルマ・スクーンメイカー、スティーヴン・スピルバーグとマイケル・カーン、アン・リーとティム・スクワイアズ、スパイク・リーとバリー・アレクサンダー・ブラウンがその例だ。

最悪の人選と最高の人選

いっしょに仕事をするならどんな編集技師がいいかを考えるにあたって、逆に仕事をしたくないのはどんな編集技師かを考えてみるのもいい。そこで、ホラー版として、監督としても編集技師としてもぜったいに避けたい最悪の相手を書いておこう。誇張しすぎだと感じるかもしれないが、すべて実際に起こったことだ。転ばぬ先の杖をお忘れなく。

編集技師と監督。提供:ジョー・ステイトン

何十年もいっしょに仕事をしていたブルースとジョンのコンビは、ジョンが2019年に突然この世を去るまで続いた。提供：ブルース・キャノン、ジョン・シングルトン

最悪の編集技師――監督にとっての悪夢

最悪の編集技師は、せっかく撮った映像を台無しにしてしまう。作品全体のコンセプトはおろか、シーンやシークエンスのコンセプトをないがしろにする。作品とそれに対する監督の考え方をまったく理解していない。選ぶのはひどいテイクや最悪のショット。編集のやり方にはリズムやペースがなく、短すぎたり長すぎたりで、見当違いの人物や場所に見当違いのタイミングでスポットライトを当ててしまう。最悪の編集技師は、監督の言うことに耳を貸さず、コミュニケーションがうまくとれない。自発性に欠け、消極的で疑り深く、変更や実験をいやがり、どんな簡単なカットも任せられない。傲慢で知ったかぶりな態度をとり、アシスタントはもちろん誰に対しても配慮がない。プロデューサーやクライアントと共謀して、監督に敵対する。

最悪の監督――編集技師にとっての悪夢

最悪の監督は、編集技師が作品にもたらすものを理解せず、尊重することもない。何もかもを大至急でほしがり、物事にどれだけ時間がかかるか考えもしなければ、気にもかけない。編集は機械的な仕事で、クリエイティヴな仕事ではないと考えている。編集技師の言うことを聞かず、尊重もしない。あらゆるカットに目を光らせ、編集が必要だと思った場所があれば指を鳴らし、編集技師をデジタル編集システムで作業をする下等なロボットのように扱う。自分が編集に手出しすることを問題だとは微塵たりとも思っていない。編集技師に隠れて他人に試写をさせる。せっかちに怒鳴り散らし、スタッフを粗末に扱う。編集技師の仕事場であることを無視して、編集室を自分の事務所代わりに使い、電話をかけたり、無関係なことをやったりする。

さてさて、深呼吸しよう。これはすべて悪夢だ。あなたが新しく選んだのは、きっとつぎのような編集技師のはずだ。

監督にとって理想の編集技師

すぐれた編集技師は監督の意図を理解し、作品のテーマやメッセージを感じ取る。協力してスケジュールどおりに作りあげた作品は、期待を上回るものになる。

編集技師にとって理想の監督

監督から信頼され、敬意をもって扱われることによって、編集技師は積極的に映像にかかわり、監督のアイデアを反映させた作品を作りあげる。

監督と若手の編集技師。提供:Community Media Center County of Marin

最後にひとこと

編集技師として著作もあるウォルター・マーチ(『イングリッシュ・ペイシェント』[一九九六]『地獄の黙示録』その他多数)の洞察に満ちた言葉を紹介しよう。「編集とは、切ってつなぎ合わせるというだけではなく、そのための道筋を見出すことである」

あなたも編集技師とともに、その道筋を見つけてほしい。

編集技師を選ぶ際に監督が知っておくべきこと

- □ 作品に対するヴィジョンを支持してくれる人を選ぶ。
- □ ストーリーのためにつねに戦ってくれる人を選ぶ。
- □ うまくいっている部分とそうでない部分を指摘し、ともに解決策を考えてくれる人を選ぶ。
- □ 編集プロセスを熟知し、デジタル編集システムを使いこなせる人で、作品についてきちんと理解している(脚本や筋書きが頭に入っている)人を選ぶ。
- □ 表現しようとすることに共感できる、波長が合いそうな人を選ぶ。
- □ 未知の状況や予想外の事態にも対応できる、適応力のある人を選ぶ。
- □ その人のスケジュールを制作期間中押さえておけるか確認する。
- □ 過去に経験したジャンルを考慮するかどうか考える。

［第五章］

編集

――編集技師の仕事

でも、自分の仕事はわかってないとな。 ――チャーリー・コーウェル（ミュージカル『ザ・ミュージックマン』に登場するセールスマン）

監督であるあなたも編集技師と並んで編集室に座ることになる。複数の画面いっぱいに自分が撮影した映像が映し出されるなか、モニターで編集の様子を見るのだから、いったい何が行われているのか知っておきたいはずだ。見慣れない景色に、見慣れない人々。未知なる世界に足を踏み入れたあなたは、まるでオズの国に降り立ったドロシーだ。飛び交う言葉も外国語のように響く。仕事の中身がわからず、理解もできないのでは、どうやって指示をすればいいのだろう？　そこで、この章では、編集技師が使う用語、考え方、映像へのアプローチ方法を解説し、マッチカット、オーバーラップ、チートショットなど、編集技師が日々行っている作業についてわかりやすく説明していこう。

カットの準備

デイリーが届きはじめたら、編集技師たちは映像を隅々まで見ていく。

デイリーを試写する

監督と編集技師が肩を並べて、撮影監督をはじめとするスタッフもまじえてデイリーを上映する習慣は過去のものとなった。別々の場所から、監督はiPad、編集技師はデジタル編集システムでデイリーをストリーミングするのが一般的だ。どのテイクを使うかといったことのメモは、スクリプター経由、あるいはEメールや電話などで編集室に伝える。編集をはじめる前に、編集技師は監督からのメモを確認し、映像を見て、ショット、台詞、アングル、編集アイデアを頭に入れ、メモに残す。ドキュメンタリー作品では、編集技師は撮影ログに目をとおし、筋書きやペーパーカットを読みなおして、追加事項があれば書き加える。

編集室の用語

編集作業は、フィルムを物理的に切り貼りしていた時代から、ビデオデッキのボタン操作、さらにはデジタルシステムでのマウスやキー操作へと進化してきたが、古い用語も新しい用語に交じって生きつづけている。映像や音声をフィルムの上で物理的にカットしなくなった現在でも、編集はカッティングと呼ばれ、編集室はカッティングルームと呼ばれる。フィルム時代やビデオ時代の用語も、現代のデジタル環境のなかで使われている。ほとんどの映画の撮影、編集、上映はデジタル化されたので、いつか映画を「デジ」と呼ぶ日が来るかもしれない。とはいえ、編集室はもちろん、ポストプロダクションのあらゆる場面でフィルム、ビデオ、デジタルの用語が混在しているのが現状だ。

▼**映像編集技師**（**編集者、カッター**）——作品をまとめあげる編集技師。

▼**編集**（名詞）——テイクやショットの一部を作品に加えること。

▼**カット**（名詞）

——一連の編集。

——カットと編集は同じ意味で使われる。編集はカットで構成され、カットは編集で構成される。まぎらわしいのは、どちらのことばも名詞でも動詞でも使われることだ。

▼**編集室**（**カッティングルーム**）——編集技師が作品をまとめる部屋。ホテル、ガレージ、スタジオの敷地内、間仕切りで囲った社内の一角、キッチンのテーブルなど、さまざまな場所が使われる。

▼**ポストプロダクション**——あらゆる編集作業と仕上げ作業が行われる、作品制作の最終的な段階。ポストプロダクションが終わると、配給や公開の準備が整ったことになる。

▼ポストハウス——ポストプロダクションを行う施設。フィルム映像の変換（テレシネ）、オフラインおよびオンライン編集、編集室やシステムのレンタル、試写室の提供など、さまざまなサービスを制作会社に提供する。大手のポストハウスは通常、現像所と提携しており、VFX、カラーグレーディング、グラフィックデザインなども行っている。

編集をはじめる

> 編集の技巧によって、複数のショットの組み合わせが、興奮、発見、衝撃、ひらめきの意味をさらに高いレベルに引きあげる。——ケン・ダンサイガー著『フィルムとビデオの編集の技法 The Technique of Film and Video Editing』より

編集技師はひとつのシーンをカットしようとするとき、その前後のシーンについて熟慮する。「このシーンにつながったものは何か？　このシーンはどこにつながるのか？」と。ドキュメンタリーであれ、ドラマであれ、どこから来てどこへ行くのかを理解しなければ、そのシーンに取りかかることはできない。ファーストカット（そしてあらゆるカット）を作るとき、どのテイクのどのショットを使うかを、編集

キャンバスを見つめる。［左］提供：Community Media Center County of Mari　［右］提供：ナンシー・フレイゼン

技師はおもに四つの要素を検討した上で選ぶ。

❶アクション＝ストーリーを最も効果的に伝えるテイク。

❷ドラマのクオリティ＝演技の説得力、感情表現が最もすぐれたテイク。

❸ペイシング＝ストーリーの流れに最も適した速度。

❹技術的なクオリティ

▼重要なもの——カメラ、照明、音響、構図、連続性。

▼さほど重要でないもの——ヘア、メイク、衣装。

最初のフレームを選ぶ

編集は絵を描くことに似ています。ショットを選び、「いいところ」を切り取っていくとき、色とりどりのパレットを揃えているような気持になります。スクリーンはわたしのキャンバスであり、それが二次元ではなく四次元の絵になることが何よりすばらしい。まず、平面としてのスクリーンがあり、そのなかでの動きがあり、そこに隠れた「奥行き」があります。そして、編集に特有の次元として時空間があります。ときにわたしは、この時空間がスクリーンからわたしに向かって広がり、突き抜けていくような思いにとらわれることがありました。

——マシュー・タッカー、編集技師

どのテイクを使うかを決めたら、編集技師ははじまりにふさわしい場所（イン点）を決める。選ぶのは、ドラマがはじまるフレーム、何かが起こりそうなフレーム、情報を伝えるフレーム、ストーリーがはじまるフレームだ。カットの終わり(アウト点)を選ぶときには、ショットを再生し、退屈になる場所、魅力を感じられなくなる場所を探す。そして、次に見たいもの、知りたいもの、学びたいもの、明らかになってほしいものを考える。ひとつのカットを終えて、次のカットをはじめるタイミングについて、決まった答えはない。作品をまとめる方法はひとつではなく、編集について定めたルールもないからだ。けれども、カットの方法には効果的なものとそうでないものがある。正しい理由で正しい場所でカットできれば、次のような効果が生まれる。

▼観る者の作品に対する関心、感情、作品に見出す価値を持続できる。
▼マスターショットがとらえた実際の時間の流れとは違うペースを作り出せる。
▼連続性を保つ。アングルやフレームに変化があっても、観る者にはシームレスにつながっているように見える。

カットの必然性を考える

わたしはどんなときも、スタイルではなくストーリーにもとづいて編集を行います。——ジル・ビルコック、編集技師(『ムーラン・ルージュ!』〔二〇〇一〕『ロード・トゥ・パーディション』〔二〇〇二〕『リベンジャー 復讐のドレス』〔二〇一五〕)

「どんなカットにも必然性があるべきだ」とは、編集について繰り返し聞く忠告だ。つまり、あらゆるカットは、ストーリー、アクション、流れ、思考プロセスを進展させるものでなければならないという意味である。すぐれた編集技師は、見た感じが華やかだから、芸術的だから、クールだから、時間や費用がかかったから、というだけの理由でショットを選ぶことはない。それぞれのカットが前後のカットとつながりを持つことをたしかめ、編集を重ねてストーリーをまとめあげていく。編集技師は、すべてのシーンでストーリーを伝えなければならない。それでは、なぜ編集技師はカットをするのだろうか？　アクションを進展させるためだ。

直感でカットする

編集とはまったくの知的な作業というわけではない。むしろ、多くの編集技師はカットするときに、知性よりも直感で判断している。すべての編集について冷静に理由を考えてはいない。心と本能でカットするのだ。セルゲイ・エイゼンシュテインは『戦艦ポチョムキン』についてこう振り返っている。「編集の瞬間、ときには撮影された素材が原作者や編集技師よりも賢いことがある。わたしは、聖書にあるように〝わが創造物を見ることなく〟感情的なシーンを作り出した。つまり、その出来事によってわたしのなかに生じた感情のおかげでシーンはできたのだ」

オリーブの実を上から落とす独創的で低コストの三つのカットが観客を惹きつける『ボアード・トゥ・デス』（2009）のオープニング。

スムーズにつながるアングル

監督であるあなたは「わたしが撮ったものをカットするのか?」と不安になるかもしれない。あるいは自信たっぷりに「撮ったのはわたしだ。バターのように滑らかにつながるはずだ」と思うかもしれない。いずれにしても、あるアングルにシームレスにつなげられる――マッチする――のはどのアングルなのか、一四六頁の表にまとめたので参考にしておいてほしい。

どこから来てどこへ行くのか――トランジション

多くの場合、編集技師はカットを行って次のショットやシーンへ移行する。一方で、ディゾルヴやワイプなどのトランジションエフェクトを使って移行することもごくふつうに行われている。繰り返しになるが、すべてはドキュメンタリーやドラマの内容次第だ。とりとめのない説明的なシーンが終わったところで、次のシーンへ移行するのにスマッシュカットは使えない。激しく感情が揺さぶられるシーンが終わったところで、観客が息抜きをできるようにと、長く甘美なディゾルヴで移行するのもふさわしくない。

次のシーンへカットまたはディゾルヴする前に、数フレームの白(「ホワイトアウト」)または黒(「ブラックアウト」)を挿入することを選ぶ編集技師もいる。あるいは、黒へのディゾルヴ(フェードアウト)や黒からのディゾルヴ(フェードイン)が使われることもある。トランジションエフェクトには、よく使われるものもあれば、独創的なものもあり、シーンの感情的な強度を際立たせるものもある。すべては、作品を生かし、ストーリーを進展させるものでなければならない。

アングルの種類	マッチするアングル
ELS、LS、WS	FS、MS、MCU、CU、インサートショット
フルショット	MCU、CU、ECU、インサートショット
ミディアムロングショット	MS、MCU、CU、インサートショット
MSとCU	ECU、インサートショット
左向きのアングル 右向きのアングル	右向きのアングルすべて 左向きのアングルすべて
移動ショット：パン、ドリー、クラビングショット（トラッキングショット）	ペイシングと視覚的な連続性が一致すれば、移動ショット同士でつなぐことができる
オーバーヘッドショット	ほぼすべてのショットにつなぐことができる。連続性の問題を避けられる。
肩越しショットまたは フレンチオーバー	ペアになっている相手へつないでから、CU、インサート、 MLS、LS、WSへ。
主観（POV）ショット	目線と方向が合うすべてのショット。
ツーショット	CU、インサート、LS、WSあるいは違うふたりのツーショット。

CU＝クロースアップ、MCU＝ミディアムクロースアップ、ECU＝超クロースアップ
MS＝ミディアムショット、FS＝フルショット、WS＝ワイドショット
LS＝ロングショット、MLS＝ミディアムロングショット、ELS＝超ロングショット

一般的に、ディゾルヴは時間の経過や場所の移動、あるいはその両方を表現するために使われる。『ネブラスカ ふたつの心をつなぐ旅』のこのシーンでは、家族の険悪な対話（上左）からディゾルヴして親族の墓地を訪れる場面へとオーバーラップする（上右）。

マッチカット——なぜ、どのように行うか

カットをつなぐ最適な場所を探すとき、編集技師はマッチする要素を見つけようとする。最初のショットに存在し、つぎのショットにもある要素だ。マッチさせるおもな要素としては、アクション(動き)、スクリーンの方向、目線、カメラアングル、フレーム内の構成がある。二次的要素となるのが、天候、照明、色、小道具、音響、衣装、ヘア、メイクだ。おもな要素をうまくマッチさせられれば、天候、照明、色は編集で改善できるし、それ以外の要素は隠すことができる。

動きをマッチカットする

動きにカットを合わせることで、スムーズかつダイナミックなカットができる。編集技師は、ストーリーを先に進めたり、時間を引き伸ばしたりするために、自由にアクションを合わせる。その動きは、浜辺を疾走する馬のような豪快なものから、車から降りる人のようなシンプルなもの、あるいは登場人物が首をまわすような繊細なものまである。

アクションをカットすると、ストーリーを進められるだけでなく、時間にも影響がある。時間が短くなる場合もあれば、長くなる場合もある。いくつか例を挙げよう

ニューヨークのすべての通りを歩くことに挑戦したマット・グリーンの姿を追うドキュメンタリー『きみが向かう世界 The World Before Your Feet』(2018)。この三つのカットは、彼の動き、背景、スクリーンの方向、冬の風の音をすべてマッチさせることにより、彼のストーリーを前に進めている。

通常、ドアを開けるアクションのマッチカットでは、内から外へ(またはその逆)ひとりの人物が移動する。『クラッシュ』(2004)では例外的に、ふたりの人物によるふたつのシーンのあいだでマッチカットが行われた。日中に店から外へ出るひとりの人物と、夜にカフェへ入る別の人物だ。

乾杯の場面は、グラスを合わせる動作のマッチカットによって時間が引き伸ばされることが多い。アニメーション作品『パプリカ』(2006)のこの場面がその例だ。

動きのカットでアクションを引き締める――時間を圧縮する

例――ドアを通って建物に入る人物。

建物に入る人物を描くとき、外側に立つワイドショットからはじめ、ドアを開けはじめたときに内側（逆）のショットに切り替えることでアクションを短縮できる。ドアを押すことで、このマッチカットはアクションを前方へ、そして建物内へと進める。

動きのカットでアクションを長引かせる―時間を引き伸ばす

例――キスをするふたり。

キスシーンを長く見せるため、まず、キスがはじまってから終わるまでをおさめたショットを使い、つぎに、キスがはじまったところからのショットにつなぐ。

目線を合わせる

マッチカットには持論がある。目線が正しく、俳優の身ぶりが正しければカットはうまくいくはずだ。――デデ・アレン、編集技師（『俺たちに明日はない』『狼たちの午後』『ワンダー・ボーイズ』『ブレックファスト・クラブ』）

目は生き生きとした感情や反応を伝えるものだ。ふたりの人物が関わり合う場面で、観客はふたりの目がどこを見ているかを追う――つまり目線だ。目線を合わせるということは、登場人物がお互いを見ているようにカットするということ。目線を合わせることは、登場人物たちの感情や、お互いへの反応、そしてまわりの環境に対する反応を描写するのに大きく役立つ。目線を合わせることで、登場人物は互いにつながり、ふれあいを感じていることになる。目線が合わず、登場人物がお互いを見ていなければ、観る者はふたりの関係から誤った意味を推測する可能性がある。そのため、監督と編集技師があえてそう意図したものでないかぎり、目線は合わせる必要がある。一般的に、目線が合わないということは、登場人物がお互いを避け、無視しているか、ストーリーの一部として、なんらかの理由で気持ちが乱れ、心がそこにない状態にあることを意味する。

マッチカットと目に見えない編集

観客がストーリーを楽しみ、ショットの並べ方に注意を払わないようなら、編集技師として成功だ。観客が編集を意識したら、編集技師としては失敗だ。

——ケン・ダンサイガー著『フィルムとビデオの編集の技法 The Technique of Film and Video Editing』より

マッチカットは編集技師が行うカットの大部分を占める。なぜかと言えば、ストーリーを進展させ、アクションや物語の流れの連続性(登場人物、地理、小道具などの物理的な関係)を維持するためである。観る者はこうしたスムーズなマッチカットには気づかない。この「目に見えない」編集と呼ばれるものによって、観る者は

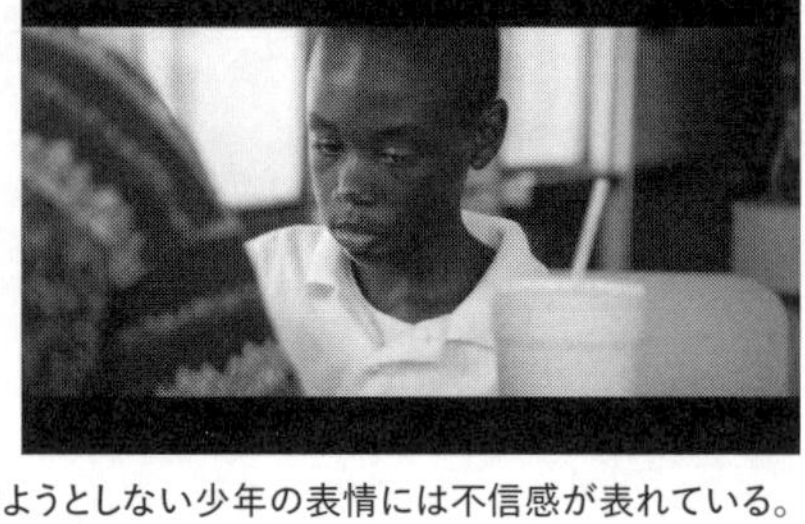

男は少年の心を開かせようとするが、目線を合わせようとしない少年の表情には不信感が表れている。『ムーンライト』(2016)より。

ストーリーとその登場人物に夢中になる――これこそ監督と編集技師が狙ったとおりだ。

このシームレスで目に見えない編集こそ、映画ファンが慣れ親しんでいるものだ。交響曲の聴衆が聴くのはオーケストラの演奏であり、一つひとつの楽器を特定することなどほとんどない。それと同様に、映画の観客が観るのは、ひとつの作品としての映画であり、個々の編集には注意を払わない。ときには、カットに気づいたり、オーボエを聴きわけたりすることもあるかもしれないが、ほとんどの場合、映画であれベートーヴェンの第五であれ、重要なのは全体としての作品だ。

カットが一致しないと、観る人が一時的にせよ混乱し、席を立ってしまう危険性がある。観客は引きつけておきたい。これはすべてのカットがマッチしなくてはいけないという意味ではない。すぐれた編集技師は、必要に応じて、フラッシュカットやジャンプカットなど、あえて目につく編集を行う。目につく編集を行うのは、何かを証明するためや、最新流行のやり方だからという理由ではない。映画の本質――テーマ、ストーリー、リズム、意味――を明確に伝えるためだ。

目に見えない編集をすることがルールなのではない。わたしの意見は前述のダンサイガーとは異なる。ストーリーと撮影された素材を生かすことこそルールだ。その結果として編集が目に見えないものになる――編集技師の存在と同様に。

編集技師がミスマッチに対処する方法

映画を観ていてミスマッチを発見することもあるかもしれない。実際には、気づかないところで、実に多くのものがうまく処理されている。連続性におけるミスマッチの発生は避けられないものであり、編集技師はその対処に日々取り組んでいる。よくあるタイプのミスマッチを紹介しよう。

どんな編集技師もミスを犯す。アカデミー賞を受賞するような編集技師も例外ではない。観客がミスマッチを見逃すのは、映画の世界に没入し、カットに気づかないからだ。腕のいい編集技師は、ドラマ、ペイシング、ストーリーに焦点を当ててカットを行うため、ミスマッチがあっても通常は気づかれない。

ミスマッチの種類	具体例
目線	右下を見ていた人物が、次のショットではまったく別の方角の左上を見ている
照明、メイク、ヘア、衣装	眼鏡をかけていたのに、次のショットで外れている
ショットのペース	移動ショットのスピードが前のショットより遅かったり速かったりする
手足や小道具の位置	左手に持っていたカバンが、次のショットでは右手にある
画面の方向	人物あるいは物が画面の右から退出した場合、次のショットでは左から入るようにしないと、部屋を飛び越えたように見えてしまう
画面の位置	画面右側にいた人物あるいは物が、次のショットでは左側にいる
音声	話し方、音量、会話のペース、音声が前のショットと違う
天候	雨が降っていたのに、次のショットでは降っていない

アカデミー編集賞に輝いた『アビエイター』(2004)のこのカットには3か所のミスマッチがある。おわかりになるだろうか？　答えは注に★01。

つなぐことができないアングル	その理由	解決策
あまりにアングルが似かよっている。	似かよったアングルを使うと、あからさまなジャンプカットやミスマッチとなり、新しい情報を得られることもなく、視覚的にもバラエティが乏しいものになる。	マッチするアングルを使う（一四七頁の表参照）。一方のショットを拡大（引き伸ばし）してクロースアップにしてつなげる。
フレーム内の構成が大幅に違う。	見栄えが悪いうえに、観る者を落ち着かない気持ちにさせる。人物の釣り合いがとれず、巨人や小人のように見えてしまう可能性がある。	あいだにMCU、CU、LS、オーバーヘッドショットを入れる。
三人の登場人物がいるシーンで違う組み合わせのツーショットとツーショットをつなぐ。	ふたつのツーショットに共通して映っている人物が不自然な移動をしたように見えてしまい、連続性が損なわれる可能性が高い。	ふたつのツーショットのあいだにMCU、CU、LS、オーバーヘッドショットを入れる。
動いている被写体の移動ショットを静止ショットにつなぐ。	被写体が急に位置を変えたように見えてしまう。	静止ショットにつなぐ前に次のことを行う。 ——カメラの移動を止める。 ——被写体の動きを止める。 ——被写体をフレームの外に出す。

つなぐことができないアングル――その理由と編集技師の修正方法

目に見えない編集を行うにはアングルを一致させることが求められるが、不可能な場合もある。編集作業を見学したり、自分でやってみたりすれば理解できるはずだ。では、合わせられないアングルにはどういうものがあるのだろうか？　編集技師の解決策と合わせてまとめてみた。

ヒントとコツ――編集技師によるミスマッチの巧みな処理

編集技師は、観客の視線がどこに行くかを魔術師のように直感でとらえ、ミスマッチを目立たなくさせる。観客は動きに目を奪われてミスマッチを見落とす。編集技師が使う方法を具体的に紹介しよう。

❶つながりがいい場所を前後で探し、そこでカットする。

❷オーバーラップ★02を使う。音と映像が別の箇所でカットされることで、ミスマッチの違和感が緩和され、ショットが違和感なくつながってストーリーが途切れない。

❸インサートショットやクローズアップなど、別のショットに切り替える。

❹ショットやシーンによって音量が異なる、不要なノイズがある、といった音響面でのミスマッチの場合は、音量を均一にする、環境音や音楽でカ

『カーズ』(2006)のこのカットには4つのミスマッチがある。画面の方向、画面上の位置(スポーツカー)、背景、前景だ。前方に向かって疾走してくるスポーツカーの動きが観客の注意を引きつけるため、ミスマッチは目立たない。

バーする、音声をディゾルヴ（クロスフェード）させる、といった処理を行う。

ミスマッチが許容されるのはどんなときか

戦闘などの混沌とした場面にはミスマッチがつきものだ。ミスマッチは編集の一部であり、ときにはそれが選びうる唯一のカットということもある。編集技師の経験もある映画監督のエドワード・ドミトリクに「映画とは錯覚のアートなのだ。あるはずがないことも現実のように見せることができる」という名言がある。真に問うべきなのは、「悪いカットとは何か」ということだ。悪いカットとは、観客の作品に対する興味を失わせるようなカットだ。一時的なものなら問題はないが、作品についていけず、席を立ってしまうなら、ストーリーを伝えるうえで大きな問題があることになる。

編集のリズム

編集技師は映像のリズムを組み立ててくれます。わたしにとって編集技師は、ときにミュージシャン、ときに作曲家のような存在です。——マーティン・スコセッシ、監督（『アイリッシュマン』［二〇一九］『ウルフ・オブ・ウォールストリート』［二〇一三］『ヒューゴの不思議な発明』『タクシードライバー』［一九七六］）

編集におけるリズムの重要性についてはよく語られることだが、いったいそれは何を意味するのだろうか？リズムとは、ショットの長さと、ひとつのシークエンスのなかのショットの数で決まる。短いショットがたくさんあるか、長いショットが少しあるか、ということだ。リズムはカットのペースであり、映像の流れによって異なるという点で音楽と似ている。あるシーンは「カチ……カチ……カチ」と進み、別のシーンでは「カチ、カチ、カチ」と進む。さらに別のシーンでは「カチカチカチカチ」と急ピッチで進む。

作曲家にとってビートが重要なように、編集技師にとってもシーンのビートは重要だ。ここでいうビートとは、プロットの転換点や大きなアクションなど、作品のなかで重要な出来事や変化が起きるときのことである。ビートには、まばたきのように繊細なものもあれば、長く行方不明だった妹が突然地平線の先から姿を現すといった劇的なものもある。アクションのビートはどのシーンにもある。たとえば、兵士の進撃や退却、キッチンをどんどん散らかしていく登場人物などもそうだ。

リズムとペイシングを使って時間の長さを自在に変化させる

編集技師は映画にさまざまなものを織りこみます――構成、ペース、バランス、カットのあいだのちょっとした隙間。これらすべてがリズムになるのです。

――マイケル・カーン（ACE）（『ウエスト・サイド・ストーリー』[二〇二一]『プライベート・ライアン』『シンドラーのリスト』『ジュラシック・パーク』）

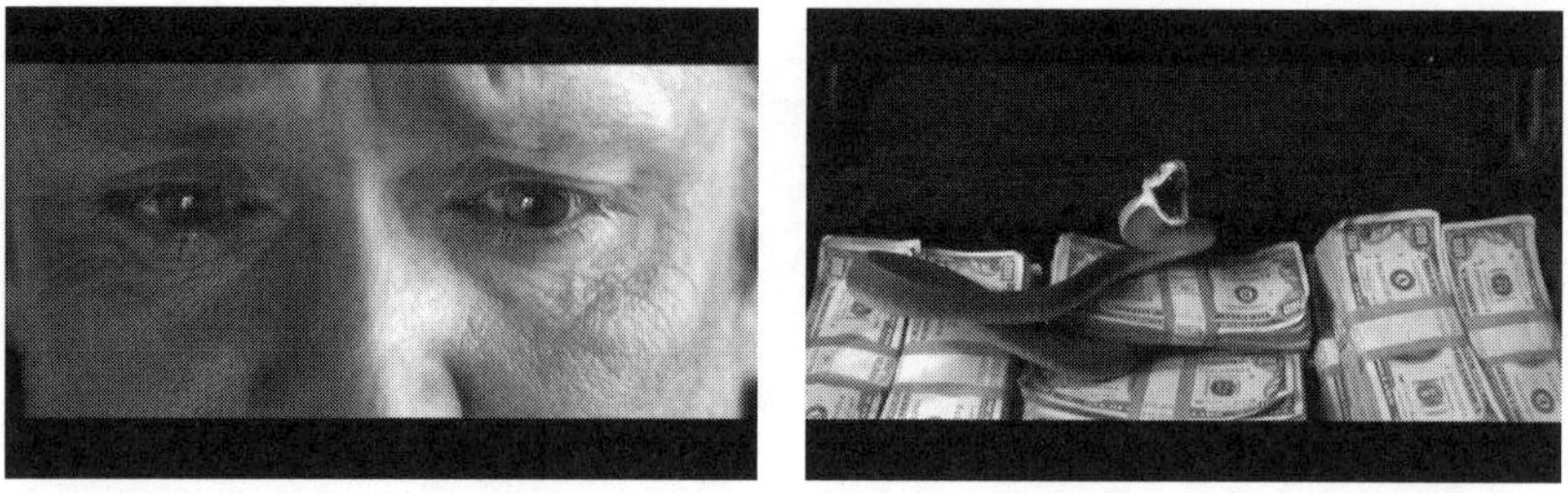

バド（マイケル・マドセン）を襲う予想外の運命が電光石火のスマッシュカットで明らかになる。観客はバドと同じ大きさの衝撃を受ける。『キル・ビル Vol. 2』（2004）より。

編集の力は、時間の処理にはっきりと表れる。「映像に耳を傾ける」という表現は編集技師たちのお気に入りだ。編集技師は、誰よりも先に映像の世界に入りこみ、その鼓動を感じ取り、映像の時間の流れを変える。時間を圧縮して、観る者の胸を高鳴らせるような、ペースの速い追跡シーンを作り出すことができる。一進一退の戦いが続いた百年に及ぶ戦争が、二分足らずで描かれることもある。すべては映像のペイシング、カットのタイミングにかかっている――それが映画を動かすのだ。

編集技師は、ショットを長く映し、時間を引き伸ばすことも可能だ。それによって、たとえば街に昇る太陽のような、崇高な映像のシークエンスを観客がじっくりと味わうことができる。時間を引き伸ばすシークエンスの例としては、こんな映像を見たことがあるのではないだろうか。同点のまま終わるかに思えたバスケットボールの試合で、ブザーが鳴ると同時にボールがシューターの手を離れる。ボールはネットを揺らすことができるのか？ショットはスローモーションになる。画面は観客席、コーチ、選手たちへと順に切り替わる。時間が引き伸ばされ、ほとんど止まるかに思えたとき、ボールがリングに吸いこまれる。

進学のため家を出る準備をする主人公（シアーシャ・ローナン）。数カットのうちに夏が過ぎていく。『レディ・バード』より。

レディ・バードが町を離れる場面では、時間がゆっくり流れる。けんかばかりだった母親との関係も終わりに近づく。『レディ・バード』より。

タイトにカットするか、ルーズにカットするか

タイトなカットとは、アクションとアクションのあいだをほとんど空けず、会話やナレーションから「エア抜き」をするように編集することであり、ルーズなカットとは、カットや台詞、シーンのあいだを空けて、ひと呼吸入れるように編集することだ。タイトかルーズかはリズムに影響し、そのシーンと作品全体のアクションや狙いによって決まる。

タイトにカットする

説明的なシーンは、情報を迅速に伝え、観客を引きつけるために、タイトに編集することが多い。一般に、会話シーンの緊張感や、アクションシーンの張り詰めたペースを保ちたい場合は、タイトにカットする。

ルーズにカットする

作曲家が楽譜に休符を書きこむのと同様に、編集技師はひとつの場面のなかでショットを長引かせる。波乱に満ちたシーンのあとでは状況設定のショットを入れ、観客がひと息つけるようにす

る。俳優のビートを保つことで、感情表現を深めたり、時間を引き伸ばしたりするのだ。コメディでは、これによって観客の笑いが落ち着くのを待つ。編集技師は、カットの長さもショート、ミディアム、エクストラショート、ロングなどさまざまに変化させる。観客がリラックスしているときにいきなり地球外生物を飛び出させ、その逆に、緊張で手に汗を握っているときには樽からピエロの一団を登場させる。

リアクションショットにおける編集の力

リアクションショットは言葉では表現できない力を持つ。複葉機に追われるケーリー・グラントのワイドショット、タイタニック号の船首で両腕をいっぱいに伸ばしたケイト・ウィンスレットのミディアムショット、表情だけで一ページ分の台詞よりも多くを語ることができるメリル・ストリープのクロースアップなどがその例だ。ドキュメンタリーの登場人物や俳優のリアクションをどう見せるかは、観る者の感情的な反応を効果的に引き出す鍵になる。観客は息を飲み、笑い、泣き、心を痛め、体制に怒りをつのらせるだろうか？

多くの場合、何が起きているかよりも、人物、集団、群衆がそれに対してどう反応しているかを見せるほうが重要だ。監督であるあなたも、話す側よりも、聞く側、反応する側に重きを置く場面にしようと決めることがあるはずだ。たとえば、独裁

幼少期を過ごした家を見つめるジミー・フェイルズ。『ラストブラックマン・イン・サンフランシスコ』（2019）より。

新しく中国から来た経営陣に反応するガラス工場の労働者たち。アカデミー長編ドキュメンタリー映画賞受賞作『アメリカン・ファクトリー』(2019)より。

者が大声でまくし立てる姿を見せることよりも、民衆がどう反応するかを見せるほうが重要な場合もある。演説を聞いた民衆は独裁者に対して反乱を起こすだろうか、それとも黙って服従するだろうか。

リアクションショットなどのカットアウェイショットは、実用的な面でも非常に役に立つ。場所や連続性の隙間を埋め、遅いセクションを加速し、アクションの不要な部分を飛ばすのに使うことができる。ドキュメンタリー作品では、リアクションショットを使って、インタビューのある部分から別の部分に飛ぶことができる。台本があるものでは、台詞の順序を入れ替えたり削除したりした場合、リアクションショットでギャップをカバーすることができる。

「チーティング」ショット

編集技師は、リアクションショットなどのショットを、当初の目的とは違う場所に挿入することがある。これは「チーティング(ごまかし、一時しのぎの意)」または「スティーリング(盗用の意)」と呼ばれる技法だ。例をあげよう。

❶ある台詞に対する俳優のリアクションを別の台詞に使用する。
❷「アクション」の声がかかる前や、「カット」の声がかかったあとに撮ったショットを使う。
❸複数の法廷シーンからの傍聴人のリアクションショットを混ぜて使う。
❹別の日や別の場所で撮影されたショットからアクションを構築したり、モンタージュを作成したりする。

台詞のチーティング

「俳優の口に言葉をあてる」と呼ばれる技法で台詞のチーティングを行うことがある。編集技師がこれを行うのは、音声の技術的な問題を修正する場合や、よい映像とよい音声を合わせる場合だ。

ドキュメンタリーのチーティング

ドキュメンタリーでショットやリアクションを置き換えることが許容されるのは、チーティングが登場人物の反応や状況を正確に描写している場合のみだ。そうでない場合は倫理に反する行為である。たとえば、パット・ロバートソン牧師〔保守派のキリスト教テレビ伝道師〕が同性カップルの結婚式を執り行う映像を流したとしたら、それは虚構でしかない——ファンタジーかコメディなら話は別だが。監督と編集技師は、台本のない作品でのすべての画像、台詞、物語を不正がないように選ばなければならない。

アクションシーンの編集

すばらしい素材が撮れたとしても、アクションのシークエンスをよくするのも悪くするのも編集技師だ。
——ともに映画監督であるカレル・ライスとギャヴィン・ミラーによる名著『映画編集の技法 The Technique of Film Editing』より

「銀行員が金を持ち逃げしたことにみなが気づき、地獄の底が抜けたような騒ぎになる」と書かれた脚本があるとしよう。あるいは「エベレストの頂をめざすクライマーたちの一連のショット」と書かれたペーパーカットでもいい。ドラマであれ、ドキュメンタリーであれ、編集技師の手にかかるまでは、アクションシーンは単なる構想の域を出ない。アクションシーンを動かすのは映像であり、多くは音楽によって高められ、音響や言葉によって強調されるが、台詞には頼らないものであり、台詞がないものもある。

多くのアクションシーンは、複数のカメラで撮影した

トビウオの大群が飛来する、この壮大で鮮烈なシーンを構成するのは、トビウオが船にあたる音と水しぶき、そしてトラと少年の唸り声だ。複数のアングルによる映像と音声が使われている。『ライフ・オブ・パイ／トラと漂流した227日』(2012)より。

大量のフッテージとして編集室に届く。気が遠くなるほどの量のフッテージに、編集技師はどのように対処し、映像を選び、ドラマを作り出していくのだろうか？　この節では、アクションシーンの編集にスポットをあて、編集技師と力を合わせてアクションシーンを完成させる方法を説明していこう。

アクションシーンのペースを決める――アクションシーンを動かすものは何か

『アバター』が革新的な作品だという話はさておき、わたしたちが作っているのはやはり映画なんです。すべてのテクノロジーは感動的な映像を作り出すこと、ストーリーをよりよく伝えるためにあります。結局のところ、わたしたち編集技師が行き着くのは、いつも同じ問いです。このショットは機能するか？　このシーンはストーリーを生かすものか？　何よりも大切なのは演技とストーリーです。――ジョン・ルフーア（ACE）（『アバター』の共同編集者）

アクションシーンのペースは、ショットの種類（LS、CUなど）、その長さ、そして配置によって決まる。経験が浅いカメラオペレーターは、カメラをあちこち移動させてショットを動かすことが作品のペースを作ると思いがちだが、そうではない。パン、ドリー、ズームなどの移動ショットはいつも同じ速度では動かないので、つなぎ合わせると、ちがう意味で心臓に悪いシーンになりかねない。編集技師は、静止ショットと移動ショットの両方を使ってペースを決める。

さまざまなショットが伝える情報

ロングショットやワイドショットには多くの情報が含まれるので、長めに画面に留める。クロースアップやミディアムショットは、観る者にとってわかりやすいので、短めにカットする。ワイドなショットと接近したショットを交互につなぐことで、シーンのペースに変化が生まれて、ドラマチックな緊張感が高まり、観客は身を乗り出す。

アクションシーンの編集やペイシングは音楽に似ている。速いテンポの部分と緩やかなテンポの部分があり、スタッカートや休符がある。編集のリズムをとるために、大音量でロックミュージックを聴きながら作業を行う編集技師もいれば、すべての音を消して静かななかで作業を行う編集技師もいる。アクションが激しさを増すにつれて、カットは短くなり、接近したアングルになっていく。そしてアクションがクライマックスに達すると、編集技師は、次の見せ場へとカットバックする。ヒッチコック監督の『サイコ』(一九六〇)の有名なシャワーのシーンは、二分間で五〇カット、ASL(一ショットあたりの平均時間)は二・四秒だ。現代の映画では、ASLがさらに短いシーンも多い。けれども、アクションシーンを効果的にするには、短いカットを多くすればいいわけではない。バスター・キートンの『キートンの大列車追跡』(一九二六)の迫力ある列車のシークエンスは、一八分間で一六〇カットだ。ショットの並べ方とショットの長さ――接近したショットは短く、ワイドなショットは長く――これが作品のペースを決める。

アクションシーンを一本のミニストーリーと考えよう。一つひとつのカットは、長いものも短いものも、すべて必然性があり、ストーリーを進展させるものでなければならない。

アクションを繰り返す

編集技師は、爆破、橋の崩落、列車の衝突など、大きな出来事を強調するために、同じアクションを複数のアングルで何度も繰り返す。同じアクションの別のアングルからのショットやスローモーションをインターカットすることで、アクションを長引かせるためだ。アクションが繰り返されていることは、一連のショットにアクションの長い部分や異なる部分が重ねて使われているのではっきりわかる。映像をオーバーラップさせることでアクションが増幅され、ドラマチックな効果、あるいはコミカルな効果が高まり、アクションの時間が引き伸ばされる。編集技師はまた、カットとカットのあいだのコマも繰り返す。観る者の目がショットとショットのあいだで即座には追いつけないからだ。たとえば、ロングショットの最後の部分とクロースショットの先頭の部分でアクションを数コマ繰り返すと、スムーズなカットになり、観る者が連続した動きとして認識できる。

アクションシーンでの人間の描き方

『ハート・ロッカー』(二〇〇八)では、大がかりなアクションシー

射手が弓を引くアクションを繰り返すことで、戦闘のはじまりを待つ緊張感が高まる。『HERO』(2002)より。

ンも含めて、すべてのシーンが登場人物たちの親密な仲間意識を描いています。その点が、ほかのただ「ドカン」と何かが起こるだけの映画と一線を画しています。静かで親密な時間はもちろん、アクションシーンのさなかでも登場人物のドラマを描く必要がありました。――『ハート・ロッカー』でアカデミー編集賞を受賞したクリス・イニスとロバート・ムラウスキー

興味をかき立てる登場人物＋すばらしい映像＝最高のアクションシーン

登場人物のリアクションを入れることで、アクションシーンの感情的な強度が高まる。また、登場人物が反応し、行動することによってプロットが予想外の方向に進み、ドラマが展開していく。シーンの主役だけでなく、脇役やその場にいるだけの人物のリアクションショットも入れたいところだ。

リアクションショットがシーンを救う

わたしはかつてダン・カーンのアシスタントとしてホームコメディの編集に携わったことがある。ダンは『アイ・ラブ・ルーシー』の斬新なコメディ編集で有名だ。あるとき担当したエピソードは、少年のいたずらで走り出したトラクターが止まらなくなり、建設中の家に激突してしまうというものだった。複数のカメラで撮影し、テイクはたくさんあったのに、少年のリアクションがなかった。これに気づいたダンは監督

アクションのペースを落としてリアクションを入れる。『アバター』より。

に掛け合ったが、同意は得られたものの、もうログにもどる時間はないという答えが返ってきた。「その子を椅子に乗せてくれ」とダンは提案した。そこで、スタッフはスタジオの外に出て、椅子に乗せた子役を高く持ちあげ、左右に小刻みに揺さぶった。カメラはその顔をクロースアップでとらえた。少年のリアクションを入れたシーンは見ちがえるような出来栄えになった。

3D映画の編集

3D映画といっても、特別な脚本やショット構成があるわけではない。編集もまた同様だ。立体音声の調整はもちろん必要だが、まずはドラマの流れを考えることが先決だ。3Dのために変更したカットはひとつもないはずだ。ほとんどの人は『アバター』を2Dで見ることになるのだから、編集は編集として成り立っていなければならない。——ジェームズ・キャメロン(『アバター』の監督と共同編集を務めた)

現在、長編映画やテレビ番組は——アクション、会話劇、アニメーションを問わず——CG映像、複雑なVFX、コンピューターモデリングに完全に頼っている。3D映画の人気は一進一退といったところだが、映画界において珍しいものではなくなり、多くの作品が3D撮影を続け、2Dから3Dに変換されるものもある。では、3Dは編集にどのような影響を与えるのだろうか?

編集技師と3D

3Dは非常にコストがかかるため、編集技師はプリプロダクションの絵コンテの段階から参加し、シークエンスをまとめ、キャラクター、台詞、ストーリー、プリビズの作成を手伝う。編集技師は、監督、脚本家、撮影監督、プロダクションデザイナー、レイアウトアーティストなど、多くのスタッフと協力して作業を進めていく。3D映画では、映像、VFX、音響、編集助手など、非常に多くの編集技師がいるため、編集スタッフ内の協力体制と組織作りは重要だ。さらに、3D編集の特徴には次のようなものがある。

▼マスターショットが通常より長くカットされるため、観客がアクションや世界観を理解しやすい。

▼カメラの動きをはっきりさせる必要がある。動きが速すぎたり、ブレていたりすると、視覚的な情報が複雑になり、観客にとって理解しにくくなる。

▼VFX、CG映像、3Dモデリング、バーチャルキャプチャーなど、大量のフッテージがある上に、2D、3D、IMAX 3Dなど、複数のバージョンを作成する必要があるため、編集に多くの時間が割り当てられる。

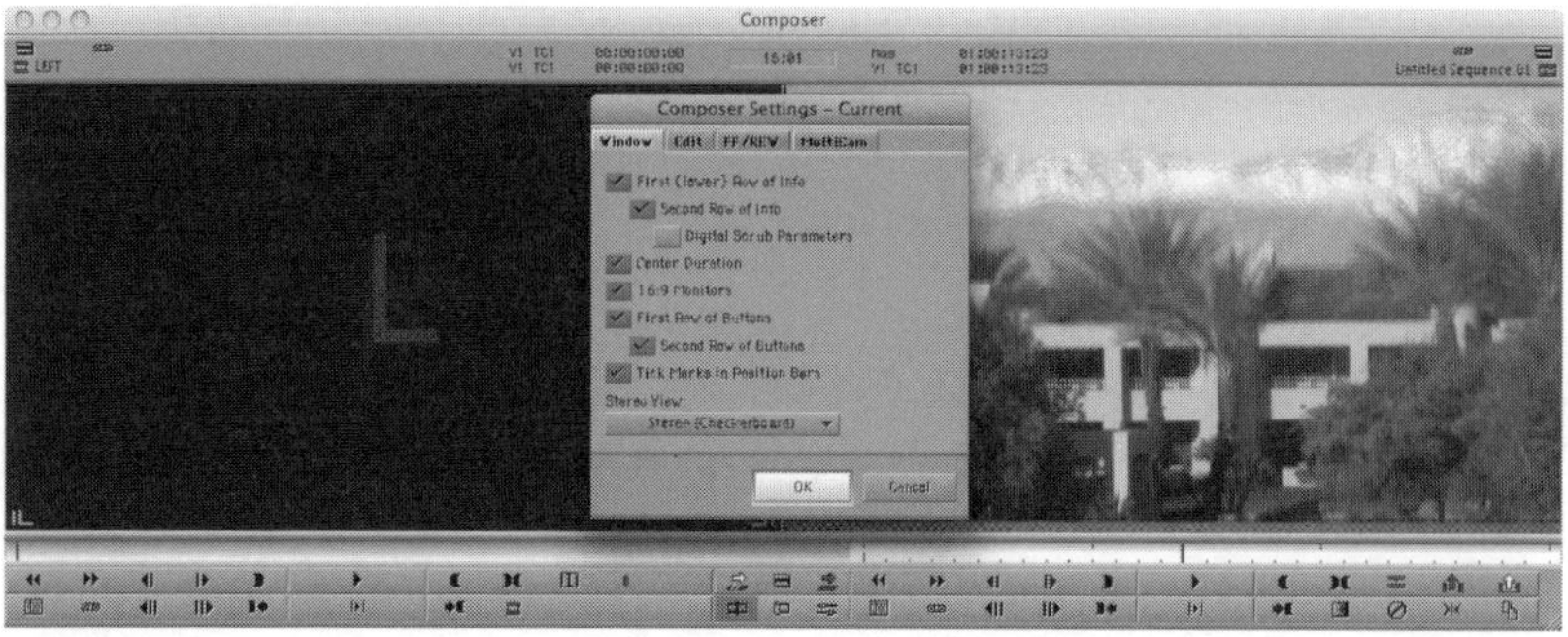

3D編集中の画面。左目用と右目用の映像を左右に配置して同期させる。提供:Avid

デジタルシステムでの3D編集

立体(3D)映像は、わずかに異なる角度で撮影されたふたつの画像――左右の目に対してひとつずつ――を合成させることで機能する。そのため、編集技師はふたつの画像が正しく3Dに合成されているかを確認する必要がある。3Dは膨大なストレージを消費するため、ほとんどの編集技師は低解像度の2Dプロキシバージョンで編集を行ったのち、シーンやカットを3Dで試写する。

『アリス・イン・ワンダーランド』(二〇一〇)の追加編集を担当したJCボンドは、2Dと3Dの編集のちがいについて次のように語っている。「まず、何かを立体で見るということに慣れる必要があります。あとは通常の映画と同じように編集していくだけです。それ以上の大きな違いはありません。ただし、細かい配慮は必要です。ラインをまたいでしまったような場合、2Dならチーティングでごまかすこともできますが、立体だとそれが目立ってしまいます。とはいっても、クリエイティヴな観点からは、通常の2Dであっても、そのようなことは避けるべきです」

3Dは、技術と劇場の世界を融合させたものであり、観客をいま見ている世界により深く没入させることができる。とはいえ、3Dは、ストーリーを伝え、観客が感情的にも感覚的にも深く作品を体験できるようにする手段のひとつでしかない。ストーリーがよくできていれば、3Dはそれをさらに引き立てる。ストーリーがよくなければ、3Dだろうが HDだろうが意味はない――古い形式で十分すぎるぐらいだ。

モンタージュの編集

モンタージュとは、複数の映像を簡潔にまとめたものであり、事実や感情を要約して伝えるために使われる。モンタージュはオープニングクレジットに重ねられることが多く、状況説明や、会話やアクションシーンのあいだのつなぎとしても使われる。ドキュメンタリー、コマーシャル、インフォマーシャル、ドラマ、コメディなど、あらゆるジャンルがモンタージュを使っている。モンタージュには、次の表にまとめたように、ドラマチックなもの、コミカルなもの、情報提供型のもの、という三つのタイプがある。

モンタージュを組み立てる

モンタージュの構成は、監督や編集技師が脚本やドキュメンタリーのあらすじを読んで考え出す。脚本やあらすじには次のように書かれているだけのことが多い。（一七三頁へ）

新聞の組版作業を描いたテンポの速いモンタージュが、国家の最高機密文書について公表するかどうかの決断を迫られる場面にインターカットされる。『ペンタゴン・ペーパーズ／最高機密文書』(2017)より。

モンタージュの内容	具体例
ドラマチックなもの	
悲しみからの回復	打ちひしがれた登場人物が浜辺や町を歩き、窓の外の雨を見つめ、身じろぎもせずベッドに横たわる。モンタージュが終わると、何らかの決断をし、新たな一歩を踏み出した登場人物が生き生きとした姿を取りもどしている。
恋愛	ひと組の恋人が夕暮れの風景やロマンチックなディナー、ベッドでの抱擁を楽しんでいる。ふたりだけの心地よい世界から出ると、さまざまな現実が待ち受けている。
戦争	小隊がきびしい訓練を経て、戦闘へ向かう。兵士たちを試練が待ち受けている。
サクセスストーリー	ガレージでジャムセッションを行うロックバンド。モンタージュが終わるころにはマディソン・スクエア・ガーデンで演奏している。
コミカルなもの	
仕事	就活生が次々と変わり者の面接官と対面する。
デート	ある女性が立てつづけに風変わりな相手とデートする。
服装	ある男性が奇抜なネクタイばかりあれこれと試着する。
情報提供型のもの	
歴史	移民たちがマンハッタンに上陸し、町を築きあげていく
成長過程	孵化したカゲロウが成長し、交尾を行い、死ぬ。
調査	レポーターが悟り体験を求めてさまざまな聖地を訪れる。

『ミッドナイト・イン・パリ』（2011）の冒頭では、ゆったりとしたジャズのメロディに乗った四分間近いモンタージュが流れ、作品のペース、場所、時間を設定していく。

スパイク・リー監督による『堤防が決壊した時——四幕のレクイエム When the Levees Broke: A Requiem in Four Acts』（2006-7）の冒頭では、ハリケーンで壊滅的な被害を受けたニューオリンズへの鎮魂歌として三分間のモンタージュが流れる。

▼丘を登っていくひと組の男女の連続したショット。
▼殺人事件の残虐性を伝える新聞の見出しのモンタージュ。
▼中西部で起きた竜巻のアーカイヴ映像。

モンタージュの演出のルールは、ほかのシーンと同様である。大きな違いは、カットをおもにディゾルヴやワイプなどのトランジションでつなぐことだ。一般的に、カットはモンタージュが進むにつれて短くなる傾向がある。無音のモンタージュはほとんどない。多くのモンタージュは、台詞やナレーションを入れず、音楽が流れるだけだが、現場音を入れたり、慎重に加工音を使う場合もある。音楽に合わせてモンタージュを編集することが多いが、音楽やナレーションをあとから加えることもある。

モンタージュは、異なる時間、場所、視点の画像を組み合わせて構成する。編集技師とともに作ってみれば、ショットの思いがけないつながりに気づくことがあるはずだ。編集を終えたモンタージュを観るとき、一つひとつのショットの総和に勝るすばらしいシーンができあがったことに喜びを感じるはずだ。

会話の編集

会話は編集に躍動を生み、ひとつのシーン、ひいては作品全体を動かす力となる。語られる言葉も重要だが、実話でもフィクションでも、観る者を惹きつけるのは人と人との関わり合いだ。会話シーンは、俳優の言葉や表情によって登場人物同士の関係を描き出す。その関係は、薄れていくこともあれば、深まっていくこともあるが、

言い争うカップル。『クレイジー・リッチ!』(2018)より。

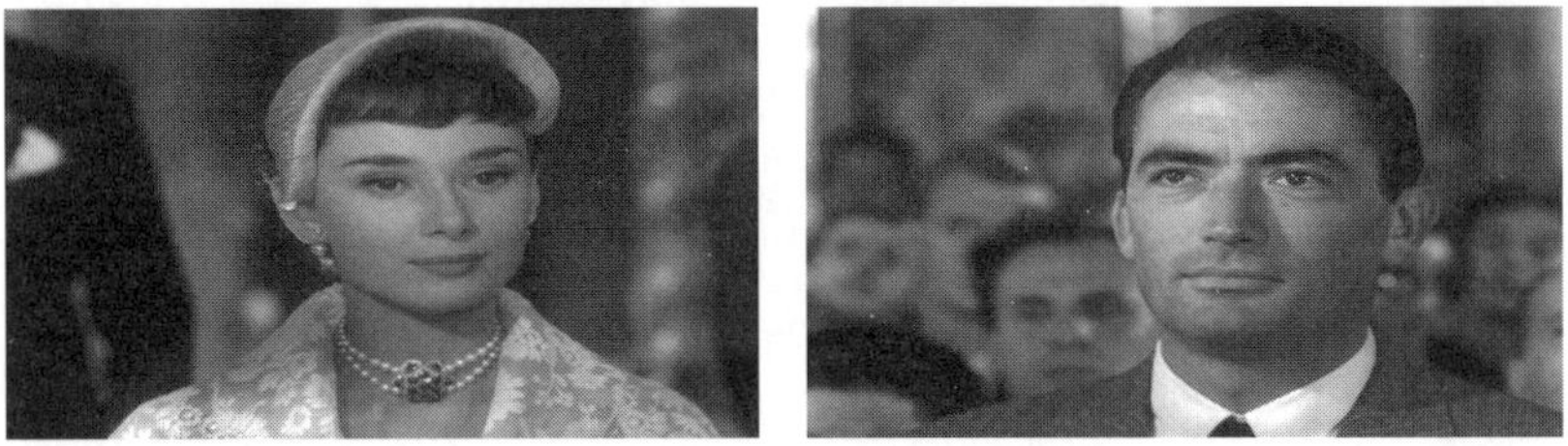

結ばれることのないふたりが別れを前に見つめ合う。『ローマの休日』(1953)より。

作品の展開に欠かせないものなので、慎重に組み立てていく必要がある。

キャラクターアークとペイシング

物語の会話シーンで不可欠なのは、登場人物の成長や心の動き――キャラクターアーク――が描かれていることだ。そのためには、それぞれのシーンに求められるペースで、表情や言葉を編集することが必要だ。会話シーンの八〇パーセントは、言葉によってペースが決まる。適切なペイシングに必要なのは、ある場所では言葉や台詞をタイトにつなぎ、ある場所ではルーズにつなぐことだ。これは、特にコメディの編集について言えることだが、ドラマについてもあてはまる。監督であるあなたも、編集技師とともに会話シーンの編集に一心に取り組んでいるうちに、この繊細かつ重要なペイシングに対して鋭い感覚を持てるようになり、登場人物の世界に没頭できることだろう。

ナレーションの編集

編集において、ナレーションとは、映像が流れるあいだに聞こえる、話し手の姿が見えない声であり、ボイスオーバー、あるいはVOとも呼ばれる。ナレーションの編集にはふたつのやり方がある。❶映像を編集してからナレーションのトラックを追加する方法と、❷ナレーションを整えてから映像を入れる方法だ。どちらのやり方でも、音声と映像が完全にかみ合うように、ふたつの要素を合わせたあとでフレームを調整する必要がある。

アプローチ1――映像を編集してからナレーションを加える

通常は、まず映像を編集する。ナレーションの原稿ができた時点で、〝スクラッチトラック〟と呼ばれる仮のナレーショントラックを録音して映像に乗せる。スクラッチトラックのナレーターは、監督や編集技師、プロデューサーなどが務める場合もあるが、作品に合った声の持ち主を探す場合もある。スクラッチトラックを使って映像のタイミングを合わせて、映像とナレーションの内容がきちんとかみ合い、作品から求められる効果があることを確認する。経費の理由から、最終的な録音はプロのナレーターに依頼し、ナレーションを乗

バックシンガーたちにスポットを当てたドキュメンタリー『バックコーラスの歌姫(ディーバ)たち』(2013)は、ブルース・スプリングスティーンのボイスオーバーではじまり、カメラに向かって語る彼の姿に切り替わる。

せるのは、カットの試写を経て作品がしっかりした形になるか、映像がロックされたあとになる。

アプローチ2――ナレーションを編集してから映像を加える

ドキュメンタリーでは、はじめにインタビューの内容やナレーターの言葉をつなぎ合わせることが多い。文章やフレーズ、単語を切り貼りして、インタビューやナレーターのさまざまなテイクを部分的に使うこともある。映像のことはひとまず考えないため、〝ラジオカット〟と呼ばれることもある。ラジオカットの編集では、余分な間合いや出だしのミス、「うーん」や「えーっと」といった口癖を取り除き、「エア抜き」を行う。こうして、話の内容を正確に伝えられる、わかりやすくテンポのよいナレーションを作りあげる。完成したら映像を合わせ、インタビューを受ける人がカメラに向かって話す場所にアンカーポイントを置く。

音楽を編集する

音声を編集するときは、どうすれば映像の効果を高め、観客の感情を操作できるかを考える必要があります。わたしが好きなのは、音楽と効果音をからませて、雰囲気がある霧のようなものを作ることです。そうすれば、音楽と効果音が一体となります。――クリス・ディケンズ、編集技師（『ロケットマン』［二〇一九］『レ・ミゼラブル』［二〇一二］『スラムドッグ$ミリオネア』）

そのシーンにぴったりの音楽を入れることで起きる変化は、何度経験してもすばらしいものだ。突然、ドキュメンタリーが生き生きとしたものになる。モンタージュのショットがスムーズにつながる。退屈だった数秒間が生き生きと目的を持ち、ほかの部分とつながったように見える。思いがけない発見があるのだ。歌は映画を盛りあげるし、エンドクレジットに重ねれば、作品をポジティヴな印象で終わらせることができる。映画そのものよりも主題歌の方が印象に残った映画を誰もがひとつは覚えているはずだ。音楽を学んだ経験もある編集技師トム・ブロックは、著書『映画編集と音響編集の基本 Film Editing Nutz and Boltz; Sound Editing Mutz and Boltz』のなかで、「サイレント映画の時代から、映画音楽はつねに〝万能の接着剤〟として使われ、画素ではとらえきれないシーンを救ってきた」と書いている。多くの作品がこの万能の接着剤を使いすぎているとはいえ、音楽が作品に生き生きとした息づかいを与え、鼓動が聞こえるかのようにできることは否定できない。

音楽を入れる

いつも驚かされるのは、編集技師が歌を入れると、作品の鍵となるアクションが奇跡のようにビートに乗ることだ。THXシステムの開発者である、音響技師トムリンソン・ホルマンは、著書『映画とテレビのための音づくり』でこう述べている。「映像を音楽に合わせて編集したかどうかにかかわらず、音楽はシーンに独自の秩序を与え

『ロケットマン』では、エルトン・ジョンの人生の物語だけではなく、彼の音楽も映画を動かす力だ。

る。誰かが歩いているシーンに合わせて音楽を流すと、驚くべきことに、ビートに乗って歩いているように見える。どういうわけか、人間の脳は混沌のなかから秩序を探しあて、何も意図されていなかったところにも秩序を見出すのだ」

	状況	対処方法
映像を音楽に合わせる	使用権を取得済み、あるいは権利処理が不要の音楽がすでに承認されている。	特定の曲を作品に使うことが決まっている場合、編集技師はその音楽に合わせて映像を編集する。
	テンプ（仮の）ミュージック。ちなみに、最終的に使う音楽よりテンプミュージックのほうが作品にふさわしく思えても、使用権が取得できない場合がある。	編集技師はテンプミュージックを使用して、シーン、セクション、モンタージュの編集を行う。テンプミュージックがそのまま最終的に使用されることや、最終的な選曲の指針となることもある。
	ミュージカル、ダンスナンバー、ミュージックビデオ、コンサート映像	撮影前に音楽を決める。
	プロモーションビデオ、コマーシャル、ドキュメンタリー	撮影または編集の前に音楽を選ぶ。
音楽を映像に合わせる	モンタージュやシーンの編集が終わっている。	監督の試写の前に編集技師がテンプミュージックをつける。
	テンプミックス	作品の制作が終わっていないため、どんな音楽を使うこともできる。
	映像がロックされている。	各シーンで音楽を使う時間を測り、劇伴作曲家に依頼するか、ミュージッククエディターが使える音楽を探し、映像に乗せる。

映像と音楽のどちらが先か

ナレーションと同様に、映像を編集してから音楽を加えることも、音楽を決めてから映像を加えることもできる。これには、次の表にまとめたように、音楽の使用権など、さまざまな条件がある。どちらのやり方をとっても、ナレーションの場合と同じように、音楽を加えたあとで映像を微調整することになる。また、音楽の一節を省いたり繰り返したりして巧みな処理を行い、聴覚ではわからないような編集を行うことも多い。

パラレルアクションとクロスカット

▼**パラレルアクション**――独立した複数のアクションの流れを交互につなぐこと。登場人物、設定、主題に直接の関わり合いはなく、お互いの存在を知らない。

▼**クロスカット**――関連のある複数のアクションの流れを交互につなぐこと。登場人物、設定、主題には直接の関わり合いがあり、互いの存在を認識している。

パラレルアクションとクロスカットは、あらゆるジャンルで使われる技法であり、緊張感を高め、観る者の興味を引く。パラレルアクションは映画の冒頭で使われることが多く、互いを知らない人間がそれぞれ別の生活を送っているようすを描く。観客は、彼らに共通するものはいったい何かと疑問を持ち、彼らが出会う瞬間を見たいという気持ちをかき立てられる。次頁にあげた上の写真がそのよい例だ。

2001年9月11日、同じ飛行機に乗り合わせた乗客、テロリスト、パイロットのようすが平行して描かれる。『ユナイテッド93』(2006)より。

ドイツ軍の狙撃手、連合国側の兵士、ワンダーウーマンのクロスカット。『ワンダーウーマン』(2017)より。

クロスカットは、知らない人間同士が出会ったあと、あるいはお互いの存在を認識したあとに使われる。観客は、登場人物たちが互いに、あるいはある状況に対して反応するのを別々のシーンで見ることになる。クロスカットはペースを引き締め、クライマックスやなんらかの解決に向かって対立を強めていく。

以下の表に、パラレルアクションとクロスカットについてまとめ、それぞれの具体例をあげた。

最後にひとこと

さて、編集作業についてくわしくなったところで、続く第六章では実際に編集室に入って編集技師とともに仕事をはじめてみよう。

	パラレルアクション	クロスカット
概要	独立した複数のアクションの流れを交互につなぐ。登場人物、設定、主題に直接の関わり合いはなく、お互いの存在を知らない。シーンは独立して進行し、つながりを見出すのは観客である。	関連のある複数のアクションの流れを交互につなぐことにより、登場人物、設定、主題が直接関わり合い、互いの存在を認識している。シーンは互いに関連しており、クロスカットがなくては機能しない。
映画での具体例	**『訃報欄 Obit』**（二〇一六／日本未公開）――脚本なし ニューヨークタイムズの死亡記事を書く記者たちの苦闘によって、さまざまな人々の生と死が平行して描かれる。 **『ブラック・クランズマン』**（二〇一八）――脚本あり スパイク・リー監督によるこの犯罪映画では、コロラドスプリングスの潜入捜査官とクー・クルックス・クラン地方支部をパラレルアクションで描く。『風と共に去りぬ』や『國民の創生』の映像、二〇一七年にシャーロッツビルで実際に起きた白人至上主義者によるデモ隊への車両突入など、異なる要素も組み合わされている。	**『アメリカン・ファクトリー』**――脚本なし アカデミー長編ドキュメンタリー映画賞を受賞したこの作品は、オハイオ州のあるガラス工場を舞台に、アメリカ人労働者と中国人上司をクロスカットで描き、ふたつの文化が交わり、対立し、互いの違いを理解しようとしていく様子を追う。 **『パラサイト 半地下の家族』**（二〇一九）――脚本あり 大富豪の雇い主と、抜け目のない貧しい使用人が同じ屋敷のなかで暮らす様子をクロスカットで描き、お互いが関わりを深めて映画のクライマックスにいたるまでを追う。

編集技師の仕事について監督が知っておくべきこと

□ 編集技師はひとつのシーンをカットするとき、どのテイクのどのショットを使うかを、アクション、演技、ペイシング、技術的なクオリティの四つの要素を検討したうえで選ぶ。

□ 編集技師が正しい理由で正しい場所でカットすれば、観る者の作品に対する関心を持続させ、マスターショットがとらえた実際の時間の流れとは違うペースを作り出せる。

□ 編集技師は、すべてのカットに必然性があるように努める。すべてのカットは、ストーリー、アクション、流れ、思考プロセスを進展させるものでなければならない。

□ 編集技師はつねに、最もよい場所でショットをつなげるように、マッチポイント(ショットの終わりが、次のショットと重なり合う場所)を探している。マッチカットによって編集は目に見えないものになるが、目に見えない編集をすることがルールなのではない。撮影された素材を生かし、ストーリーを進展させることができる、必然性のある編集をすることこそルールだ。

□ 編集技師は、観客の視線がどこに行くかを魔術師のように直感でとらえて、つながりがいい場所を前後で探す、オーバーラップを使う、インサートショットやクロースアップに切り替える、といった技法を使ってミスマッチを目立たなくさせる。

□ リアクションショットを入れることは、人間の感情や思考を見せて、観る者の感情的な反応を効果的に引き出す鍵になるものであり、アクションやドキュメンタリーを含むあらゆるタイプのシーンや作品に不可欠だ。

□ モンタージュは、異なる時間、場所、視点の画像を組み合わせて構成するものであり、一つひとつのショットの総和に勝る、力強く感情に訴えるシーンができあがる。

□ 編集技師はまず映像を編集し、のちに音楽やナレーションを加えることもあれば、その逆の場合もある。その後、映像と音をかみ合うようにフレームを調整する。

□ クロスカットとパラレルアクションは、緊張感を高め、観る者の興味を引く技法であり、ドラマ、ドキュメンタリー、コメディ、スリラーなど、あらゆるジャンルで使われる。

★01――答え……背景のアクション、左の俳優(レオナルド・ディカプリオ)の手の位置、ふたりの俳優のあいだの距離。この三つのミスマッチは、俳優たちの活発な動きと会話、そして背景の音響に連続性があったため気づかれることはなかった。

★02――次のショットの音声を出してから映像をつなぐ、あるいは、その逆に、次のショットの映像を出してから音声を出すこと。ミスマッチの有無にかかわらず、オーバーラップは編集技師がよく使う技法である。

第六章

編集室――❶デイリーからファーストカット試写まで

ポストプロダクションのプロセスは三段階に分かれている。第一段階は編集作業で、ピクチャーロックした最終版を作成する。第二段階では、音響と音楽を組み合わせ、ミキシングの最終版を作成する。第三段階は仕上げの工程で、最終ミックスと、最終カラーグレーディング、VFX、タイトル、クレジットを組み合わせて、納品物――あなたの作品――が完成する。この章から次章にわたっては、編集工程の第一段階を取りあげる。監督とのファーストカット試写へ向けて、編集技師と編集スタッフがどのように作品を準備するのかを理解してもらうために、あなたを編集室へ案内しよう。

ラフカット

作品はまず、監督であるあなたのためだけに編集され、上映される。これはファーストカットやエディターズカット、またはエディターズアセンブリ（組合と協定を結んだ作品では契約上必須）と呼ばれる。ファーストカットは、一般的に「ラフカット」とも呼ばれる。だが、編集技師は自分の仕事を**荒い**《ラフ》と考えることは断じてない。スムーズで極上のファーストカットにするべく、登場人物、ストーリー、アクション、会話を完璧に仕上げようと、つねに努力しているからだ。ファーストカットは、最終のＶＦＸ、ストックフッテージ、タイトル、サウンドミックスがないという点においては、たしかにラフではある。しかしこれは、この編集工程において作品がロックされて完成するまでの、どのカットにも言える。デジタル編集では、サウンドトラックやビデオトラックをいくらで

ポストハウスの編集室。提供：AlphaDogs

提供：デヴィッド・マロリー

も使用できるため、今日のラフカットは高度に洗練されたものになっている。したがって、本書ではこのカットのことを、正確を期して、また敬意を表して、ファーストカットと呼ぶことにする。

ファーストカットは、ディレクターズカットから編集ロックしたカットまで、その他すべての叩き台となる。どれも編集技師が作成するため、ある意味ではどれもエディターズカットであり、ディレクターズカットであると言える。

ファーストカット

監督が撮影しているときに、編集技師はファーストカットをまとめ、監督やスクリプターからのメモに目を通し、監督や脚本家が作成した脚本やアウトラインに沿って作業する。テレビシリーズのようなタイトなスケジュールの作品では、編集技師は「カメラに遅れずついていく」ことを目標にする。これは、翌日ぶんのデイリーが届く前に、その日のぶんのデイリーを編集してしまう、ということだ。すべてを撮影してから編集技師を採用する作品の場合なら、順番に編集していくことになる。いずれにせよ、編集技師がファーストカットを作成しているあいだは編集室に近づかないこと。この忠告を心得ておくといい。監督の日常はフッテージとともにあったわけだが、編集技師はそうではない。

編集技師には、フッテージと向き合い、そこから最高のショット、台詞、ストーリーを切り出すための時間と熟考する機会が必要だ。監督にも緊張をほどき、すべてを忘れて休息する時間が必要だ。そうすることで、新鮮な目と広い心でファーストカットに臨むことができる。作品から精神的に距離を置く時間を十分にとるようにして、次の段階へ進む前に、冷却期間を置いて頭を整理しよう。

　編集技師といっしょにデイリーを見た経験がある人もない人もいるだろう。だが、大半の監督は、編集技師と話し合ったり、編集を開始する前に、直接またはスクリプターを通してメモを送ったりした経験があるはずだ。また、次のような理由から、編集したシーンをいくつか見たことがあるかもしれない。❶監督または編集技師が、あるシーンがうまくいっていないと懸念している（ショットが欠けている、出演者がブレている、など）。❷コンティニュイティ（たとえば、監督がロケ地へ引き返して、正しくショットをピックアップする必要があるかどうか）。あなたと編集技師はうまくコミュニケーションがとれていて、信頼関係も良好だとしよう。ならば、あなたの意見とともにフッテージを編集技師にまかせ、最高傑作の制作に向けて、互いに最良の道を行く出発点となるファーストカットの作成へと進もう。編集技師は、時間的に連続した流れで作品全体を作りあげる創造者となり、最初の観客にもなるという、困難であるとともに名誉ある仕事を担う。

　編集技師がこの作業に取り組んでいるあいだに、ファーストカットの作成と、ファーストカットおよびその後の各カットの試写を準備するにあたり、何が必要なのかを考えてみよう。まず、編集室の技術面についていくつか説明する。これらは意思決定や予算、そしてポストプロダクションでの映像の扱い方に影響を与えることになる。実際の編集作業が明らかになることで、編集室で行われていることがより身近に感じられるはずだ。

提供：Community Media Center County of Marin, CA

ファーストカットの準備

編集スタッフの仕事は、デイリーを取りこむことからはじまる。編集アシスタント[★01]（いる場合）が、デイリー、ストックフッテージ、音楽など、すべての素材をデジタル編集システムに取りこむ。デジタル素材のフォーマットが異なる場合は、「トランスコード」——あるデジタルフォーマットから別のフォーマットに変換——することもある。

デジタルシステムの秀逸な点は、カメラのメモリカードやディスクといった複数のソースから、フィルム、テープ、デジタルなど、あらゆるフォーマットの素材を取りこめることだ。新旧のフォーマットがデジタル編集システムで出会い、まとめて編集される。今後も、エンジニアやIT技術者がアルゴリズムを作成し、デバイスを発明し、新しいアプリやプロトコルを発表し、新しい標準を確立するたびに、フォーマットの数は増えていく。

ディスクにスキャンされ、取りこみの準備が整ったフィルムフレーム。提供：クリス・センチャック

ショット、クリップ、ファイル

デジタル編集システムに取りこまれたショット（多くのシステムでは「クリップ」と呼ばれる）は、クリップの画像ファイルやサウンドファイル[★02]（複数のトラックがある場合は複数のサウンドファイル）を含むメディアファイルと、クリップの重要なデータやメタデータを含むデータファイル、このふたつのファイルで構成される。

ラベリング

ラベリングとロギングは、作業するための事前準備のようなものだ。これらをスキップすると、ショットを簡単に見つけたり、効率的に編集したりすることができない。あなたの作品は、〈スター・ウォーズ〉や〈スター・トレック〉のような巨大ビジネスではないかもしれないが、日が経つにつれて、編集技師が管理しなければならないフッテージの量は着実に増えていく。だから編集技師は、プロジェクト、映像素材、テープ、ディスク、ハードドライブ、フィルムリール、ノートブック、棚、編集室のドアなど、ありとあらゆるものにひたすらラベルを貼りつける。

ロギング

ロギングはこれまでも編集の一部でしたが、現在との大きな違いは、データベースが作成されることです。これにより、フッテージの検索がとても簡単になりました。

——アラン・ミラー、ニューヨークのポストハウスMoving Picturesの編集技師兼VP

ラベリングと同じように、編集では記録がとられないショットはない。フィルムの時代に活躍したのは、手書きによる膨大なデータを記した巨大なログブック（日誌）で、見習いやアシスタントが最新の正確なデータを苦心しながら維持していた。今日のデジタル領域では、編集はハードディスクに保存されたデイリーとともに、自分たちで作成した、あるいはポスト

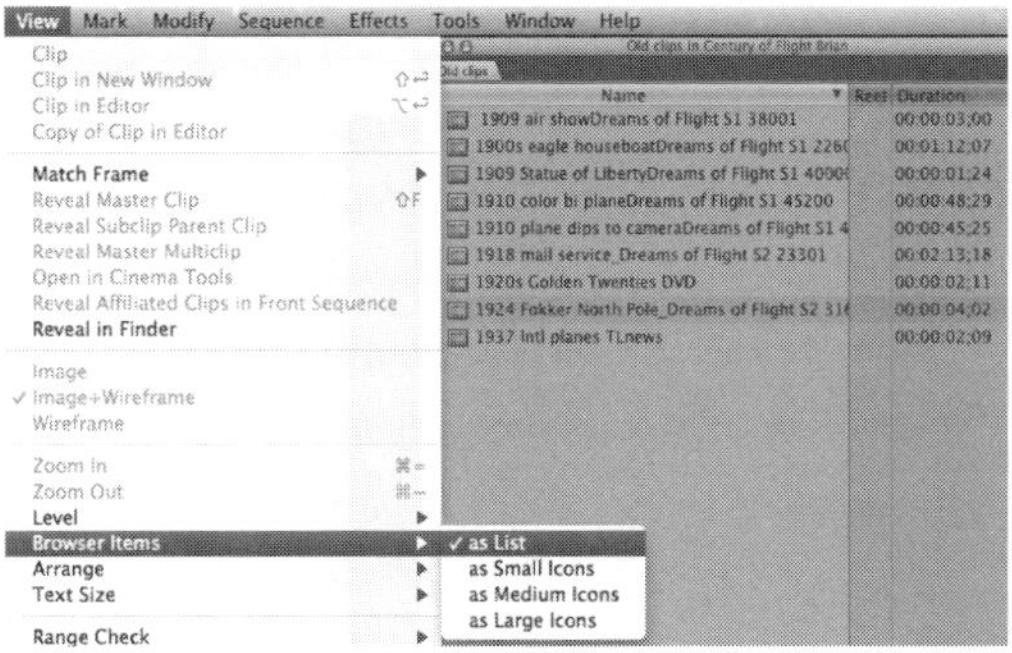

Final Cut Proに記録されたクリップとその説明のデータベース表示。提供：クリス・センチャック

ハウスから受け取ったデータベースに依存している。

編集スタッフは、デジタルシステムに入るあらゆるもの(デイリー、テープ、インサートショット、アニメーション、音楽、グラフィック、ストックフッテージの別録音、SFX、VFX)を記録する。これはメディアを探すためだけでなく、編集ロックされたあとの再生と、最終納品物の作成を行うときにも重要だ。

❖どのようなデータを記録するのか、理由は?

ショットの記録とデータベースには一般的に、ショットのシーンおよびテイク番号、アングル、撮影日時、撮影場所、タイムコード、フィルムキーコード、メタデータ、ソース映像が含まれる。編集ではよく、優先テイクを示すアスタリスク(*)を付けたり、言いよどみや言いなおしを示す「FS」(フォルススタート)や、音響のないテイクを示す「MOS」といったコメントを追加したりすることがある。会社によっては、「logger」が開始位置を示すこともある。

プロジェクトが小規模の場合、フッテージが山ほどあったり、スケジュールが前倒しになったりすると、ロギングを省略して編集に取りかかりたくなる。これは多くの理由から短絡的な行為だ。あらかじめ時間をかけてフッテージを記録しておくことで、検索にかかる時間を節約できるし、気力を削がれることなく、作品中のすべての台詞、ルック、カットアウェイ、フレームをすばやく見つけ出すことができる。また、記録を付けることで、編集チームはフッテージに慣れ親しみ、忙殺されるというよりは、うまく処理できる気分になれる。作品のメディアストレージや時間が不足していて、すべてのプロダクションフッテージを取りこむつもりがない場合にも、取りこまないものを決めるのに役立つことから、ロギングは必要だ。最後の理由として、作品が近い将来フッテージを共有したり、後世に残すべくアーカイヴしたりする場合のためにも、記録を付けておかないといけない。

ビンの整理

「ビン」は、フッテージを物理的な瓶に入れて整理していたフィルム編集の時代から引き継がれた用語でもあるし、ツールでもある。デジタルシステムでは、ビンはフォルダのアイコンに成り代わり、すべてのショットとカット（一部のシステムでは「シークエンス」と呼ばれる）を整理する基本コンテナである。

ビンの整理術はプロジェクトごとに異なるが、通常、脚本のある作品では、編集技師は、〈シーン1〉、〈シーン2〉などのようにビンを作成する。脚本のない作品では、インタビューを受けた人々のビンや、被写体のビン、たとえば〈チリマラソン〉ビン、〈ケニアマラソン〉ビンなどを作成する。また、ひとつのクリップを複数のビンにコピーすることもよくある。たとえば、シチリアの町の広場にある噴水の上で羽ばたいているハチドリを撮影したマスター映像を、〈シチリア〉、〈鳥〉、〈村〉と名付けたビンにもコピーするなど。編集技師は日常的に、デイリー、シークエンス、ストックフッテージ、Bロール、グラフィック、VFX、SFX、プロモ、音楽、タイトルを保管するためのビンを作成する。

ネイティヴ編集とプロキシ編集

小規模なプロジェクトでは、編集チームはすべてのデジタルフッテージをネイティヴフォーマット、つまり撮影した高画質[★03]フォーマットで取りこむ。クリップはネイティヴに再生・編集され、編集技師は、取りこ

Final Cut Proの〈Old Clips〉と名付けたビンにはいっているクリップ（ショット）のサムネイル表示。

まれたオリジナルのメディアを最終納品用に出力する。だが、多くのプロジェクト（たとえば4K以上）では、ネイティヴ編集は現実的とは言えない。ストレージ容量の問題だけではなく、デジタル映像ファイルは、リアルタイムで再生したり編集したりするには大きすぎるからだ。編集技師は、プロキシ——デジタルシステムで取りこみ時に作成される、またはカメラ[★04]から読みこまれる低画質ファイル——を使って作業する。最終成果物を出力するとき、編集技師またはポストハウスは、編集したクリップを元の高画質フォーマットに再リンクする。この再リンクは、作品をロックする前の試写のために行うこともできる。

　こうしたことが、なぜ監督にとって重要なのかと言うと、プロキシは、カットを見たり編集を試したりするのに欠かせない、監督にクリエイティヴな自由を与えてくれる技術的ステップだからだ。プロキシがなければ、デジタルシステムではフッテージの検討やシーンの再生だけのために映像をレンダリング[★05]しないといけない。プロキシ編集が使えれば、システムがあなたのアイデアに追いつくのを待つ必要はない。ここでひとつ警告しておくと、プロキシは見た目がいいかもしれないが、恋に落ちるのは禁物だ。監督であるあなたと撮影監督が、最終の編集フェーズでピクチャーロック後に、すべての映像の色調を補正し、仕上げることになる。

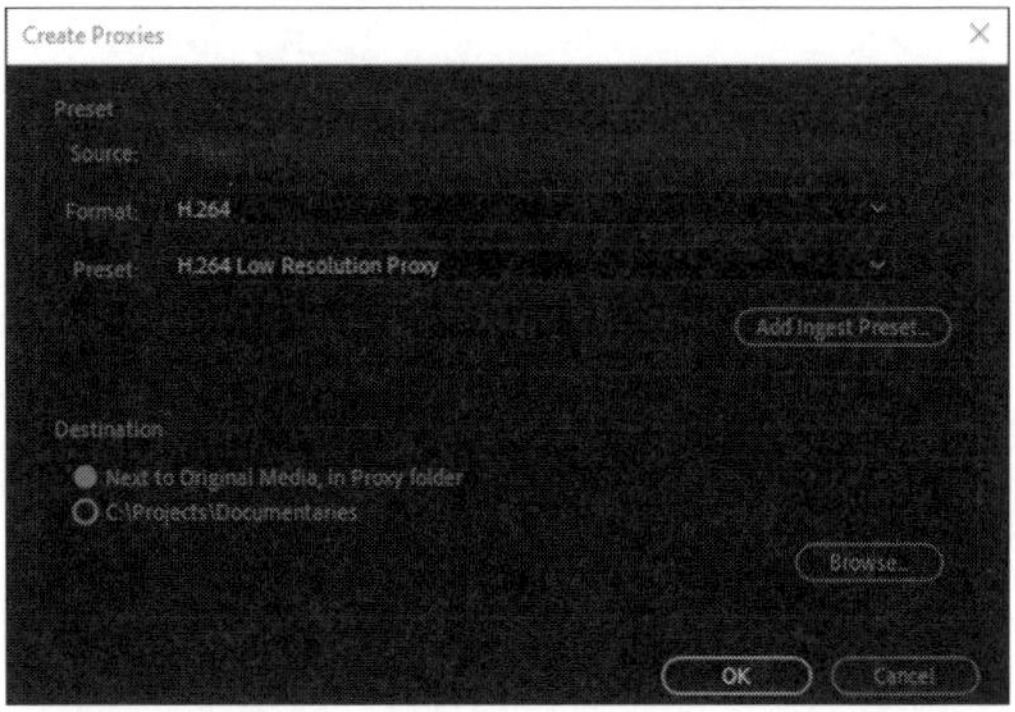

Adobe Premiere Proでの取りこみによるプロキシファイルの作成。
提供：ジェイ・シューバース

ファーストカットの編集

このような整理術とデイリーの確認作業は、編集技師がフッテージに慣れ親しみ、どのように編集するかについて思いをめぐらすためのものだ。書きこみのはいった脚本、トランスクリプト、ペーパーカットをもとに、編集技師はあなたが撮影したフッテージを編集し、ストックショット、VFX、音楽、ナレーションなどを加えていく。これについては、次章でくわしく説明する。

脚本と書き起こし

❖脚本

脚本がある作品では、書きこみの加えられた脚本が、編集技師にとっての青写真となる。多くの編集技師は、脚本をスクリプトスタンド(譜面台のようなもの)に乗せ、机の上の手が届くところに置いておく。

❖書き起こし

脚本がない作品では、余裕があれば、書き起こし担当者がインタビューの書き起こしを作成する。精度は荒いながらもソフトウェアの書き起こしプログラムもある。書き起こしには、スピーチに一分ごとのタイムコードが含まれているのが理想だ。含まれていなくても、編集チームで追加できる。編集技師は、コンテンツをすばやく特定するために、タイムコードをデジタルシステムに入力する。また、書き起こしたインタビューの重要な台詞を強調したり、ショットの種類や音声の欠落についてコメントを付けたりもできる。

ペーパーカット

「ペーパーカット」とは、ドキュメンタリーなど脚本のない作品を編集する際に、被写体、セグメント、トピック、台詞、ショット、サウンドの最初の順序を示すアウトラインのことだ。ペーパーカットは監督が用意するか、編集技師が自分で作成する。現場からの書き起こしのショットログと、デイリーを見たときのメモがペーパーカットの基礎となる。ペーパーカットはフッテージやストーリーを把握するのに便利で、カットごとに変化する。

セレクトリール

頭のなかでフッテージを整理するために、また、むかしながらの映画編集の慣習に従って、編集技師はしばしば、監督や自分たちが選んだテイク、あるいはテイクの一部を組み合わせて、セレクトリール(デジタルシークエンス)を作成する。この選別は、シーンを作業可能なパーツに分割するのに役立ち(特にフッテージが山ほどあるシーンでは)、基本アセンブリの役割を果たす。

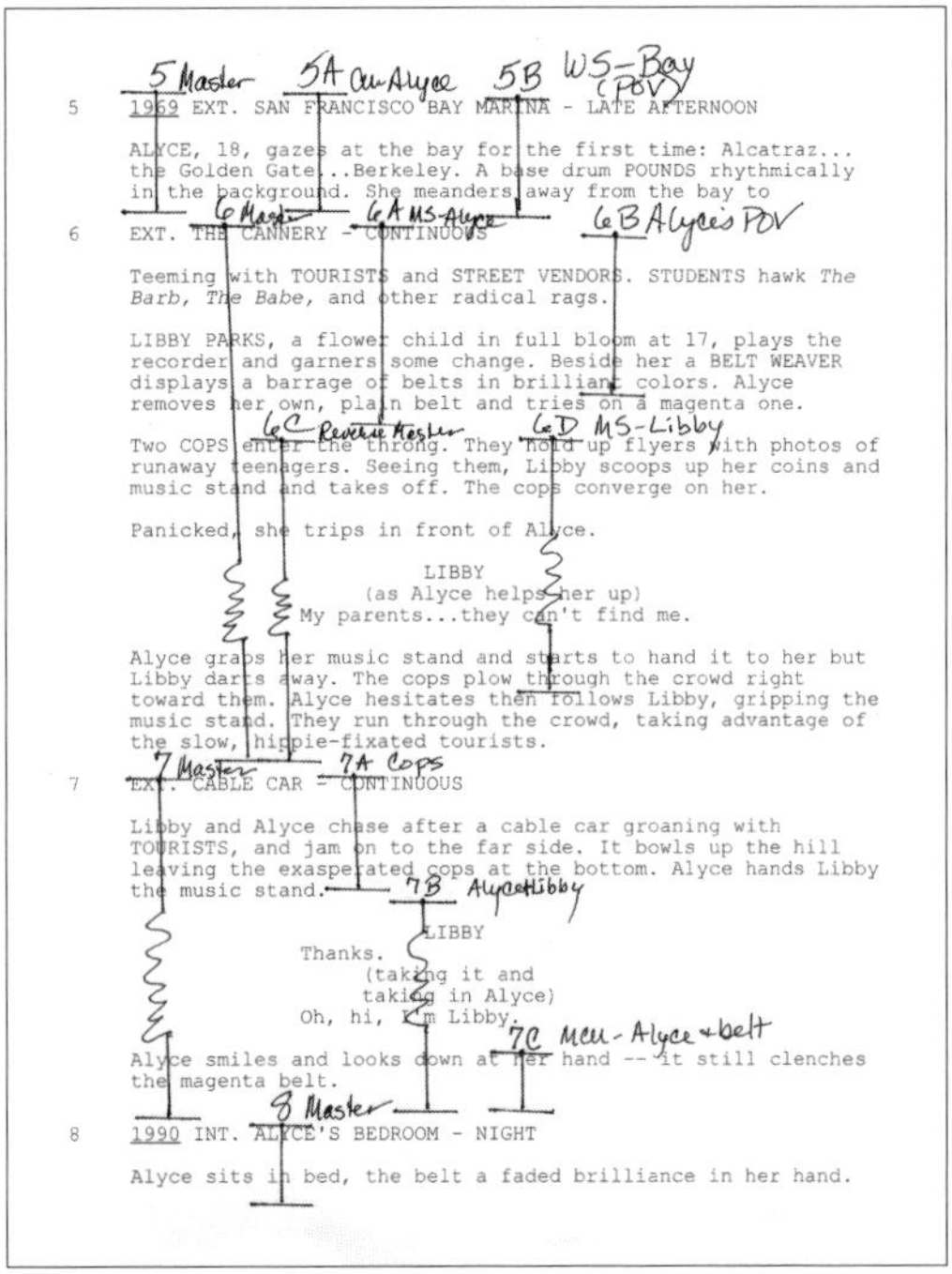
5 1969 EXT. SAN FRANCISCO BAY MARINA - LATE AFTERNOON

ALYCE, 18, gazes at the bay for the first time: Alcatraz... the Golden Gate...Berkeley. A base drum POUNDS rhythmically in the background. She meanders away from the bay to

6 EXT. THE CANNERY - CONTINUOUS

Teeming with TOURISTS and STREET VENDORS. STUDENTS hawk *The Barb, The Babe,* and other radical rags.

LIBBY PARKS, a flower child in full bloom at 17, plays the recorder and garners some change. Beside her a BELT WEAVER displays a barrage of belts in brilliant colors. Alyce removes her own, plain belt and tries on a magenta one.

Two COPS enter the throng. They hold up flyers with photos of runaway teenagers. Seeing them, Libby scoops up her coins and music stand and takes off. The cops converge on her.

Panicked, she trips in front of Alyce.

LIBBY
(as Alyce helps her up)
My parents...they can't find me.

Alyce grabs her music stand and starts to hand it to her but Libby darts away. The cops plow through the crowd right toward them. Alyce hesitates then follows Libby, gripping the music stand. They run through the crowd, taking advantage of the slow, hippie-fixated tourists.

7 EXT. CABLE CAR - CONTINUOUS

Libby and Alyce chase after a cable car groaning with TOURISTS, and jam on to the far side. It bowls up the hill leaving the exasperated cops at the bottom. Alyce hands Libby the music stand.

LIBBY
Thanks.
(taking it and
taking in Alyce)
Oh, hi, I'm Libby.

Alyce smiles and looks down at her hand -- it still clenches the magenta belt.

8 1990 INT. ALYCE'S BEDROOM - NIGHT

Alyce sits in bed, the belt a faded brilliance in her hand.

スクリプターによる書きこみの入った脚本は、編集技師が毎日デイリーで受け取るテイクと脚本の交差点である。波線は登場人物の会話を示している。提供:クリス・センチャック

ストックショット、スラグ、バナー

編集技師はカットのなかにストックショット（ストックフッテージ）を挿入することがある。この段階ではテンプショット（仮置きのショット）として、タイムコードやテキストが挿入されていることが多い。テンプショットが承認され、使用料が支払われると、編集技師は最終バージョンに差し替える。ストックショットが未定だったり、入手できなかったりした場合（制作の開始時ではふつうのことだ）、編集技師は代わりに、「スラグ」を入れておく（ショットが入手できるまで、プレースホルダーとしてデジタルシステムのメニューから黒を挿入しておく）。スラグの代わりに、「バナー」（「ストックショットがありません」、「シーンがありません」、「コマーシャルを挿入してください」、「メインタイトルを挿入してください」などのテキストを入れたプレースホルダー）を置いておくこともある。

VFX

多くのデジタル用語と同様に、ＶＦＸ（Visual Effects／視覚効果）という用語は映画用語★06から発展したもので、ほかにも略語（ＥＦＸ、ＦＸ、Ｆ／Ｘ）があり、編集室、ポストハウス、

VFXの編集。ドローイングペンとタブレットに注目。提供：アネドラ・エドワーズ

特殊効果(特効)プロダクションなど、作業場所によって定義が異なる。本書では、VFXは、単純であれ複雑であれすべてのエフェクトを指す。

一般的なフェードやディゾルヴから、愕然とするような多層的なエフェクトまで、どの作品にもある程度のVFXが使われている。というのも、VFXはストーリーを伝えるのに役立つからだ。編集技師は、作品のVFXの多くを、ときにはすべてをデジタル編集システムで作成する。超複雑なVFXには特殊効果スタジオの協力が必要だ。特殊効果スタジオは、VFXプロデューサーと編集技師の監修のもと、監督の意見を取り入れながらVFXを制作し、完成したVFXファイルを編集室へ渡す。それを編集技師がカットに落としこんでいく。監督と特殊効果スタジオがVFXを改良して更新し、仕上げていくので、監督はカットのテンプ版を見ることができる。では、編集技師が作成できるエフェクトや、特殊効果スタジオが請け負うエフェクトにはどんなものがあるのか。次にまとめた。

❖VFXのカテゴリー

VFXは、かかる時間と費用によって分類できる。

トラックが走行するこのシーンで、夜から昼へ移り変わるディゾルヴは、編集者がデイリーで行う基本的なトランジションエフェクトだ。ディゾルヴは通常、『カーズ』で使用されたこのディゾルヴのように、時間の経過や場所の変化、あるいはその両方を表現する。

○単純なVFX

▼トランジション、フリップ、フィルターを含む。

▼最も一般的。

▼編集技師がデジタルシステムで作成。

○複雑なVFX

▼ふたつ以上のショットと、大体の場合、テキスト、ディゾルヴ、スーパーインポーズ（単に「スーパー」とも）から構成される。

▼市販のソフトウェア（2D）だけでなく、特殊な合成ソフトウェアや3Dアニメーションソフトウェアを使用して、プロダクションまたはポストプロダクション期間に作成される。

▼キーフレームを含む場合がある。

例——ボール（または、ほかの形状）のオブジェクトをショット内で移動させる必要がある。編集技師は、ボールが移動する場所ごとにキーフレームを設定し、ボールが移動経路をたどれるようにする。

▼レンダリングが必要な場合がある。★07

「マット（キー）」は、編集技師がショットに穴を開け、そこに別のショットを配置（キーイング）する、複雑ながらも日常的なエフェクトだ。編集技師は、マットエフェクトを作成したり、ポストハウスや特殊効果スタジオが仕上げられるように、マット処理するショットを選択したりする。ショットのなかの窓は、キーイングに最適な穴だ。ハリー・ポッターと仲間たちがホグワーツ魔法魔術学校へ向かっているこの場面では、列車の窓に景色がマット合成されている。『ハリー・ポッターと炎のゴブレット』（2005）

▼編集技師がシステム上で、またはAdobe After Effects（AE）などのモーショングラフィックソフトウェアで作成し、編集システムに取りこむ。
▼ポストハウス（ワイヤー除去――俳優を空中に飛ばすために使用するワイヤーを塗りつぶすこと――や、その他の日常的なVFXなど）、または特殊効果スタジオ（オリジナル性の高い、より複雑なVFX）に委託される場合がある。

○超複雑なVFX

▼エフェクトの種類とレイヤーを大量に組み合わせる。
▼プリプロでデザインされ、プロダクションで、実写プレート、モデル、CGI、モーションキャプチャー、ステップフレーミングなど、さまざまな方法で撮影される。
▼実写ショット、3D、CGI、アニメーションを含むこともある。
▼特殊効果スタジオでは、アーティストと職人と編集技師がチームを組んで、3ds Max、AE、Maya、Nukeなどの合成／モーショングラフィックス／3Dアニメーションソフトウェアを使って制作する。
――ターンオーバー。編集スタッフが、VFXの説明、ショットデータ、ソースメディア、カットのコピーを引き渡す（必要に応じて提供する）。

――『フォレスト・ガンプ』（一九九四）、『スター・ウォーズ エピソード5／帝国の逆襲』（一九八〇）、『スター・ウォーズ エピソード6／ジェダイの帰還』、『コンタクト』（一九九七）、『スピード』（一九九四）のVFXプロデューサー兼編集技師であるミッキー・マクガヴァンは、次のように説明している。「脚本を受け取り、それをVFXショットに分解していきます。各ショットの要素をどのように作成するかを決め、プロダクションコーディネーターの力を借りて、各ショットをトラッキングします。各ショットにかかる費用、各ショットを完成させるまでのスケジュールは把握しています」

次頁の表は、ごく単純なものから複雑なものまで、最も一般的なＶＦＸの種類を説明したものをまとめたものだ。

❖ＶＦＸのまとめ

作品によっては、驚くほど独創的なエフェクトを披露し、独創性の革命に火をつけ、担当したデザイナーを、知られざるもうひとりの映像作家にしてしまうものもある。逆に、ワイヤー除去や合成など、複雑で骨の折れる多くのエフェクトは注目されないが、映画に大きく貢献している。単純なものであれ複雑なものであれ、ＶＦＸはほとんどの作品に関与している。ＶＦＸの作成方法、ポスプロが果たす役割について理解できただろうか。であれば、実際にＶＦＸを扱う準備は万全だ。

森のなかの湖の実写ショットと、相手を突こうとしている剣士のグリーンスクリーンショットを合成した『HERO』の超複雑なVFX。

種類	説明	例
トランジション	カットせずに次のショットへ移行する。	ディゾルヴ、ワイプ、フェードイン、フェードアウト、ホワイトアウト[★08]。
バリスピード	スローモーション、スピードアップ、逆再生など、ショットのフレームレートを変更する。	例——撮影時に車を赤ちゃんから後退させていき、このアクションを逆再生して、赤ちゃんと衝突する前に車が音を立てて急停止するように見せる[★09]。
フロップ またはミラー	ショットの水平回転。	視点ミスの修正。例——少年は左から右ではなく、右から左を見るようにする。
フリップ	ショットの縦回転。	例——地面に立っていた少女が逆立ちになる。
レポ	オブジェクトまたはフレームを移動することによって、フレーム内のオブジェクトを再配置する。	例——投射物が命中するように標的を正しい角度に調整する。
リサイズ	フレーム内の画像を拡大・縮小することによって、オブジェクトまたは全体のサイズを変更する。	例——爆破シーン。
色・質感	ショットの色や質感を変える。	例——過去を表現するためにシーンの彩度を落とす。
マット 別名：キー	ショットに穴を開け、その穴に別のショットを配置(キーイング)する。	例——『オズの魔法使』(一九三九)で、竜巻に呑まれたドロシーが窓越しに魔女や鶏などを目撃する。
モーション	オブジェクトがたどる経路を設定したり、オブジェクトを回転させたり、なんらかの方法でアニメ化したりすることで、フレーム内でオブジェクトを移動させる。	例——本、矢、タイトルなどのオブジェクトがフレーム内を移動する。

種類	説明	例
合成	複数の映像やタイトル、またはその他のＶＦＸを組み合わせて、単一の合成映像にする。	例――ホワイトハウスを襲う巨大クモ。風景に建物を足したり引いたり。
グリーン（ブルー）スクリーン★10 別名：クロマキー	前景ショット（被写体）を背景ショット（グリーンまたはブルースクリーン）の上にキーイングして、ふたつのショットを合成する。	例1――気象レポーター（被写体）が地図（背景）上の寒冷前線の接近を指し示す。 例2――探検家（被写体）が木星（背景）上空を遊泳する。
スーパーインポーズ 別名：スーパー	ふたつのショットや複数の映像をフルスクリーンで重ねて合成する。カメラの二重露光でも実現できる。	例――タイトルとエンドクレジットが、さまざまな背景の上に重ねられる。黒をはじめとするソリッドカラー、アニメーション、フリーズフレーム、実写のアクション映像など。
ロトスコープ	実写映像をトレースしたり、別の方法で参照したりしながら、アニメーションの画像やマットを一フレームずつ作成し、新しい画像を作ったり、画像を修復したりする。	例――〈スター・ウォーズ〉オリジナル三部作に登場するライトセーバー。アニメシリーズ〈アンダン～時を超える者〉（二〇一九）では、全編にわたってロトスコープが使われている。
ＣＧＩ	コンピューターによって生成されたイメージ。コンピューター上で作成されるデジタル効果で、アニメーションや実写映像の視覚的な可能性が無限に広がる。	例――〈マトリックス〉シリーズ（モーフィング＝形状変化）、〈ロード・オブ・ザ・リング〉三部作、『アバター』（パフォーマンス・キャプチャー）。
３Ｄ	ＸＹＺ軸上のショットのレイヤーをひとつのショットに融合することで、高さ、幅、奥行きの三次元があるように見せる。	例――『ワンダーウーマン』（実写）と『２分の１の魔法』（二〇二〇）（アニメーション）。

試写準備

ファーストカットの編集が完了すると、編集技師は映像や音声の表現に磨きをかけて試写に備える。

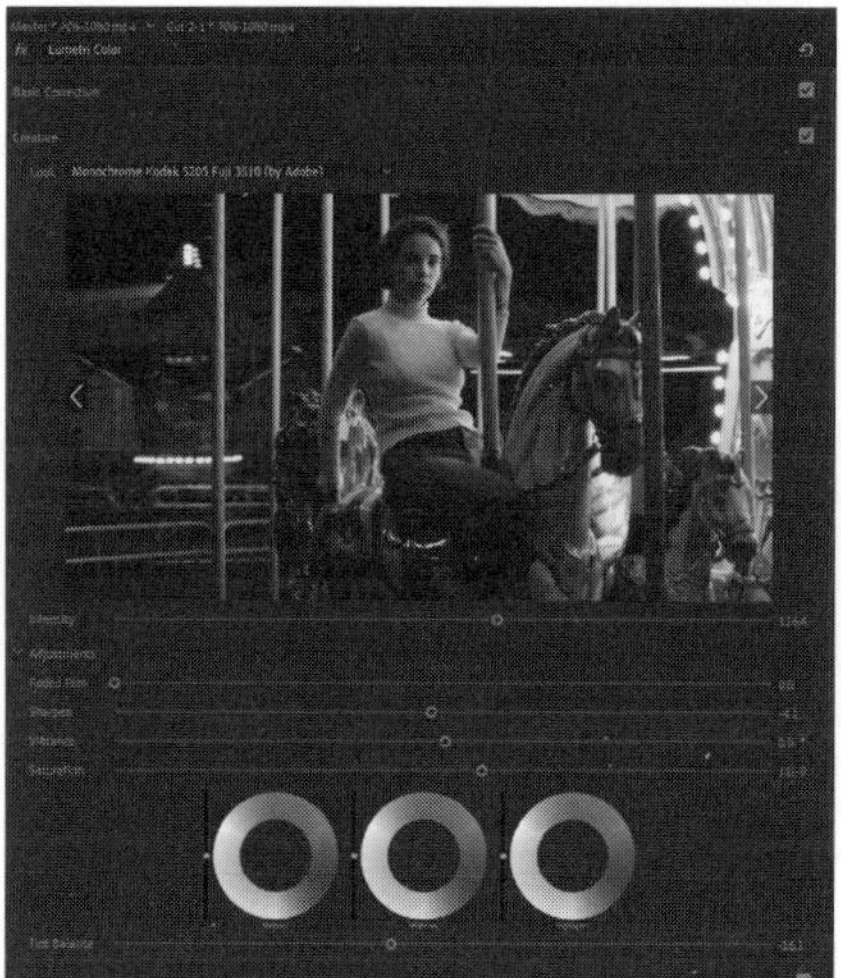

Adobe Premiere Proのカラーグレーディングツール。
提供：ジェイ・シューバース

カラーグレーディング

シーンの撮影が数日間におよんだことで、明るさの不一致が目立つ場合、編集技師は、時間の許すかぎり「カラーグレーディング（カラー補正）」を行って、明るさのバランスを調整する。デジタルシステムのカラーグレーディングツールには、「輝度」（明るさとコントラスト）、「クロミナンス」（色）、放送の許容性など、映像のプロパティを測定するためのビデオスコープが含まれている。編集技師はフィルターを使って、たとえばフラッシュバックのシーンの「彩度を減らす」（色を落とす）ことによって、セピアや白黒にすることもできる。その逆も可能で、たとえば死、夢、ファンタジーなどを表現したシーンの彩度をあげることもできる。編集がロックされると、カラーグレーディングは編集技師が仕上げるか、またはポストハウスの手で作品のオンライン後に行われる（これについては「第10章　仕上げと納品」でくわしく説明する）。

サウンドワーク――音響と音楽の編集

編集技師は、みずからが手がけた作品の、映像はもちろん、音響についてもベストを尽くしたいと思っている。そのため、多くの編集技師は、監督やプロデューサー、クライアントが作品をよりイメージしやすくなるように効果音や音楽を挿入する。ストーリーに背景音楽を付けてカットを信用できるものにする。また、トラックを追加することで、編集技師の作業時間と手間が増え、再編集中に監督が変更を加えるたびにトラックを更新し、シンクロさせる必要がある。編集技師は、それぞれの試写にどれだけの音響作業を施せるかを見積もる。この作業にかける時間も予算もあまりない作品もあれば、潤沢な予算があり、試写や売りこみに使うテンプミックスのために音響技師が呼ばれる作品もある。

ナレーション

ナレーションがある場合、編集技師はスクラッチトラックを録音する。

別録音

別録音――登場人物の別撮りの台詞――は、プロダクションやポストプロダクションの段階で録音される。対話形式の台詞は、通常、音響編集の段階でサウンドトラックに組みこまれるが、編集技師が別録音を受け取ることもあれば、監督がみずから別録音を作成して、映像編集の段階で差しこむこともある。別録音は、シーンの補強や、特に編集中に一連のシーンやシーンの一部を削除したときにできる、プロットの穴を隠すために使用される。別録音は、通常、話している人物やその他の登場人物が背中を向けている場面に差しこまれるので、映像とシンクロさせなくてもよい。『ドクター・ドリトル』(二〇二〇)、『プーと大人になった僕』(二〇一八)、『ベイブ』(一九九五)のような動物がしゃべる実写映画では、台詞の大部分が別録音となる。

効果音

一発の銃声に群衆が凍りつくなどといったシーンは、編集技師が効果音を付けたくなる一般的なものだ。効果音を差しこむことで、試写会の全員が編集の効果を確認することができる。時間と予算が許せば、オンラインのＳＦＸライブラリから入手した電話の呼び出し音、ガラスが割れる音、体が叩きつけられる音など、特定のエフェクトを加えることもある。

音楽

編集技師は日常的にデジタルカットに音楽を加える。編集技師が選んだ音楽が最終ミックスに使われることもあるが、通常は差し替えられる。あなたの作品に劇伴作曲家がいて、その人が早い段階から参加している場合は、実際に使用する音楽の一部を先に提供してもらうこともある。シーンや作品が音楽に依存している場合、たとえばミュージカルやミュージックビデオの場合には、編集技師ははじめから最終版の音楽を受け取る必要がある(音楽の編集とデザインについては、第8章と第9章でくわしく説明する)。

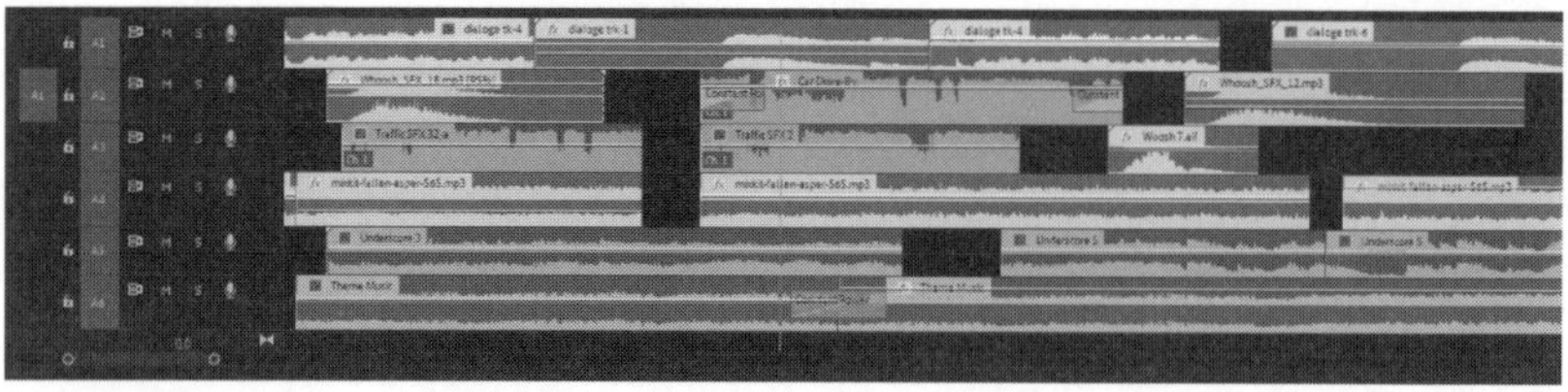

Adobe Premiere Pro上の色分けされたトラック。一般的な順番で並べてある。上から、会話／SFX／音楽の順。提供：ジェイ・シューバース

トラックの掃除と穴埋め

同期台詞トラック(プロダクショントラック)とは、メインの音響トラックのことだ。ファーストカットおよびその後の各カットと試写に向けて、編集技師はプロダクショントラック(およびすべてのトラック)が鮮明に聞こえるように処理する。つまり、移動する台車の軋み音だとか、皿がぶつかり合う音、飛行機の音、監督の声、撮影クルーの声といった、余計で不要な音を取り除いて「トラックを掃除する」のである。このような不要な音を取り除くことで、オーディオの質が低下する要因となることがある。これらは、「音の穴」や「デッドサウンド」と呼ばれるもので、シーンからエネルギーを奪い、観客を興ざめさせかねない。音の穴はいずれ音楽でカバーされる予定だとしても、編集技師はたいていの場合、テイク内の環境音を使って穴埋めしておく。

トラックの入れ替えや穴埋めは――妥当な範囲内で――編集技師の仕事の一環だ。トラックのすべての穴を埋める時間はない。とりわけ、穴の長さが一秒未満の場合は。これらの穴は編集がロックされたあとに、いずれ音響編集やミキシングで埋められるので、編集段階のトラックの穴埋め作業は一時的なものにすぎないことを覚えておいてほしい。

音量レベルのバランス調整とオーディオエフェクトの追加

作品中の会話、音楽、音響を一定の音量設定にしないと、仕上がりが素人くさくなる。編集技師は、セクションとセクションのあいだ、ショットとショットのあいだ、ショット内、トラック全体(プロダクション、ナレーション、音楽、ＳＦＸ)の音量レベルを調整する。デジタルシステムでは、かなり高品質な音響編集とミキシングが可能だ。すなわち、トラックのパン(左右の配置)、ＥＱ(低音と高音のバランス)、クロスフェードを調整できるし、「リバーブ」(エコー)、「フッツ」(電話越しに話しているように対話を調整する)、「バリスピード」(音声を速めたり遅くしたり)など、あらゆるオーディオエフェクトを加えることもできる。

上映時間

あなたの作品の上映時間はどのくらいだろうか。上映準備の一環として、編集技師はデジタルシステムのタイムラインを使って、作品の総上映時間(TRT)を決定する。監督であるあなたには、TRTについて、確固とした考えや理想的な考えがあるかもしれない。たとえば、長編映画は通常、九〇分から一二〇分の範囲におさまるが、たとえば七〇分の作品(『我輩はカモである』[一九三三])も二〇九分の作品(『アイリッシュマン』[二〇一九])もあるし、それ以上の長さを有する作品だってある。ドキュメンタリーなら、観客を惹きつけるものであれば、どんなに短くても長くてもかまわないが、劇場やテレビで上映されたり、アカデミーや映画祭のノミネートや受賞対象になるためには、そうした短編や長編の出品基準に適合していなければならない。

編集技師は、監督が撮影したすべてのシーンをファーストカットで見たいと思っていることを承知している(監督が別の要望を伝えていないかぎり)。そのため、ファーストカットの上映時間は長くなることが予想される。ファーストカットとその後の各試写において、編集技師は監督に上映時間(RT)を伝える。作品が、いくつかの幕(act)やセグメント、リールに分かれている場合、編集技師はこれらの所要時間も提供できる。シーンをはじめ、どん

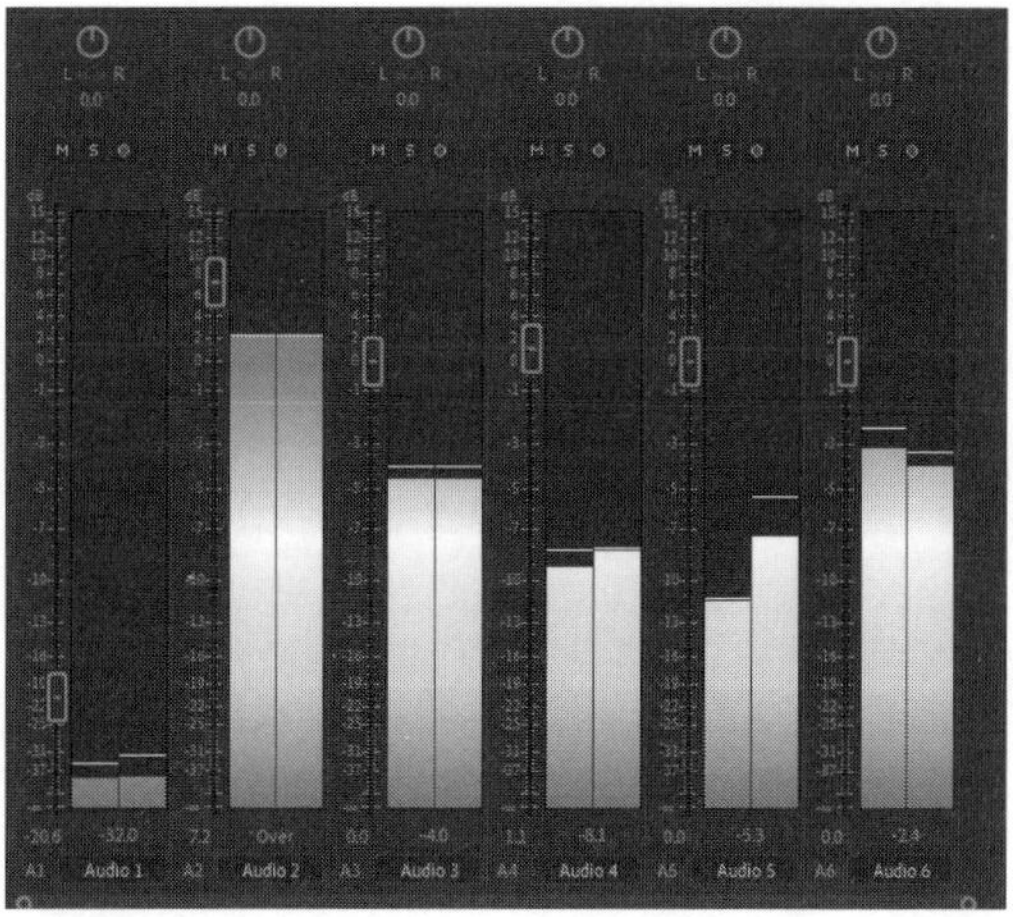

Adobe Premiere Proのサウンドミックスツール。
提供:ジェイ・シューバース

なものでもマウスを数回クリックするだけで測定できるのだから。以下に、特定のタイプの作品に関する追加の考慮事項を示す。

テレビの放映時間

テレビ番組は、脚本家によって幕に分割され、各幕はコマーシャルをはさんで放映される。編集技師はまずこの構成に従う。監督は再編集の際に幕の所要時間を変更することができる。多くの場合、ＴＶ放映される映画は七幕、一時間番組は四幕、三〇分番組は二幕で構成される。実際の尺は、コマーシャルの関係上、一時間番組は四二〜四七分、三〇分番組は二〇〜二三分だ。ＴＶネットワークは納品要件として、作品の正確な所要時間と、幕ごとに許容される最短および最長時間を指定している。最終的には、ネットワークが要求する正確な分数に合わせて、時間どおりに作品を編集しなければならないので、こうした仕様には注意する必要がある。

フィルムリール

フィルム上映の場合、編集技師は映写用に作品を二〇〇〇フィート（三五ミリ）または八〇〇フィート（一六ミリ）のリールに分割する。

コンティニュイティ・シート

コンティニュイティ・シートは、作品のシーンを編集順に、

むかしながらの方法——フィルムリール——で測定。『カッティング・エッジ 映画編集のすべて』(2004)より。

そのシーンのアクションを説明するフレーズや文章を上映時間とともに一覧化したものだ。コンティニュイティ・シートは、作品を測定して評価するのに役立つ。各シーンの上映時間を知ることは、作品の総上映時間を短縮するためにシーンを減らしたりカットしたりしなければならないときに重宝する。編集チームは、上映ごとに新しいコンティニュイティ・シートを作成して、シーンの順序だけでなく、どのシーンが移動されたのか、削除されたのか、またはフッテージが届くことになっているのかを全員が確認することができる。

　コンティニュイティ・シートがあると、再編集の際にシーンを入れ替えるときにも役立つ。コンティニュイティ・シートは、脚本の順番どおりに、シーン1、2、3、4、5ではじまり、編集や

コンティニュイティ・シート		『ショー・パーティ・フォー・トゥー』第一四話 カット#2		2／5ページ
第三幕	日付 2021／4／7	コメント：シーン24を二分割してシーン23をはさむ。		
シーン番号#	時間	説明	上映時間 旧	新
20	N／X	ブルーバード・カフェ スラグ挿入：ストックショット待ち。	:02	:02
21	N／I	ロビンがカフェでサンディと遭遇。	1:01	1:01
22	N／I	ロビンのロフトでのラブシーン。	2:23	2:01
24 前半	D／I	記者会見でロビンを無視するサンディ。	3:48	2:44
23	N／I	ロフトでの情事のあと：サンディが腹を立てて出ていく。	4:13	4:13
24 後半	D／X	ロビンは動揺して会見を早々に退席。	Sc24の一部	1:26
キー D／I＝日中室内 D／X＝日中屋外 N／I＝夜間室内 N／X＝夜間屋外		RT	11:26	11:06
		増減		-:20

再編集が進むにつれて、シーン3、1、2、4、5などと並べ替えることができる。テレビドラマのエピソードの例を二〇八頁に示す。この方法は時間を計測する作品に応用できる(フィルム作品の場合は、リールが含まれ、フィートとフレーム数で測定される)。

リーダーとポップ

リーダーやポップは、もともとはフィルムのシンクロをとる作業の一環だったが、ポスプロ工程の大部分と同様にデジタル化され、引きつづき重要な役割を果たしている。編集技師がどのように、そしてなぜリーダーやポップを作品に加えるのかを説明する前に、いくつかの定義を説明しよう。

アカデミーリーダー(SMPTEリーダー[★11]/カウントダウンリーダー)

リーダーとは、映像と音声の同期を保つ目的で、本編の先頭《ヘッド》や末尾《テール》に取りつけられるフィルムやテープ、デジタルクリップのことだ。ヘッドリーダーは時計まわりのワイプパターンで、八秒(一二フィート)以内に八から二までカウントダウンする(ワイプパターンなしで一二から二の場合もある)。ヘッドリーダーの最後のフレームは第二フレームで、必ずFFOP(映像の最初のフレーム)が続く単一のフレームになる。テールリーダーは、LFOP(映像の最後のフレーム)のあとに数秒間流れる。

シンクロポップ

シンクロポップとは、試写、サウンド編集、サウンドミキシング中にシンクロを保つために、ヘッドリーダーとテールリーダーの指定された位置のオーディオトラックに置いた、一〇〇〇Ｈｚのビープ音のことだ。

▼**ヘッドポップ（2ポップ）**――ヘッドリーダーには、必ず二番目のピクチャーフレームと一致したオーディオトラック上のシンクロポップがあることから、「2ポップ」という愛称がついた。

▼**テールポップ**――テールリーダーには、オーディオトラックの二秒後にシンクロポップがあり、これは通常、「End」と印字されたフレームに対応する。

リーダーとポップの追加

フィルム上映の場合、ヘッドリーダーとテールリーダーは必須だが、観客には見えない。デジタルカットを上映する場合、リーダーは必要ないが、ヘッドリーダーを挿入すれば――観客はそれを見ることになる――全員が落ち着くまでのゆとりを与

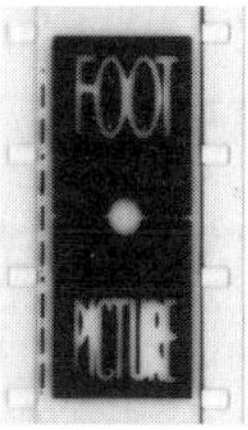

［左］35ミリのアカデミーリーダー、デジタルリーダーによる再現。［中央］16ミリのテールリーダー、デジタルリーダーによる再現。［右］ヘッドリーダー端の2ポップフレーム。提供：クリス・センチャック

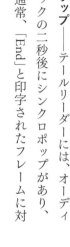

え、プロらしく見える。
ファーストカットの準備が整ったようなので、映写室へ入るとしよう。

試写

全米映画監督組合(DGA)基本合意書(二〇一七年版) 編集技師と編集技師の直属スタッフのみが監督より先にエディターズアセンブリを視聴することができる。監督は、エディターズアセンブリが完成次第、それを視聴する権利があり、監督の視聴後二四時間は、編集技師および編集技師の直属スタッフを除く、その他の人々に視聴させないように要求することができる。すぐに視聴しない場合は、監督の都合に合わせて最大二週間まで保留される。(第七条五〇五項[c])

通常、ファーストカット(エディターズアセンブリ)は、監督だけのために上映される。試写は、映写室、編集室の編集技師が操作するシステム上、または会社のサーバーやインターネットワーク経由でダウンロードして、あなたの自宅やその他の場所でリモートで行われる。その後、編集技

編集室での試写準備完了。提供:スー・オダギアン

師と協力してセカンドカット——あなたのカット——の制作に取りかかる。これは、一般にディレクターズカットとして知られている（ディレクターズカットについては、次章でくわしく説明する）。試写にあたって期待するべきことを、以下に示す。

明かりが消えると

監督、編集技師、編集アシスタントは、すべてがまとまった作品をはじめて見ることになる。企画、脚本、演出、撮影、編集が成しとげたことを、全員が目にするというわけだ。暗い部屋の魔力に身をゆだねよう。最善の方法は、気持ちをオープンにして見ることだ。ファーストカットでは、途中で停止したりコメントを述べたりすることなく、そのまま作品を上映するのが一般的だ。

明かりがつくと

試写後、編集技師はファーストカットを最初から最後まで再生し、監督は好きなときに停止しながら、メモをとったり、変

カットの試写。提供：Community Media Center County of Marin, CA

更したい点について話したりする。試写後に行われるこの話し合いは、作業量、想定または望ましいＴＲＴとの開き、その他の要因によって、長くも短くもなる。試写後すぐに話し合ってもいいし、後日、内容を消化してからでもいい。

最後にひとこと

自分の作品のファーストカットを見たら、いろいろな考えやアイデア、疑問が湧いてくるだろう。これからが編集技師とのほんとうの共同作業のはじまりだ。あなたの作品を観客のために歌わせ、輝かせるときだ。まずはセカンドカット、すなわちディレクターズカットの制作からはじめよう。それが次章で取りあげるトピックだ。

編集技師によるファーストカットの編集方法、ファーストカットの試写で期待することについて監督が知っておくべきこと

- □ 編集技師がファーストカットを作成しているあいだは、編集室には近寄らず、そっとしておくこと。そうすることで、編集技師はフッテージとじっくりと向き合い、そこから最高のショット、台詞、ストーリーを切り出すことができる。
- □ 編集スタッフは、編集中にすばやくアクセスできるように、ショット――デジタル編集システムに読みこまれると、クリップと呼ばれる――をビンに入れて丁寧に整理する。

□ 編集技師は毎日、デイリーを取りこみながら、ストックショットやVFXを追加して作品を作りあげていく。

□ プロキシ編集では、編集を見たり試したりする創造的な自由が与えられるが、その見かけに恋をしてはいけない。

□ 監督と撮影監督が、最終の編集フェーズでピクチャーロック後に、すべての映像を仕上げる。

□ 編集技師は、欠落しているショットやシーンにスラグ——数秒の黒——を挿入する。

□ 編集技師は、デジタルシステム上でさまざまなVFXを制作し、ポストハウスやVFXプロダクションで制作された複雑なエフェクトをテンプ版や完成版として落としこむ。

□ 時間の許すかぎり、編集技師はカットにスクラッチトラック、別録音、SFX、音楽を追加し、トラックの掃除と穴埋め、オーディオのバランス、サウンドミックスを行う。

□ 編集チームは、作品のシーンのコンティニュイティ・シートを作成してTRTを管理・維持する。

★01——編集室の縁の下の力持ちであり、デジタルの船が転覆しないように努め、さまざまな最新情報を仕入れてくれる編集アシスタントに賛辞を贈りたい。ほとんどの編集技師は、アシスタントか見習いからキャリアをスタートさせる。この仕事に求められる広範な整理作業と長時間におよぶ労働は、編集技師への昇進意欲を高めるばかりだ。

★02——「データについてのデータ」と要約されるメタデータは、データの状態、内容、その他の品質を識別するための背景情報のことで、映画やビデオでは、タイムコード、フレームレート、アスペクト比、シンクロ、メディアレイヤーやエフェクトレイヤーの位置など、クリップについて説明したデータが含まれる。

★03——品質には、「解像度」(基本的には画像の鮮明さ、明瞭さ、詳細さ)と色が含まれる。

★04——多くのカメラはプロキシファイルと高解像度ファイルを同時にキャプチャーする。

★05——クリップ(または一連のクリップ)が再生できない場合、コンピューターはクリップをレンダリングして、クリップ用に新しいメディアを作成しなければならない。この作業には、数秒、数分、あるいはそれ以上かかることがあり、編集の流れが滞ることになる。

★06——デジタルコンピューターの時代以前は、VFXは「オプティカル」と呼ばれ、フィルムラボでフィルムネガを複製し、オプティカルプリンターを使用して作成されていた。現在、フィルムのオプティカルは、DI(デジタルインターミディエイト)スキャンプロセスで作成されている。オプティカルプリンターはほとんど使用されなくなったが、現在でもフィルムの修復や教育目的、少数の実験的な映画制作者のあいだで使用されている。

★07——「リアルタイムエフェクト」は、作成後すぐに再生できる。リアルタイムで再生できないVFXは、コンピューターでレンダリングする必要がある。

★08——ショットが黒ではなく白にディゾルヴしたりカットされたりするときは、ホワイトアウトと呼ぶ。

★09——ショットを反転する場合、看板やシャツなどの文字が反転してしまうので注意が必要。

★10——グリーンスクリーンがよく使われるのは、❶ロケに行く費用が節約できる、❷編集技師がデジタルシステムで簡単に制作できるといった理由による。

★11——米国映画テレビ技術者協会。一九六七年にタイムコードを発表した国際的な技術団体。SMPTEは、テープ、フィルム、テレコミュニケーション・アプリケーションに対して、世界じゅうのメーカーが使用する規格を推奨し、事実上、定めていることも多い。

第七章

編集室――ディレクターズカットから編集ロックまで

❷

もっとも、自分自身の映像の編集を手がけたり指揮を務めたりできなければ、みずからを「映像作家」と称せる監督はいません。――エドワード・ドミトリク、監督／編集技師。著書『映画編集について 映画構築術入門 On Film Editing: An Introduction to the Art of Film Construction』より

これからあなたは、新しい副操縦士と乗組員――編集技師と編集スタッフ[★01]――とともに、編集室にかよいつめることになる。願わくは、編集技師とともに時間をかけて作品を作りあげていく新しい第二のわが家で、安らいだ気持ちでいられんことを。この章では、ディレクターズカットから、編集を〝ロック〟した完成版を仕上げるために、監督と編集技師がたどるステップ、すなわち、再編集、微調整、試写の準備について順を追って説明する。まずは編集室を構成する重要な機材になじんでもらいたい。それでは、編集室の花形、デジタル編集システムを紹介しよう。

デジタル編集システム

デジタル編集システムは、Avid や Lightworks などブランド名で呼ばれることもあれば、DaVinci (DaVinci Resolve のこと)、Premiere (Adobe Premiere Pro)、Final Cut (Apple の Final Cut Pro)などのように、短縮して呼ばれることもある。編集スタッフがどう呼ぼうと、デジタル編集システム(DES/Digital editing system)とは、ソフトウェアとハードウェア(組みこみやプラグイン)、そして一般的に使用される意味と同様の編集や整理といった機能を備えたコンピューターシステムのことだ。小規模なプロジェクトであれば、ショット、編集、カット、メディアに関するデータは、システムの内蔵ハードドライブに保存されるが、ほとんどのプロジェクトでは、データは外付けハードドライブや共有サーバーに保存される。さらに、デジタルセットアップには、多くの場合、音声の入出力のモニタ

[上]Adobe Premiere Proデジタル編集システム。提供:ロイド・ミンソーン、Synoptic Productions

[右]通常のキーボードでも十分だが、ほとんどのメーカーがキャンディカラーのキーボードを提供している。Avidのキーボードには、編集機能に特化した絵文字が付いている。提供:スー・オダキアン

リングや調整、ＶＯを録音するためのミキサーが含まれている。デジタル編集システムは、ビデオテープを取りこむための旧来のテープデッキなど、さまざまな機器に接続できる。

デジタル編集システムの楽しさ

Media Composerは、映画編集技師である自分にとって最も価値あるツールです。ほかに必要なプロセッサーは自分の頭脳と心臓だけです。——クリス・イニス（ACE）、『ハート・ロッカー』でアカデミー編集賞受賞

デジタル編集システムは、あなたの頭脳と同じくらい速く働く（ＶＦＸをレンダリングしているときや、一般のコンピューターのようにフリーズしたりクラッシュしたりするときを除いて）。編集技師が編集を決定すれば、それが瞬時に実行される。編集の取り消しや移動も——それが大量であっても——やはり高速だ。デジタルシステムはノンリニアなので、シーン46からシーン9にスキップするなど非連続的に編集できる。編集技師は映像やシーンにランダムにアクセスできるので、いつでもどこにでもショットを追加したり削除したりできる。

ノンリニア編集＋ランダムアクセス＝思う存分実験可能

デジタルシステムは、監督であるあなたと編集技師が共同で作業し、最後のフレームやサウンド編集に至るまで、あなたのビジョンを制作するためのツールである。デジタルシステムにおいて知っておくべき最も重要なパーツは、その目でいちばん見つめることになるところ、すなわちモニターである。モニターのビューアとタイムラ

インは、何が起こっているのか、編集プロセスのどこにいるのかを把握するのに役立つ。

モニター

デジタル編集システムは、ビデオモニター(オプション)とグラフィックモニターの二種類のモニターに接続される。

ビデオモニター

ビデオモニターは、クリップや「シークエンス」(デジタル編集システム用語における「カット」のこと)をテレビ画面のように再生する。これには、フッテージやカットをフルスクリーンで見ることができるという利点がある。適切なキャリブレーションを行えば、ビデオモニターはテレビで放映されるような映像を表示できる。

[上]2台のグラフィックモニター。左はクリップ名の付いた整理ビン、右は編集ウィンドウとタイムラインが表示されている。提供:サンドラ・アデール
[右]グラフィックモニター。提供ジェイ・シューバース

[上]ソースビューア(左)とレコードビューア(右)。
[下]右側のソースビューアとレコードビューアの下にタイムラインがある。上部のビデオトラックに各クリップのサムネイル画像が表示されている。提供:ジェイ・シューバース

グラフィックモニター

編集技師は、このアイコンだらけの画面からボタンやメニューをクリックして、編集を行ったり、システム上の選択(ファイルの保存など)を行ったりする。多くの作品では、グラフィックモニターを二台使用する。一台はビンの表示とクリップ(デジタル処理されたショット)の整理用、もう一台は編集専用だ。ロックコンサートやホームコメディなど、複数のカメラが使用される作品や、膨大な量のフッテージがある作品では、二台のグラフィックモニターが必要不可欠になる。低予算のセットアップでは、グラフィックモニターのみですべてのカットを作成して表示する。

グラフィックモニターでまず目を

引く機能は、ソースビューアとレコードビューアだ。「ソースビューア」では、編集技師といっしょに、デイリー、ストックフッテージ、音楽などのクリップを見たり聴いたりする。「レコードビューア[★02]」では、編集技師がシークエンスを映したり新たに作成したりする。どちらのビューアも、編集技師が選択する設定に応じて、タイムコードやその他のメタデータを表示できる。

タイムライン

「タイムライン」は、デジタルシステムの特徴的な機能のひとつで、シークエンス内のすべての編集が横方向へ延びるラインに表示される。レコードビューアでは、編集シークエンスのどこにいるのかが視覚的に表示される。つまり、タイムラインで視覚的に確認できるわけだ。タイムラインは、最初の編集から最後の編集へ、左から右へ進んでいく。

タイムラインの各ラインは「トラック」と呼ばれ、トラックはビデオや音声の一連の編集を表す。編集技師は各トラックにラベルを付ける(例：タイトル、ビデオ1、SFX1、音楽、ナレーションなど)。トラック内の各編集にはクリップ名がある(例：CU-Michelle、ホノルル空中5、爆竹SFXなど)。ビデオトラックには、クリップのサムネイル画像を表示するように設定できる。また、登場人物、インタビュー相手、カメラアングル、Bロール、ミュージカルナンバーなどでクリップを色分けする編集技師もいる。

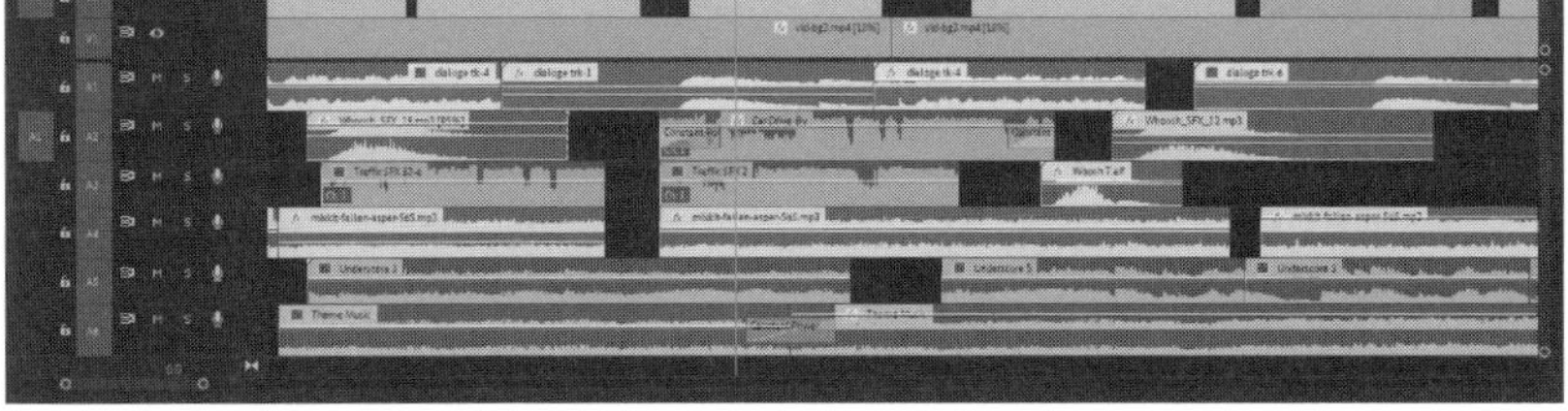

ラベル付けされたトラックとクリップのタイムライン。提供：ジェイ・シューバース

タイムライン編集

タイムラインはシークエンスの地図である。ロケーターバー、ストリップインジケーター、またはプレイヘッドと呼ばれる細い垂直のラインがタイムラインを二分割し、現在シークエンスのどのフレームにいるのかが示される。このバーをドラッグすると、シークエンスや映像を移動できる。編集やVFXと、デジタルシステム上でシークエンスを構築するために必要な無数のアクションを実行するために、編集技師はキーを押し、ボタンやツールやメニューをクリックして、「マーク」(電子的なイン点とアウト点)を作成したり、クリップやシーンをドラッグ&ドロップしたり、ショットをタイムラインに直接インポートしたりする。

ディレクターズカット

▼監督のディレクターズカットを作成する権利は絶対である。(第七条五〇五項)

▼監督は、エディターズアセンブリの完了後、ファーストカットの編集を指揮しなければならない。監督は、ディレクターズカットを作成する際に必要と思われるあらゆる変更を編集技師に指示して実施する権利を有する。(第七条五〇五項)

▼ディレクターズカットの期間中は、誰も監督に干渉したり、隠れて編集したりすることはできない。(第七条五〇四項)

——全米映画監督組合(DGA)基本合意書(二〇一七年版)における監督の創作権の概要

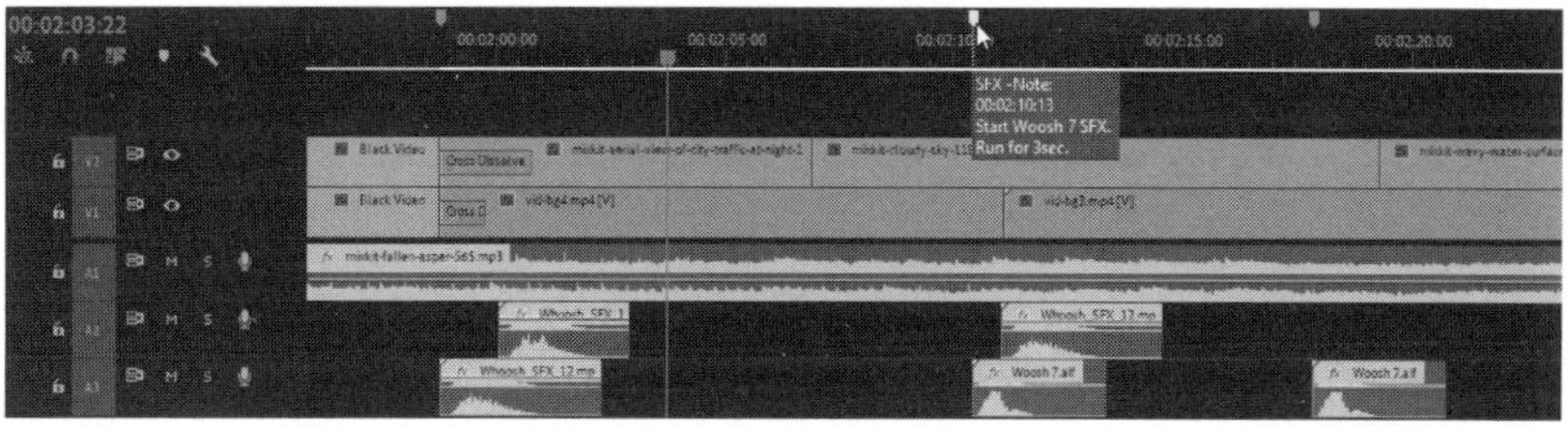

編集技師によっては、変更が必要なタイムライン上に、「マーカー(ロケーター)」とメモを追加する。複数色の多目的なインジケーターがあれば、再編集の際に変更箇所を見つけやすくなり、カーソルを合わせると、このようにメモを読むことができる。提供:ジェイ・シューバース

ファーストカットの上映後、あなたはどのように感じただろうか。怖気づいた、高揚した、不安になった、あるいはぜんぶだったとしても、みずからを編集モードへ移すときがきた。脚本、企画、撮影が生み出したあらゆるものはもう目にしているわけだから、作品がどんな姿で、どんな形なのかは承知しているはずだ。うまくいけば、ひと晩じゅうぐっすり眠ったり、一、二週間休んだり、なんらかの息抜きができたことだろう。それでは、あなたの作品の最終形態——ルック、ストーリー、音響——の指揮を執ろう。まずはディレクターズカットからだ。

ディレクターズカットを作成するために、編集技師は「変更メモ」(ファーストカットの上映後に監督が要求した変更点)に沿って作業する。編集技師はメモに従うだけでなく、多くの編集技師が言うように、監督の言葉だけでなく、監督が言ったことの真意や意図も汲みとろうとする。監督は、自分が何を望んでいるのか正確にはわからなかったり、言葉にできなかったりするかもしれない。もしかしたら、何かがうまくいっていないような、ずれているような気がするだけかもしれない。経験豊富な編集技師なら、いっしょに作業を進めるうちに、問題を感じとり、監督の反応を直感でとらえることができるだろう。数カット編集したのちに、あるいは再編集の全過程を終えたのちに、問題のある部分に戻って作業することもできる。

監督は通常、編集技師に変更作業をまかせ、それから試写して再確認する。あるいは、再編集の一部または全部をデジタルシステムの前で並んで作業すること

もある。あなたのプロジェクトがどんなアプローチをとるにせよ、編集プロセスは、試写、メモを渡す、編集技師が変更する、試写、メモ、変更……といったように進んでいき、この一連の作業は、最終的に作品をピクチャーロックするまで続く。ここでは、再編集の進め方から、問題や課題が発生したときの対処法、試写やプレビューの準備方法まで、編集作業の詳細を紹介する。

再編集

編集作業において最も困難で、そして最もやりがいを感じることは、「なぜこれがうまくいかないのか?」と考え、それから「どう修正する?」と思いをめぐらせるときです。——デデ・アレン(ACE)(『ブレックファスト・クラブ』『狼たちの午後』『俺たちに明日はない』)

フッテージのファーストカットよりも、脚本、文書のアイデア、デイリーのほうがより多くの可能性を秘めているように思えることはよくある。信念を持ちつづけること。あなたが期待していたものと試写したファーストカットは終着点ではない。当初の期待は、再編集の工程で最終版を作りあげていくうちに薄れていくはずだ。それが映画制作の現実だ——編集の汗と魔法が役目を果たす。あなたと編集技師の手にかかれば、ファーストカットを当初の意図やフッテージを超える作品へ変えることができる。さっそく取り組むことにしよう。

脚本なしの作品

変更点のリストをもとに作業する際、書き起こし、撮影記録、NG集を含むフッテージを再度組み合わせて、新鮮なアイデアや改善点を探すことは日常茶飯事だ。新たにペーパーカットを書いたり、セクションの配置を変えてみたり、いくつかのセクションをまるごと削除することもあるだろう。それに、VO(ボイスオーバー/ナレーション)についても——必要かどうか、いつどこで使用するか——検討する頃合いだ。VOを使用する場合は、再編集の過程で書きなおしていく。

脚本ありの作品

脚本を参照し、台詞を消したり並べ替えたりする。ピックアップやインサートショットと同様に、ADR(自動台詞変換、いわゆる「アフレコ」)が必要な場合もある。

ウォルター・マーチは、キーフレームのプリントアウト(写真)を、さまざまな形、大きさ(重要性を示す)、色(感情を示す)のように体系立てたカードでストーリーボードを作成し、シーンを編集している。『カッティング・エッジ 映画編集のすべて』より。

カードとコルクボード

昨今の、環境に配慮した〝ゴーイング・グリーン〟の時代になっても、各シーンの説明や台詞を書いたインデックスカードを代表的なフレームとともに、コルクボードや掲示板に貼る編集技師や監督は多い。壁に貼られたカードは、ポストプロダクションのストーリーボードとなり、作品の全体的な流れ——シーンやセグメント、幕ごとの切れ目を変更できる地図——を提供する。ドラマであれドキュメントであれ、作品の再編集や再考を行うときは、カードを削除したり並べ替えたりして、うまくいくかどうかを確認できる。

共同作業

『シッコ』(二〇〇七)の編集は完全に共同作業でした。マイケル(・ムーア監督)は、映画の最初の形づけを編集技師に任せるタイプです。それから観客のアプローチから映画を観るのです。それがマイケルのやり方です。

再編集作業中の編集技師と監督。提供：Community Media Center County of Marin, CA

物事をまとめ、映画を書く自由を編集技師に大いに与えてくれます。——ダン・スウィートリック、編集技師(『ハッピー・ヴァレー Happy Valley』[二〇一四]『シッコ』『不都合な真実』[二〇〇六])

編集技師は変更と編集作業を行いながら、変更箇所に完了の印を付けたり、変更できない理由を次回の試写時に報告したりする。通常、その理由は、フッテージが存在しないか、単に編集がうまくいかないことにある。信頼関係があれば、たいていの監督はその変更が不可能だったと認める。編集技師は、監督であるあなたに忠誠を誓い、あなたのアイデアや要望に奉仕する義務があることを、つねに覚えておいてほしい。あなたのメモに賛成であろうと反対であろうと、そのメモに応える努力を惜しむことはない。

共同で作業しながら、信頼のパートナーシップを結び、フッテージから最高のものを引き出し、生気あふれるストーリーを作りあげる——そんな共通の目的意識を持つべきだ。編集技師はストーリーを組み立てる仲間であり、ストーリーをまとめることに専念する。カットの編集はその一部にすぎない。編集技師に、考えや意見、疑問や解決策について尋ねてみよう。フッテージに最も親しんでいるのは編集技師なのだから、エゴや個人的な好みではなく、映像を熟知し、ストーリーをどう伝えるのがベストかという観点からフィードバックしてくれるはずだ。では、監督は、どうすれば編集技師の力になれるのだろう。互いに同じ使命を担っていることを認め、明確にコミュニケーションをとり、相手の話に耳を傾け、相手が仕事をするうえで何が必要なのかを理解することだ。あなたと編集技師は、作品をともに生み出す共同親権者であり、その旅路はふたりにとって刺激的でやりがいのあるものになるだろう。

実験

編集は映画の声であり、親密な共同作業でもあります。すべてのプロセスのなかで、わたしは編集がいちばん好きなんです。――ジェームズ・キャメロン、映画監督(『アバター』『タイタニック』〔一九九七〕『ターミネーター』〔一九八四〕『トゥルーライズ』〔一九九四〕)

デジタル編集システムを使えば、シーンや作品全体のバージョンを無限に作成できるので、時間の許すかぎり、好きなだけ自由に実験することができる。実りのない道へ進む懸念もあるのだが、作品は右往左往しながら形になっていく。何がうまくいき、何がうまくいかないかを見つけ出すことで、現在のプロジェクトだけでなく、将来のプロジェクトで実を結ぶことがあるだろう。

先入観にとらわれないように。目の前で作品がどのように展開されるかに注意を払おう。何が演じられているのか。増幅するべきものは？ 何を捨てるべきか、大幅な手なおしが必要なのか、それとも微調整で済むのか。シーンの核心を探すといい。そのシーンのビートは何か？ なぜそれが重要なのか？ ほかのシーンでもほぼ同じことが言えるか？ シーンを短くしたり、台詞や表情だけにしたりすることはできるか？ 古いことわざにあるように、「少ないほうが豊か(Less is more)」だ。互いに意見とアイデアを出し合って解決策を試す。監督が「このシーンはうまくいっている」と言っても、編集技師が悪魔の代弁者を演じるといった展開もありうる。

複数の代替バージョン

編集技師は、いくつかの可能性を確認できるように、シーンの代替バージョンを用意するのが一般的だ。ひとつのバージョンを選んでもいいし、別のバージョンを組み合わせたり、あるいはまったく別の場所へ導いたりしてくれるかもしれない。

リフト

再編集の際には、セクション、シーン、またはシーンの一部を切り取ることがよくあり、これらは「リフト」と呼ばれる。リフトを元へ戻そうと思えば、以前のバージョンのカットから容易に持ってくることができる。編集技師のなかには、リフトを専用のリフトビンに入れておく人もいる。これは、リフトという用語がつなぎ合わされたフィルムを指し、それをムヴィオラのトリムビンに入れておいたという、フィルム編集時代の習慣のなごりだ。いつでも戻せるので、映像を切り取ることをためらわなくていい。

変更、問題、解決策

偉大な編集技師は、医学における偉大な診断医のように、これが問題で、こうすれば治療できるのだが、副作用を引き起こすといったことを理解しています。全体像を見てくれるのです。——ボー・ゴールドマン、脚本家（『セント・オブ・ウーマン　夢の香り』〔一九九二〕『ローズ』〔一九七九〕『カッコーの巣の上で』〔一九七五〕）

「ポスト工程で修正します」——いまこそ、この希望に満ちた決まり文句を実行に移すときだ。どの作品も、監督と編集技師の両方にとって、ともに取り組む新しいジグソーパズルである。それぞれがどんなに練習を積んでいても、どの作品も独特で、どちらもすべての答えを持っているわけではない。ここでは、よくある問題と、あなたと副操縦士がそれを克服する方法を紹介する。

ストーリーが機能していない

あなたは、脚本の草稿から撮影までストーリーの問題に対処してきた。映像と音響が手にあるいまこそ、プロットの穴を埋め、問題を一挙に解決するときだ。まず、何がうまくいっていないのかを診断しよう。いまひとつなのは、オープニング／中盤／エンディングだろうか？　登場人物あるいは演技だろうか？　それとも、インタビューだろうか？　ストーリーが破綻している、信憑性に欠けている、筋が通っていないのだろうか？　シーンを撮りなおしたり、追加シーンを撮ったり、いくつかピックアップすることで、問題の一部やすべてを解決できるかもしれないが、予算やその他の理由で実行できないかもしれない。

ショットがない

あるアングル、たとえばクロースアップが足りなくても、編集技師

デイミアン・チャゼル監督は、当初、『ラ・ラ・ランド』(2016)のこのオープニングシーンを削除していた。だが、再構築中に、このミュージカル作品はLAの風景をとらえたダンスナンバーではじめないといけないと気づいた。

がデジタルシステム上で別のショットを引き伸ばして作成できる場合がある。また、ふたつのマスターをつなぎ合わせて、ひとつのショットを作ることも可能だ。デジタルシステムによるショットのブレンド機能(「フローカット」または「モーフカット」と呼ばれる)は、ドキュメンタリーの場合、インタビューのパートAからパートCに編集し、連続したひとつのショットに見せるのにも便利だ。

ストーリーの解決策

作家主義の忠実な信者として、わたしは最初、編集は撮影方法の論理的帰結にすぎないと感じていました。しかし、実のところ、編集は別の執筆作業だと学んだのです。——ベルナルド・ベルトルッチ、映画監督(『ドリーマーズ』〔二〇〇三〕『ラストエンペラー』〔一九八七〕『ラストタンゴ・イン・パリ』〔一九七二〕)

ファーストカットには、すべてが含まれ、陳列されている。あなたは観客の立場になって、すべてのショットとシーンから、観客は何を知る必要があるかを判断しよう。どんなにみごとに撮影されていても、入手しがたくても、情報の繰り返しや、アクションを前進させないショットやシーンは削除すること。通常はなくなっても気にならないだろうが、もし気が変わったとして、次回の編集でいつでも戻すことができる。再編集のあいだに、シーンが何度も出たり入ったりしたり、場所が置き換わるのは珍しいことではない。

何かが早すぎる、あるいは遅すぎるという気がしていないだろうか? シーンを整理しなおして、並べ替えたり切り詰めたりしてみよう。また、ひとつなぎのシーンをインターカットすることで、登場人物やドキュメントの主題のつながりや矛盾、コントラストを強めることもできる。あまりにも多くのことが進行中だったり、作品が間延びしたりしている場合は、プロットライン、シーン、登場人物、インタビュー、被写体を削除してみる。

行き詰まったときにシーンを分析するひとつの方法は、そのシーンで起こっていることをカットごとに口に出して言うことだ。

❖例

❶彼女が車に乗りこむ。
❷彼がフロントガラス越しに彼女を見る。
❸彼女が車で走り去る。
❹彼が拳を固める。
❺彼が彼女のあとを追う。

それからシーンの順番を変えて短くし、彼の視点から次のように語る。

❹彼が拳を固める。
❶&❷彼女が車に乗りこみ走り去る。
❺彼が彼女のあとを追う。

作品の状態がよければ、それほど過激な手術はしない

『スター・ウォーズ』は、長期に及ぶ編集期間を経て大幅に再構成された。このシーンでは、これら三つの編集が示すように、三つの主要なビートがある。❶ルークは父親がジェダイの戦士だったために殺害されたことを知り、オビ=ワン・ケノービからライトセーバーを受け取る。❷レイア姫が緊急メッセージを持って現れる。❸オビ=ワンがレイア救出のためにルークに協力を求めるが、ルークは叔父と叔母が自分を頼りにしているからと断り、退場する。当初の脚本と編集では、ビートは2－1－3だったのだが、レイア姫のメッセージにすぐに反応しなかったルークとオビ=ワンが冷淡に見え、最終版のように物語を推進させることができなかった。

ですむ。伏線を追加したり削除したり、シーンを削ったり、台詞を削除したり、ショットをトリミングしたりする（トリミングについては、次の微調整の項でくわしく説明する）。また、物事を明確にし、息をつかせる（観客にひと息つく機会を与える）ために、あるセクションを切り開いたり、シーンを延長したり、ショットを引き伸ばしたりする必要があるかもしれない。

行き詰まったら

ひと休みすること。思考を煮こみ《シチュー》ではなく漬けもの《マリネ》にするのだ。イギリス人は映画の編集のことを、〝つなぐ〟(joining)と言う。アメリカ人のように〝切る〟(cutting)行為としてではなく、つなぐこととして強調している。自分の作品を振り返って、そのことを考えてみよう。シーンからシーンを編集しながら、どんな感情やプロットをつないでいるだろうか。

フッテージを攻撃するのではなく、耳を傾けてみよう。フッテージに語らせ、作品の声と調和させる。新鮮な目でデイリーを見なおす。Bロールを掘り下げる。「アクション」の声がかかる前や、「カット」と言ったあとに、使える素材が見つかることは珍しくない。極端な状況では、シーン、セクション、あるいは作品全体をゼロ

『バトル・オブ・ザ・セクシーズ』(2017)でソースに戻り、キーフレームのプリントアウトを調べる編集技師と監督。提供：パメラ・マーティン、ヴァレリー・ファリス、ジョナサン・デイトン

から編集しなおすことが必要になる場合もある。パートナーである編集技師の意見に耳を傾けてほしい。編集技師は、作品を救う解決策を考え出すのが大好きだ。

また、信頼する人々に試写を見せて、新たな視点を取り入れることもできる。ただ、その人たちの意見を聞くのはいいが、決定権を与えたり、編集プロセスに参加させたりしないこと。権力を渡すことになってしまうからだ。〝委員会による編集〟は、しばしば相反するニーズ、メモ、願望、意図が入りこみ、進行を阻害し、スケジュールを守れなくなりがちだ。また、グループによる監修も、全員の意見を取り入れることはほぼ不可能なことから、編集技師を擁護できない立場に追いやることになる。あなたの作品にこのようなことが起こらないように抵抗しよう。

影響

ストーリーの再構築は、ペースや、多くの場合、登場人物と演技にも影響を与える。くわしく見ていこう。

登場人物、演技、インタビューに関する問題

問題がどこにあるのかを突き止めることからはじめよう。問題は登場人物にあるのか、演技にあるのか、インタビューまたはインタビュー自体にあるのか。このような問題は、メジャーな作品でもマイナーな作品でも、ベテランの監督や編集技師でも、初心者の監督や編集技師でも生じるものだ。

登場人物

問題が登場人物にあると判断した場合、何が欠けているのだろう。いくつかの質問と修正案を考えてみる。

❖登場人物のバックストーリーが多すぎないか?

▼冷酷になること。不要だったり、ストーリーを停滞させたりするバックストーリーをすべて排除する。

▼バックストーリーは、ストーリーを進めるのにより適切なタイミングで明らかにする。

▼登場人物に対する理解を深め、アクションの動機づけとなるように、ストーリーのなかで少しずつ明かしていく。

❖登場人物のことを知らなさすぎる、または登場人物の定義が不十分ではないか?

登場人物のことをさらに知り、その欲望や動機を理解するためには、もっとよく観察する必要がある。

▼その登場人物がほんとうに必要なのかどうか、また、その人物を削除するか出演シーンを減らすことが可能かどうか判断する(登場人物を消滅させたり、出演シーンを削ったりする場合は、演じた俳優にそのことを伝え、デモリール用に出番の多いシーンを渡すこと)。

当初の編集では、ルーク・スカイウォーカーの登場シーンは、ロボットの仲間(重要でないキャラクター)と砂漠をぶらついている場面からで、レイア姫が捕らえられる最初の戦闘シーンが途中で挿入されるというものだった。再編集では、ルークの登場は2体のドロイド(C-3POとR2-D2)の値切り交渉と統合され、それにより、三人のキャラクターとアクションが前へ進むようになった。『スター・ウォーズ エピソード4／新たなる希望』

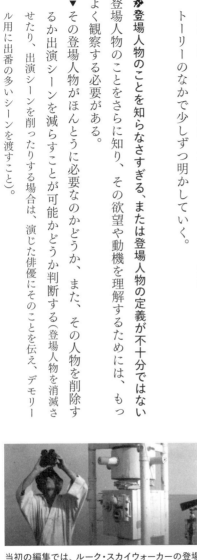

▼登場人物が重要な役まわりを演じる場合、そのリアクションや、その人物に対するほかの人たちのリアクションを強化する。アクションシーンや、観客がほかの人物のことを見ている場面で、その人物がカメラの外で話す別撮りの台詞を追加する。

❖登場人物の行動や要求を理解しているか？

観客は、登場人物の内面的な動揺と、障害に対処する外面的な反応と動機を見届ける必要がある。

▼リアクションショット——顔の表情や身体的な動作——を加えることで、登場人物のことを知り、個人として理解することができる。

▼隙間を埋めるものを掘り下げる。住宅、生活環境、服装、ペットなど、周囲に対する態度で、その人物のことがもっとよくわかるかもしれない。

❖キャラクターアークは機能しているか？

「キャラクターアーク」とは、作品のはじまりから終わりにかけて、その登場人物がよくも悪くも変化していく過程のこと

『ラースと、その彼女』(2007)では、人形にもキャラクターアークがある。

だ。通常、編集技師は複数のテイクから台詞やリアクションを抜き出し、作品を通じてシーンごとにキャラクターアークを構築していく。

▼各キャラクターのアークは明確か？　展開が早すぎたり、遅すぎたりしていないだろうか。もしそうなら、適切なペースで情報を提供できるようにシーンを再構成する必要がある。観客は、登場人物が成長したり成長を拒んだりすることで、成功や知識を手に入れたり没落していったりするさまを、真実味のあるスピードで体験する必要がある。

❖登場人物が多すぎないか？

登場人物が多すぎると、ペイシングとストーリーにブレーキがかかる。

▼冗長な登場人物を削除する。

▼主人公に与える影響が最も少ない登場人物とそのプロットラインを削除するか、大幅にカットする。

❖登場人物は魅力的か？　その人物自身や葛藤に惹きつけられるか？

ヒーローであれ悪役であれ、相棒であれ脇役であれ、観客がその人物のことを気にかけ、その身に起こることを案じないといけない。『ハート・ロッカー』の共同編集技師であり夫婦でもあるクリス・イニスとロバート・ムラウスキーは、「観客が登場人物のことを気にかければ、映画の構成やリズムがどうあれ、進んで受け入れる」と考えている。

▼観客が気にかけなければ、脚本に大きな問題がある。この項の対処法で解決できない場合は、その登場人物を削除するか、登場シーンを最小限にするか、脚本を書きなおして改めて撮影する必要がある。

「目は心の窓」というのは、映画のスクリーンではまさに言い得て妙だ。すぐれた俳優の目は、人間の真実と魂の奥底を赤裸々に映し出す。『レディ・イヴ』(1941)では、バーバラ・スタンウィックが、ペテンにかける男(ヘンリー・フォンダ)に対する愛情と後悔(上左)、男に拒絶され復讐を企てる満足感(上右)、ふたたび拒絶されたときの落胆(下左)を表現している。

『お熱いのがお好き』(1959)の音響技師は、マリリン・モンローのウクレレナンバーを音節ごとにつなぎ合わせて、モンローが歌っているように仕立てた。演奏の大部分は遠い位置からのショットで、列車の乗客やモンローの背中を映している。

演技

すぐれた俳優は、感情的に自分自身をさらけ出して真実味をもたらす。大胆不敵に無防備になり、人間の負の感情も正の感情も表現しようとするその気概は、観る者を笑わせ、泣かせ、憤らせる。また、話すだけでなく聞いて反応し、会話シーンに説得力を与える。体を大きく使ったり繊細に使ったりして、喜劇や悲劇を生み出す。編集技師は、すべてのシーンですべての俳優の最高の演技を引き出し、登場人物のペルソナとキャラクターアークを作りあげるために懸命に働く。それでも、監督と編集技師が問題だとみなし、それを解消するために取り組むことはあるだろう。俳優の演技において、あなたが出くわす可能性のある問題と解決策を以下に示す。

▼信憑性や真実味に欠ける、あさはかな感情を投影する、嘘っぽい。
▼退屈、平板、予測可能、体も声もぎこちなく、感情を出しきれていない。
▼大げさ、陳腐、登場人物の本質に反している。
▼ほかの俳優とかみ合わない、反応しない、聞いていない。性質、時代、場所、映画とずれている。

登場人物を編集でカットすることも、再キャスティングすることも、撮りなおすこともできないのであれば、いくつかの方法で演技を改善することができる。まず、リアクションや台詞の読みをよりよいものにするために、ボツにしたフッテージや、その登場人物が映っているフッテージをすべてかき集める。次に、その人物が画面に映る時間を短くして、ほかの登場人物に台詞を言わせることで演技を縮小する。それから、台詞のベストの音声テイクとベストの映像テイクを組み合わせて、俳優の口と台詞を合わせる。最後に、演技を向上させるためにADR(ピクチャーロック後のアフレコ)を計画する。

インタビューとインタビュイー

ドキュメンタリーの場合、インタビューのさまざまな部分から、話し手の言葉をつなぎ合わせていく。フィクションのストーリーと登場人物と同じように、主要なインタビュー相手には、開始、中盤、結末のアークがあるべきだ(故人の場合は、ナレーションやテキストで明かされることもある)。たとえば、ノンバイナリーを自認するティーンエイジャーの話を語るとしよう。その家族、友人、教師、宗教指導者は、いつから認識しはじめ、見解を持ち、どの時点で結論付けるだろうか。

ドキュメンタリーの問題点と解決策は俳優の演技の問題点と似ているが、次のような問題点と編集の解決策はインタビューに特有のものだ。

●インタビュイーが信用できない、不誠実

▼その人を情報の拠りどころとしているのであれば、インタビューはすべて廃棄する。その他の信頼できるインタビューによってその人を論破するのが目的なら、インタビューはそのままにしておく。

▼信憑性があろうがなかろうが、すべてのインタビュイーの言葉や信念を公正かつ倫理的に編集し、紹介する必要がある。

容認できること――インタビューのセクション間のディゾルヴや、「あー」とか「ええと」などの不要な言いよどみの削除。「モーフカット」は、インタビューのある部分からシームレスにジャンプすることができ、フレーミング、背景、被写体の位置などが似ている場合にのみ使用できる。

容認できないこと――「フランケンバイト」の作成(単語や文章を編集して、被写体の言っていることを捏造し、不正確に表現すること)。映画制作には、医療倫理を宣誓したヒポクラテスの誓いのようなものはないが、人の

ドキュメンタリー映画『シークレット・ラブ：65年後のカミングアウト』（2020）のこれらのフレームが示すように、カットアウェイは、インタビュイーが話していることを説明したり、カメラに映る言葉の流れを分断したり、音声のギャップを埋めたりして、首尾一貫した物語を作るのに役立つ。

この3つのカットは、長いディゾルヴを使って、主人公の家を中心に町が成長していく季節や年月の移り変わりを観客に伝えている。『ベルヴィル・ランデブー』（2002）より。

話は捏造するべからず。そんなことをしたら、素材、インタビュイー、監督という職業、そして自分自身を裏切ることになる。

◯インタビュイーが要領を得ない、退屈、理解しづらい、わかりにくい話し方をしている。

音声を編集して理にかなった明確な物語を作り、カットアウェイやBロールを挿入することで、編集技師は通常、インタビューを合格ラインへ引きあげることができる。

▼できない場合、このインタビューは必要だろうか？　そのトピックを別の話し手でカバーできないだろうか？　誰かほかの人物やナレーターがその話題について語ることはできないだろうか？

▼インタビュイーの声が小さかったり、聞きとりにくかったりする場合は、その言葉をテキストで明確にしたり、ナレーションやテキストで引用したりすることができる。

◯音声が貧弱

この問題は、ノンフィクションの低予算なインタビューの弊害である。

▼編集技師はボリュームを上げたり、音のバランスをとったり、背景のノイズを取り除いたりして、問題を改善することができる。

▼それでもまだ話し手の言葉が聞きとりづらい場合は、テキストを追加するか、ナレーターに引用してもらう必要があるかもしれない。

リズムやペイシングがずれている

あまりにも多くの出来事を発生させて、観客を、攻撃されている気分にさせたり、圧倒させたり、迷わせたり、混乱させたり、うんざりさせたりしていないだろうか。モンタージュを挿入したりカットを延長したりして休息や間を加えるなどして、余裕を持たせる必要があるかもしれない。あるいは、進行が遅くて、観客に居眠りさせたり、退屈させたり、脱落させたりしていないだろうか。シーンを短くして、会話、ルック、台詞を引き締める必要がある。

池に投じた石によってさざ波が立つように、たとえ一フレームか二フレームでも変更を加えると、そのあとにつづくカットすべてに影響が出ることがよくある。編集技師はカットの時間を調整し、シーンのタイミングを再調整する。監督と編集技師は、ショットやフレームを追加してペイシングを変えたり、ショットやフレームを削除してペースを落としたりする。また、ビデオと音声の両方で、ショットをスローモーションにしたりスピードアップしたりすることもできる。

時間

映画のすばらしい点は、人々に小さな時間のかけらを与えることです。それらはけっして忘れられることはありません。　——ジェームズ・ステュワート、俳優

時間のとらえ方は、編集時に撮影した素材をどのように組み立てていくかに反映される。映像、音響、空間に加えて、時間は編集中に取り組む第四の要素である。監督と編集技師は、撮影されたタイミングとは異なるショッ

トやシーンの時間を設定して、時間を操作する。また、観客を登場人物の頭のなかへ引きこむことで、時間を巧みに操作することもできる。映画は、人間の心の働きを模倣した芸術と考えられているように、観客は登場人物の視点から主観的に、思考から感情へ、知識から発見へ、過去から現在へと、ほんの数秒か数コマのうちにすばやく移り変わって時間を体験する。

フラッシュバックとフラッシュフォワード

時間を操作する物語上の慣例も、ドラマを前進させるために使うことができる。

❖フラッシュバック

登場人物の感情、思考、記憶、または過去の経験に光をあてるためにフラッシュバックを使うことができる。また、ある出来事へ戻り、観客の心に据えつけたり新たに認識させたりすることも可能だ。フラッシュバックは、状況説明として使われる――使われすぎている――ことが多いのだが、将来の伏線にしたり、プロットの要点を明確にしたり、ストーリーを新しい方向へ展開するために使うこともできる。フラッシュバックは、一、二カットで構成される短いものから、一本の映画に匹敵する

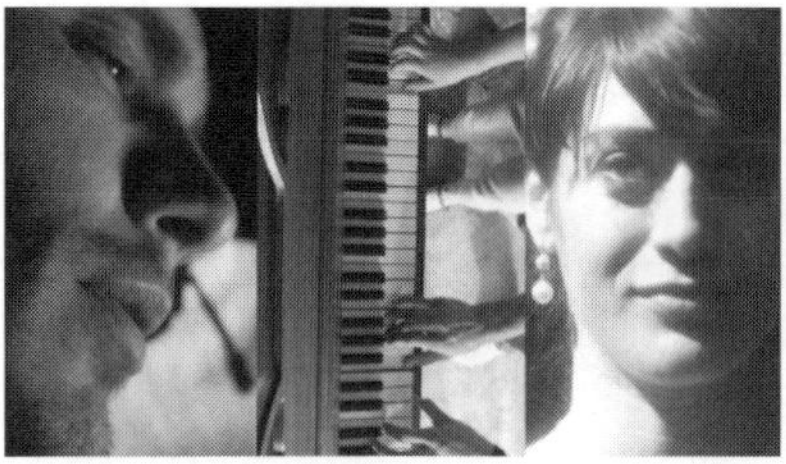

［左］『127時間』（2010）で、峡谷の岩間にはさまれて5日間身動きがとれなくなったアーロン・ラルストン（ジェームズ・フランコ）は幻覚を見る。画面分割された連続的なショットで、妹とピアノを弾いたシーンがフラッシュバックされる。
［右］『フルートベール駅で』（2013）は、2009年、BART（ベイエリア高速鉄道）の鉄道警官隊によるオスカー・グラント殺害事件の実際の映像のフラッシュフォワードからスタートし、それからオスカー・グラントが殺害されるまでの最後の一日をフィクションとして描いている。

『シングルマン』(2009)では、パートナーの突然の死後、人知れず悲しみに暮れているジョージ・ファルコナー(コリン・ファース)の時間が変化する。車で出勤するジョージの目には、自分とはかけ離れた世界で日常生活を営む隣人たちの様子がスローモーションとリアクションショットで映し出される。

ほど長いものまでさまざまだ。最後に、フラッシュバックはその他のフラッシュバックを含んでもいいし、非時系列的に発生してもかまわない。どのようにフラッシュバックを機能させるにしても、ストーリーを過去へさかのぼることで、映画を前進させることが重要だ。

❖フラッシュフォワード

フラッシュフォワードは、これから起こる出来事を予告したり、まだ語られていないストーリーの一部を開示したりするために使う。また、フラッシュフォワードを挿入して、登場人物の将来に対する希望や恐れを明かすこともできる。フラッシュフォワードは(フラッシュバックのように)夢や悪夢として登場することがよくある。

音響と音楽に頼る

わたしは編集をこよなく楽しんでいます。さまざまな事態を救うために、よくも悪くも最も頼りにしている工程です。——ジョージ・ルーカス、映画監督(『スター・ウォーズ』『アメリカン・グラフィティ』〔一九七三〕『THX-1138』〔一九七一〕)

この次の二章にわたって音響と音楽についてくわしく取りあげるが、ここでは、ストーリー、登場人物、演技の問題を解決するために、音響と音楽をどのように使うことができるかに焦点をあてる。

画面外で台詞を言う

シーンや一連のシーンを再配置したときに、撮影された台詞の一部またはぜんぶが機能しなくなることがある。そんなときは、ほかの登場人物のリアクションに重ねて台詞をシンクロさせることができる。また、別録音を使うという手もある。別録音はさらに、情報の穴埋めやつなぎの役目を果たしたり、演技や登場人物の欠点をカバーしたり、アクションを整理して合理化することもできる。

新しいナレーションやVOを追加する

フィクションでもノンフィクションでも、ナレーションやVO——計画的、非計画的、書きなおしを問わず——に救われている作品は、観客が想像する以上に多い。ばらばらのセクションをつなぎ合わせたり、ジョークばかり連発するコメディに筋書きを与えたり、ナンセンスな作品を首尾一貫した、見応えのある、ときには賞を獲得するようなエンターテイメントに変化させるために使うことができる。

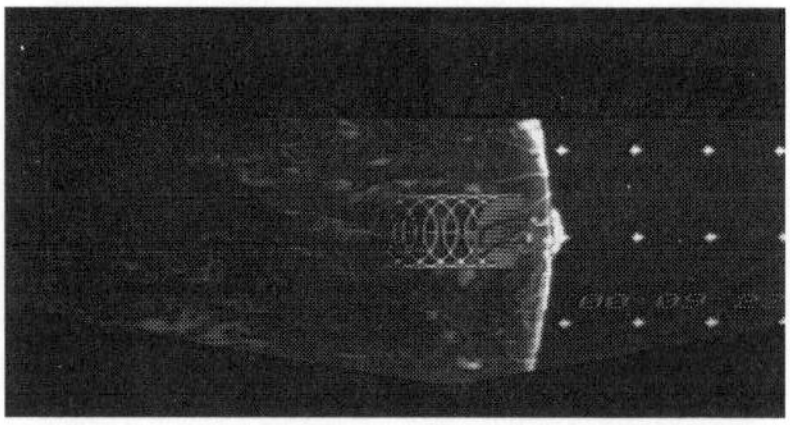

『スター・ウォーズ』のエンディングは大幅に再編集され、コンピューターのVO、画面外の台詞、インサートショット、別のシーンから拝借してきたショット、そして当然ながら、斬新なSFXと印象的な音楽に頼っている。

台詞と音楽

台詞を省いて、映像やSFX、現場音でストーリーを表現するのもいいだろう。無音の叫び声は、声が出ているものよりも凄味がある。そして音楽はこれまで、活気のない場面を盛りあげ、トランジションを助け、インストゥルメンタルのリフでシーンをスムーズにし、モンタージュに命を吹きこむなどして、たくさんの映画を救ってきた。

微調整——オーバーラップ、トリミング、スリップ、スライド

編集技師が受賞して監督が受賞しないことは、いつも気にかかっている。わたしにはそれがまちがっているように思える。というのも、編集技師は素材なしでは何事もなしえないからだ。編集技師は与えられたものを解釈しているにすぎない。（中略）われわれは他人の夢の修理人だ。——ジム・クラーク、著書『夢の修理人 The Dream Repairman』より

再編集の期間中、特にピクチャーロックが間近に迫り、（要求されている長さに）〝時間を合わせる〟作業を行っているときは、作品の上映時間をぴったり合わせるために、フレームを足し引きして、シーン間のカットやトランジションを調整することになる。次は、作品を微調整するために編集技師が行う編集の種類について説明する。これらを理解しておくと、何が可能かを知ったうえで、自分の望んでいることを説明するのに便利だ。はじめに、いくつかの定義を確認しておこう。

▼ストレートカット——新しい映像と音が同時に切り替わること。

▼オーバーラップ——映像とサウンドを異なるタイミングで、一方が他方をオーバーラップするように——一方が他方を超えるように——切り替わること。

▼プリラップ——映像が切り替わる前に、後続のショットのサウンドを開始すること。

▼ポストラップ——後続のショットの映像に切り替わったあとも、前のショットのサウンドを継続すること。

オーバーラップ

オーバーラップによって、台詞に対するリア

『恋人たちの予感』(1989)の有名なカッツ・デリのシーンで、編集技師はサリー(メグ・ライアン)の台詞を引き伸ばし、ハリー(ビリー・クリスタル)とその他の人たちのショットを入れて、笑いを引き伸ばしている。

Adobe Premiereのトリミングビュー。ソースビューアとレコードビューアがふたつの小さなビューアに置き換わり、左に編集のＡサイド、右にＢサイドが表示されている。提供：ジェイ・シューバース

クションを見せて演技を強化でき、時間を操作してペースをコントロールすることもできる。オーバーラップは、通常、シーンを引き締める――時間を短縮する――効果があるが、時間を引き伸ばすことも可能だ。ドキュメンタリーでは、ナレーションやインタビュイーの談話を関連する映像に直接重ねれば、時間を短縮できる。コメディでは、ジョークと時間を引き伸ばすためにオーバーラップがよく使われる。ドラマでも、判決間近の法廷シーン、出産間近の病院シーン、最後の一秒までもつれこむ請願シーンなどに頻繁に使われる。

トリミング

デジタルシステムでは、編集を短くしたり、伸ばしたり、スリップさせたり、スライドさせたりして調整することを、トリミングと定義している。編集技師は、タイムライン上のシークエンスを操作したり、アイコン、メニュー、ボタン、ツールを選択したり、キーボードのキーを押すことでトリミングする。しかし、カットのなかのフレームをよく

調べたい場合もある。このような場合は、システムのトリミングビューを使う。トリミングビューでは、編集のAサイド(先行クリップ)とBサイド(後続クリップ)をいっしょに、または別々に操作することができる。編集技師は、新しい編集に納得するまでトリミングとプレビューを行い、トリミングビューを終了したあとは、通常の大きなソースモニターとレコードモニターで確認することができる。

シンクロ

トリミングを一フレームでも行うと、作品時間の長さが変わり、タイムライン上のその他のビデオトラックやオーディオトラックすべてに影響が及ぶので、シンクロがずれないように調整しなければならない。通常はシンクロが最優先だが、たとえば、混乱、不連続、精神崩壊、悪夢、暴力、疎外感などを表現するために、あえてシンクロさせない場合もある。

スリップとスライド

スリップとスライドは、編集をトリミングする一般的な方法で、このふたつを使っても作品全体や編集自体の尺は変わらない。二秒のクリップは二秒のままだ。クリップをスリップさせると、開始フレームと終了フレームが変わり、影響はクリップ内部にとどまる。クリップをスライドさせると、シークエンスの前方か後方へ移動するため、影響はクリップ外部にも及ぶ。このことを明確にするために、以下に例を示す。

❖ビデオと音声のスリップ

▼**問題**――サルが木をよじ登り、枝にぶら下がって別の木へ飛び移ろうとしている映像がある。これをぶら下

がっている場面から開始して、サルが木から木へと飛び移る映像にしたい。

▼**解決策**――ショットの先頭をスリップさせて、サルがぶら下がったところから開始する。

❖ビデオのみスリップ

▼**問題**――音声（歌）は問題ない。しかし、映像には、ダンサーが輪になって踊り、手を上げてからまた輪になるところが映っている。これを、ダンサーたちが手を上げたところで終わらせたい。

▼**解決策**――クリップの終了フレームでビデオをスリップさせて、ダンサーたちが手を上げているところで早めに終わるようにする。

❖音声のみスリップ

▼**問題**――ある単語から曲を開始したい。どこでフェードアウトするかは問題ではない。

▼**解決策**――目的の単語に合わせて開始フレームで曲をスリップさせる。こうすることで、音楽が映像に対して同じ位置に保たれる。

❖スライド

編集クリップをスライドさせると、位置がタイムライン上でグラフィカルに

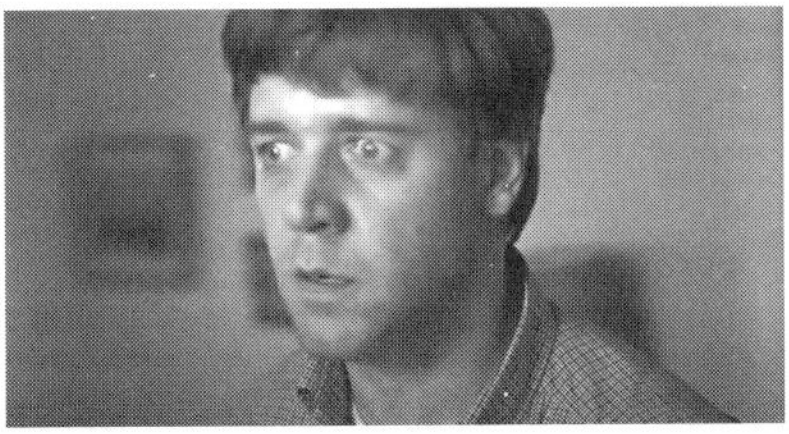

［左］『ビューティフル・マインド』（2001）で、数学者ジョン・ナッシュ（ラッセル・クロウ）が過去の声や人々に圧倒され、精神が崩壊していく様子を、シンクロしないシークエンスで描写。
［右］テレビドラマシリーズ『フォッシー＆ヴァードン　～ブロードウェイに輝く生涯～』（2019）では、ダンサーたちが上げた手と音楽をスリップによって一致させている。

変化するのがわかる。編集を前方（タイムラインの左側）にスライドさせると先行の編集が短くなり、後続の編集（タイムラインの右側）がスライドさせたフレーム数だけ長くなる。映像や映像グループを前後にスライドさせると、音楽やナレーションのベッドに対して位置を変えることができる。逆に、音楽やナレーションをスライドさせることも可能だ。

プルアップとプッシュダウン

このふたつはフィルム時代から使われている用語で、あなたが望んでいることを説明するのに役立つ。編集クリップの開始を早めるために、スリップ、スライド、トリミングすると、クリップをタイムライン上でプルアップすることになる。同様に、クリップの開始を遅くするために、スリップ、スライド、トリミングすると、タイムライン上でプッシュダウンすることになる。たとえば、音楽のビートに合わせたり、台詞やナレーションに合わせたりするために、ビデオ編集をプルアップやプッシュダウンすることはよくある。

試写とプレビュー

削除、並べ替え、インターカット、トリミングを行い、再編集は完了である。これであなたの作品は、いつでも試写会を実施できる状態になった。この試写会は、ピクチャーロックを実施してポストプロダクションの次の段階へ進むために、きわめて重要なものだ。まず、いくつか準備しておくことがある。

試写の準備

時間と予算が許すかぎり、映像や音響の作業に取り組み、できるだけ見栄えのよい作品にすること。

映像

編集技師は、タイトルや字幕スーパーを作成し、最新のVFXを挿入し、欠落したショットやシーンにスラグを入れ、テンプのカラーグレーディングを行い、カウントダウンリーダーを挿入する。

音響

テンプミュージック、ナレーション、重要なSFXを追加する場合が多い。

テンプミックス（テンプダブ、スロップミックス、ラフミックス、スクラッチミックス）

テスト視聴者、ネットワーク、潜在的な買い手や配給業者に対するプレビュー用に、音楽、台詞、効果音のテンプミックスを作成してもいいだろう。制作会社に余裕があれば、音響技師を雇い、ミックスステージへ移ることができる。

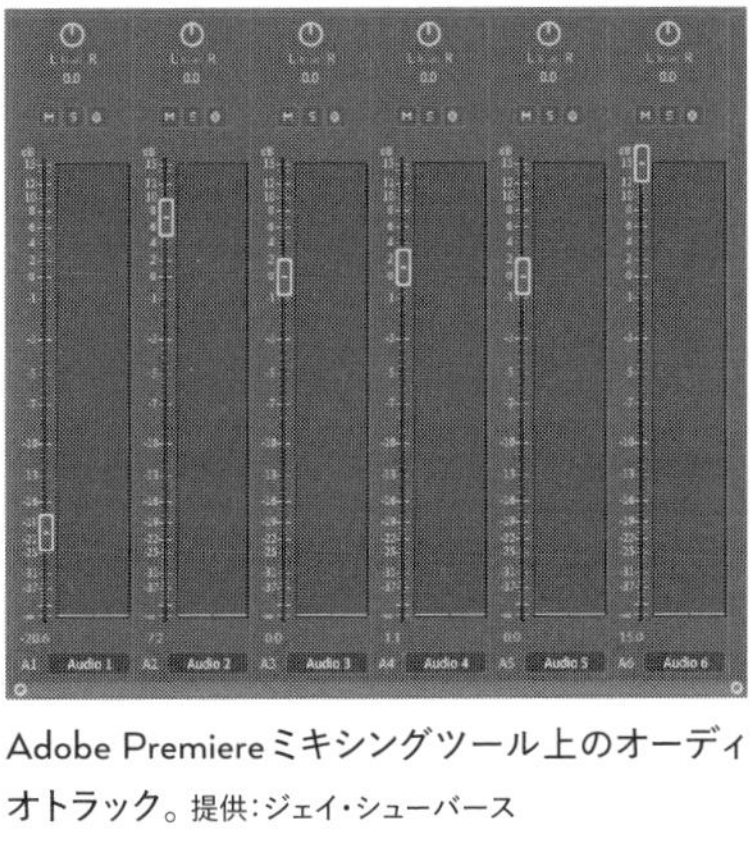

Adobe Premiereミキシングツール上のオーディオトラック。提供：ジェイ・シューバース

字幕スーパーがなければ、スムーズに流れる一連のショットは、謎めいたものになっただろう。『異端者 The Heretics』（2009）。

1940年代のハリウッドのスタジオに設置された往年の試写室。テレビドラマシリーズ『ハリウッド』(2020)より。

あるいは、映像編集技師が編集システム上でテンプミックスを作成することもできる。今日のデジタルシステムのオーディオツールはかなり洗練されているし、ジェームズ・キャメロンが次のように明言しているように、コストの問題ばかりではない。「多くの映画制作者は、本気で〝テンプミックス〟を準備します。何日もダビングステージを続けて、ミキサーを使ったりして。『タイタニック』のプレビューは三回ともモノラルトラックで、Avidの四つのトラックからミキシングしました。仕上がりは上々でしたよ」

試写会

試写会には、監督であるあなたと編集技師、それから編集助手(メモをとるため)が参加する。プロデューサーとあなたは、映画の初期段階からいっしょに仕事をしている。理想的には、この時点までに良好な協力関係が築かれていて、どちらにとっても大事な作品であり、プロデューサーは試写室に到着する前に、作品の状態を把握しているはずだ。試写会では、どちらも映画に集中し、プロデューサーは監督が作品を完成させるのをサポートしなければならない。必要に応じて、おもだった問題(撮影期限、再撮影など)に対する期待値を設定し、あとは作品が語るに任せる。

試写を見終わり、プロデューサーとのディスカッションを終えたあと、編集部は、試写に参加できなかった人だけでなく、レビューを希望する人のためにも、試写したカットのリンクを送ったり、コピーを作成したりする。制作が進行するにつれて、編集プロセスには参加せずとも、カットを見る必要がある人たち(ポストスーパーバイザー、VFX担当者、劇伴作曲家、音響技師、予告編担当者、プロモーション担当者など)にも最新情報を渡す。また、クライアント、スタジオの重役、その他の人々を含めて、試写の観客が増えるかもしれないし、重役や重職にある人々の承認を得るために、小規模で的を絞った試写が何度か行われるかもしれない。

プレビュー

監督は、劇場向け映画のディレクターズカットのプレビューを、一般の観客の前で、またはプロデューサーの選択により、一〇〇人以上の私的な観客(親族および従業員を除く)の前で上映することを要求する権利がある。(第七条五〇五項[e])このプレビューを、「Avid出力」またはその他の標準以下のプロセスを使用して上映することは

プレビューの終了。『ハリウッド』より

できない。（第七条七〇五項）――全米映画監督組合（DGA）基本合意書（二〇一七年版）における監督の創作権の概要

劇場で上映し、観客や小規模な〝フォーカスグループ〟から口頭や文書による反応を集めたりすることで、費用がかさむプレビューもある。あるいは、友人や信頼できる仲間を招き、ソファーに座って、現在進行中の作品を観てもらうだけのプレビューもある。あるいはその中間で、小さなスタジオや会社の試写室で行われることもある。大、中、小を問わず、プレビューはあなたの映画と観客をテストし、ピクチャーロックに一歩近づける方法だ。

作品のロック

最終カットへ向けて疾走し、これがベストだと誰もが確信できるところへ到達すれば、あとは映像をロックするだけだ。カットをピクチャーロックするということは、編集を終えたということである。もう一フレームも変更することはない。多くの場合、ロックの決め手となるのは、納品期限（放送日、公開日、映画祭への出品期限）だ。一度ロックされた作品は、テレビ番組の場合はネットワーク、劇場公開の映画の場合はスタジオの承認を得なければならない。承認後、テレビ番組の場合、ネットワークの要求する上映時間を満たすために、編集技師はその作品を最後の一秒まで正確に合わせるために、あちこちのフレームを削って時間どおりに仕上げる。

作品のロック解除

通常、一度ロックした作品はロックされたままだ。しかし、スタジオ、ネットワーク、または人生における出来事が土壇場での変更を要求することや、クライアント、プロデューサー、または監督が土壇場で修正を加えようとして、ロックが解除され、再ロックされることは珍しくない。多くの映画制作者は、デジタル技術においては何事も終わりがないように思えると口にする。コンピューターで制作されたその他のアート作品と同様に、映画は公開されたあとも洗練化や手なおしが続く。ジョージ・ルーカスは、初期の〈スター・ウォーズ〉シリーズのいくつかを再編集した。ウェブで公開される作品は、日々修正されて再アップロードされる。この〝けっしてロックされない〟作業状態をいいことだと考える人もいる。フィルムやテープでは不可能なほど長期間にわたって、改良とインスピレーションを施すことができるからだ。一方で、終わらないプロジェクトになって手を放せなくなると考える人もいる。

作品のレート付け

スタジオやネットワークの承認を経て、レーティング委員会が作品のレート付けを行う。これは任意であり、特にそのままＤＶＤにする場合は、レート付けを行う必要はない。映画は米国映画協会（ＭＰＡＡ）によって審査され、Ｇ、ＰＧ、ＰＧ－13、Ｒ、ＮＣ

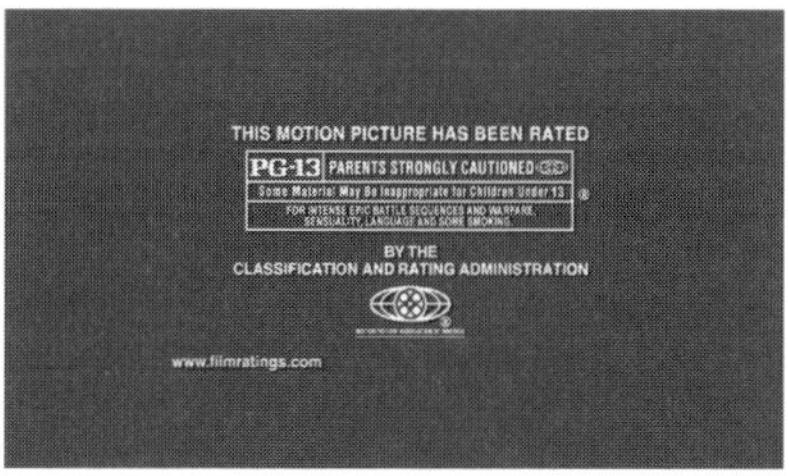

－17のいずれかに指定される。テレビ番組は、TVペアレンタルガイドライン監視委員会に送られ、TV－Y、TV－Y7、TV－Y7 FY、TV－G、TV－PG、TV－14、TV－MAのいずれかのレートが付けられ、多くの場合、最後の三つのカテゴリーにはD、L、S、Vのサブレートも付けられる。作品がレーティング委員会で評議の対象となったら、異議を申し立てるか、要求された変更を行うことになる。

最後にひとこと

ひとたびロックすると、作品はポストプロダクションの終盤フェーズである音響編集と仕上げの工程へ進む。それについて、このあとの三章にわたって説明する。

編集をロックするまでの道のりについて監督が知っておくべきこと

- □ デジタル編集システムは、監督であるあなたと編集技師が共同で作業し、あなたのヴィジョンを制作するためのツールである。
- □ ピクチャーロックに向けて、再編集のプロセスでは三つのステップを繰り返す。
  - ❶編集技師(および選択に応じてその他の人たち)とのカットの試写
  - ❷編集技師に変更メモを渡す
  - ❸編集技師が変更する

□ ファーストカットにはあらゆるものが含まれ、レイアウトされている。再編集するには、観客の立場になって判断する。すべてのショットとシーンで、観客は何を知る必要があるのか考える。

□ 編集技師はあなたの仲間であり、あなたの映像に最も精通している。編集技師の考えや意見、疑問や解決策について尋ねること。エゴや個人的な好みではなく、映像を熟知し、ストーリーをどう伝えるのがベストかという観点からフィードバックしてくれるはずだ。

□ 編集技師にシーンの別バージョンを用意してもらい、さまざまな可能性をテンプレート化することができる。

□ 問題を解決するには、それがストーリーの問題なのか、登場人物や演技の問題なのか、インタビューやインタビュー相手の問題なのかを診断することからはじめる。

□ 撮りなおしやショットのピックアップに加えて、あるいはそれらの代わりに、プロットライン、シーン、登場人物、インタビューの削除、シーンやインタビューの再配置、並べ替え、インターカット、削除、切り捨てなどといった編集上の問題解決策を検討する。

□ ナレーション、別録音、VO、音楽は、登場人物、演技、ストーリーの問題を解決するのに役立つ。

□ 微調整——トリミング、オーバーラップ、スリップ、スライド編集——は、物語を引き締めたり、開いて息をつかせたりするのに役立つ。

□ 作品の試写に向けた準備として、ミックスステージや編集技師のデジタル編集システムで、タイトルの追加やテンプのサウンドミックスを行うことができる。

□ 試写とプレビューは、観客の意見と重役陣の承認を得るための手段であり、作品をピクチャーロックに向けて前進させるための手段である。

□ ピクチャーロックとは、編集段階が終了し、音響編集とミキシング、そして最終仕上げのポストプロダクション段階に進む準備ができたことを意味する。

★01——編集スタッフの構成は、作品の規模や予算、組合やＶＦＸの多い作品かどうかによって異なる。通常、チームは編集技師とアシスタントで構成される。大作長編の場合、それに加えて見習い、ＰＡ、場合によっては臨時のアシスタントや見習いも加わり、短いスケジュールの場合は、編集技師がさらにもう一、二名加わることもある。

★02——レコードビューアは再利用された用語で、実を言うと編集はいっさい記録されない。この用語は、物理的なレコードモニターですべての編集が記録、表示されていたビデオ編集の時代からのなごりである。

第八章

音響と音楽の制作

ピクチャーロックを行ったら、次の重要な作業は、ポストプロダクションの音響と音楽フェーズを開始して、劇伴作曲家とサウンドデザイナーとともに作品のスポッティングを行うことだ。スポッティングセッションでは、作品をシーンごとに再生し、監督が求めているサウンドを説明する。この章では、あなたの要望を明確に表現できるように、まずは音響と音楽の世界に浸ってもらおう。音響と音楽があなたの作品に何をもたらすのか、また、演奏者たちや慣習、ワークフローについても説明する。その次に、サウンドの入手と作曲フェーズへ移る。スポッティングセッションから開始し、音響と音楽にキューを入れ、編集とミックスの準備を整えて締めくくる。編集技師がデジタルシステムですべての音響と音楽を担当する場合も、音響チームと音楽チームが全面的にサポートする場合も含め、この章と次の章で、音響と音楽の入手から、編集、最終ミックスまでの工程を見ていく。

音響があなたの作品にもたらすもの

最初に思ったのは、戦地で聞こえる音はまったく戦争らしくないということでした。ハリウッドの戦争映画を観て育ったわたしは、もっとたくさんの音や大音響が聞こえてくるものと思っていました。被弾してはじめて、自分の置かれている状況が現実だと悟ったのです。――第二次世界大戦帰還兵、アンツィオの戦い初日を回想して

この兵士の反応は、二〇〇一年九月一一日、あるニューヨーカーがテレビのインタビュアーに語った、「最初の飛行機が衝突したのを見たときにとっさに思ったのは、映画のようだということ」という言葉にも再現されている。わたしたちの夢、空想、記憶、わたしたちが観る作品、そして目を覚ましているあいだの生活がますます交錯し、現実、ドキュメンタリー、ドラマが混ざり合い、境界が見えづらくなりつつある。そのなかでも重要な感

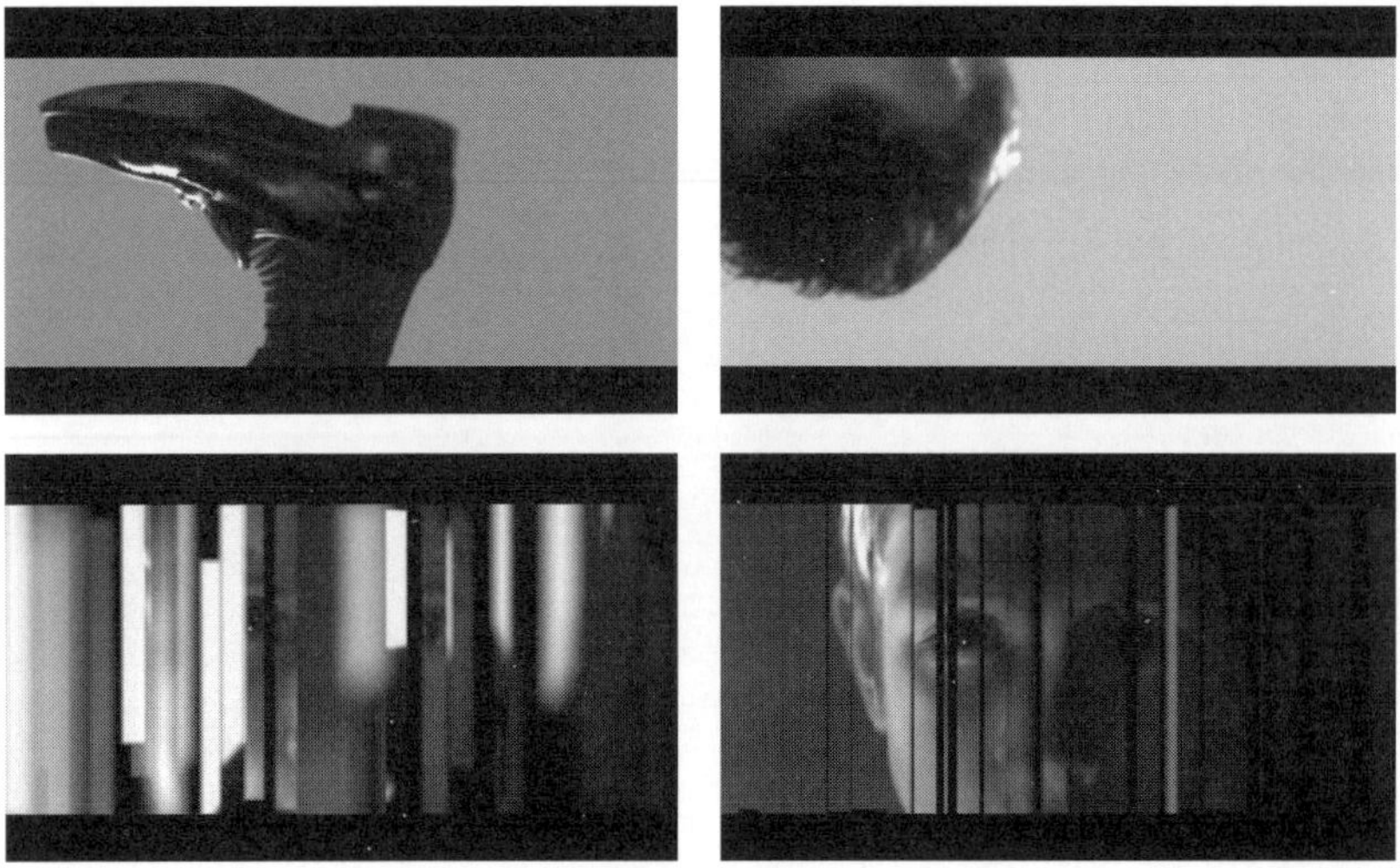

『ものすごくうるさくて、ありえないほど近い』(2011)で描かれる聴覚の世界は、アスペルガー症候群の傾向を持つ少年が体験することをとらえている。少年の父親は9・11のテロでWTCタワーのなかで落命したが、父は飛び降り自殺をしたと(事実に反して)想像している。

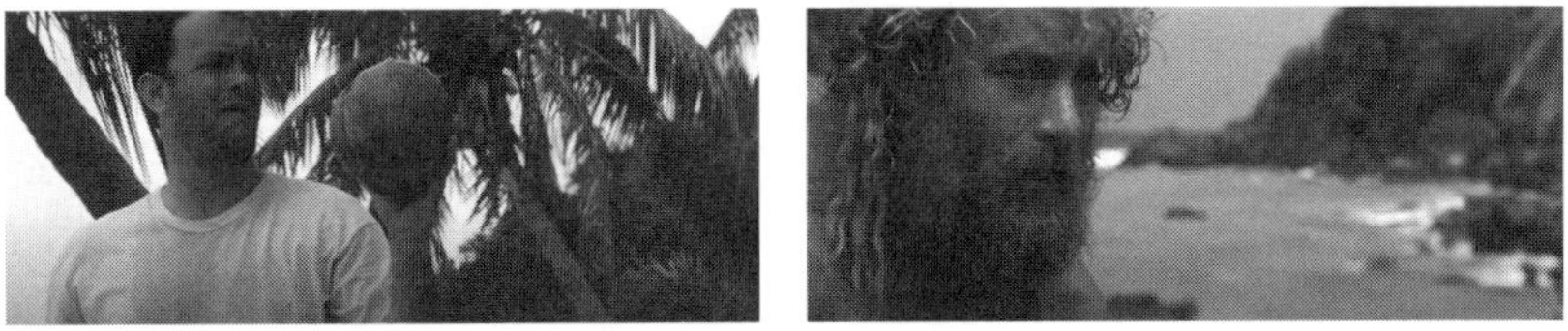

『キャスト・アウェイ』では、チャック・ノーランド（トム・ハンクス）が島で生き延びるおよそ80分のあいだ音楽はなく、聞こえてくるのは環境音とわずかな台詞のみで、観客はチャックとともに島へ置き去りにされた気分になる。

クィディッチの試合で聞こえるサウンドは、クアッフルと黄金のスニッチを除けば、放課後のクラブ活動となんら変わりないように思える。『ハリー・ポッターと賢者の石』（2001）より。

覚であり、感覚の記憶である音が占める役割はかなり大きい。

観客がウサギの穴へ飛びこむのか、コンピューターのなかへ入るのか、宇宙空間へ飛び出すのか、過去へ戻るのか、いずれの場合でも、音《サウンド》は観客をその世界へ引きこみ、そこに生息するもの——ホビット、ロボット、人間——を受け入れてもらうために重要な役割を果たす。そしてその役割には、静寂という音も含まれる。サウンドデザインには必ず、無音または最小限の音響のセクションが計画されている（環境音はつねに発生するため、完全に無音という作品はない。音響をすべて消し去ってしまうと、敵意をこめた目で映写ブースをにらみつけられたり、チャンネルを変えられてしまうおそれがある）。手に汗握るシーンのあとや、不協和音が鳴り響いたあとは特にあてはまるが、静寂は、観客をひと息つかせて回復させる効果がある。

音響の制作

音響は、誘いこむという点で、映画制作者が持つ最強の武器かもしれません。――ランディ・トム(CAS)、サウンドデザイナー兼ミキサー(『ビーボ』[二〇二一]『キャスト・アウェイ』『Mr.インクレディブル』[二〇〇四]『スター・ウォーズ　エピソード6／ジェダイの帰還』)

誰もが映画に対してリアルで自然な音を期待している。それなのに、映画の音響はリアルでも自然でもない。何十人もの音響技師やミキサーたちが、観客であるわたしたちがその音や映画を受け入れられるように、音響を作成して配置しているのだ。わたしたちが、バルセロナの音、〝西部開拓時代〟の音、中つ国の音はこうだろうと受け入れるのは、サウンドデザイナー、音響技師、ミキサーによって考え出された音世界のおかげだ。音響は、つむじ風や台風、クィディッチの試合などを通じて、わたしたちを楽しませてくれる。わたしたちは音響によって映画を信じることができる。音響が嘘っぽくて非現実的だと感じたら、わたしたちはその映画を否定してしまうだろう。

巧みにデザインされ、ミックスされた音響――つまり、効果音や台詞――は、ビジュアルに声を吹きこみ、観客によっては意識しないかもしれない次元を映像に加える。音響は、シーンのペースを決定したり、時間や場所の変化を知らせたり、アクションを盛りあげたり、弱めたり、シーンの切り替えをスムーズにしたりする。音響は、登場人物、イメージ、場所、アイデアをつなげることができる。また、音響は、アニメや人物のキャラクターを定義するのにも役立つ。キャラクターの聴覚ペルソナを構築することで、何を感じ、何を経験しているかを知ることができる。

昨今の音響の流行語は、「オーガニック」、「リアル」、「ナチュラル」だ。二〇一〇年のアカデミー音響編集部門と音響ミキシング部門を受賞した『ハート・ロッカー』は、この傾向を象徴した作品である。イラクで夜を徹して捜索する兵士たちの印象的なシーンは、編集技師が構築したサウンドベッドの手柄だと言える。同年のアカデミー音響部門で次点となった『アバター』は、音響スペクトルのもう一端を体現した例だ。『アバター』のオーディオパレットが描く架空の惑星の音響はシンセサイザーで構成され、現実世界とはほど遠い。しかし、このふたつの音響スタイルに共通していることは非常に重要だ。それは、どちらも聴覚によって観客を作品世界のなかへ引きこんでいるということだ。

音を何層も重ねるにせよ、最小限にするにせよ、音響は観客があなたの作品を知覚し、受け取るうえでものすごく重要だ。音響は観客を、サウンドステージ〔防音・照明の完備された撮影スタジオ〕での

[上]『ハート・ロッカー』では、陸軍軍曹がイラクで爆弾の信管を外す。
[右]『アバター』では、元海兵隊員が貴重な鉱物をめざして遠方の衛星を調査する。

撮影から登場人物の世界へと運んでいく。音響は、映画の声とヴィジョンを支える不可欠な要素でもある。音響をデザインするときに覚えておいてほしいのは、すべての効果音と台詞は、その目的を強めるものでなければならないということだ。映画制作のどの段階でも言えることだが、実験、発見、失敗、成功、そしてつねに学ぶことを受け入れること。『アリス・イン・ワンダーランド』のサウンドデザイナー兼スーパーバイザーのスティーヴ・ボエデカーは、次のようにアドバイスする。「失敗をおそれないことです。新しいことをしようと思うときはいつでもミスするものです。コツは、プロジェクトのできるだけ早い段階で、できるだけ費用をかけずに、経験や失敗を重ねることです」

音響部門の人々

映画用語では、音響部門とその担当者を「音響《サウンド》」、音楽部門とその担当者を「音楽《ミュージック》」、映像編集技師とその部門を「映像《ピクチャー》」と呼ぶ。ここでは、音響チームについて簡単に紹介し、順次、詳細や担当者について説明していく。

▼**サウンドデザイナー**（**スーパーバイジング・サウンドエディター**、**サウンドスーパーバイザー**）――サウンドデザイナーのおもな仕事はふたつある。ひとつは、監督と協力して、脚本とピクチャーロックした作品に取り組み、作品のサウンドスケープを計画して構想することだ。もうひとつは、音響技師やミキサーのチームを率いて、作品のデザイン、録音、編集、ミキシングを行うことだ。サウンドデザイナーとは、プリプロダクション期間中に契約することが最適だ。そうすれば、最初から脚本を読みこみ、アイデアを練りはじめ、ストーリーテリングに貢献することができるからだ。これは、長編映画ではよく行われることだが、ほとんどの作品で

は、サウンドデザイナーとスタッフは、ピクチャーロックの時点か、その数週間前に雇用される。

▼**効果音エディター**——作品内のすべての効果音の入手と配置を担当する。効果音を録音するか、SFXライブラリ（多くはオンライン）から入手し、DAW（デジタルオーディオワークステーション）で編集し、ミックスまで取り仕切る。

▼**フォーリーエディター**★01——「フォーリーサウンド」とは、雪を踏みしめる足音や犬の息づかいなど、画面上の特定の動作に合わせてレコーディングスタジオで収録される効果音のことだ。フォーリー技師は、レコーディングセッション中にフォーリーを作成し、その後、編集室へ戻って作品に入れる。

▼**ダイアログエディター**——プロダクショントラックをク

人気のDAW、Pro Tools。提供：Avid Technologies

「ゆっくりと沈んでいく船がうめくような音が気に入っています。まるでタイタニックが、生きることをまだあきらめていない瀕死の巨大生物のようです。それがサウンドデザイナーの役割です。聞きたくないものを取り除き、スクリーンの特定の場面で流れる効果音を作り出すのです」——クリストファー・ボイズ、『タイタニック』のサウンドデザイナー。

リーンアップし、別録音を追加し、ルームトーンですべてを滑らかにすることで、台詞のみのトラックを作成する。

▼ADRエディター——ADR（自動台詞変換、アフレコ）は、映像に合わせて俳優が言いなおした台詞を再録音することで、オリジナルのシンクロされた台詞を置き換えるプロセスである。ADRエディターは、録音された台詞を取りこんで置き換える役割を担う。多くの場合、ダイアログエディターがこの作業を兼任する。

音楽があなたの作品にもたらすもの

映画のサウンドトラックの最後の要は音楽です。音楽は映画の感情的な基盤を提供します。——Skywalker Sound, Ltd.

音楽は、作品の主題、登場人物、テーマ、プロットについて観客が感じることに強く影響する。十分に考え抜かれた音楽は、作品に適切なトーンを設定し、コメディ、ロマンス、クライマックスなど、これから何が期待できるのか、観客に手がかりを示す。音楽は、音響と同様に、わたしたちの心や感覚に影響を与え、

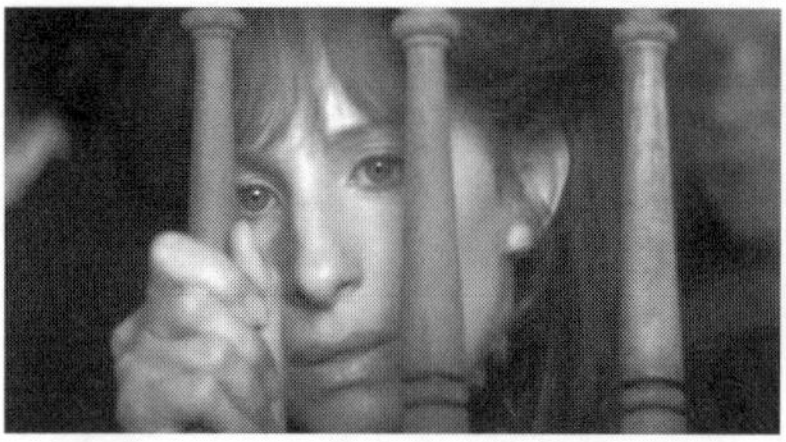

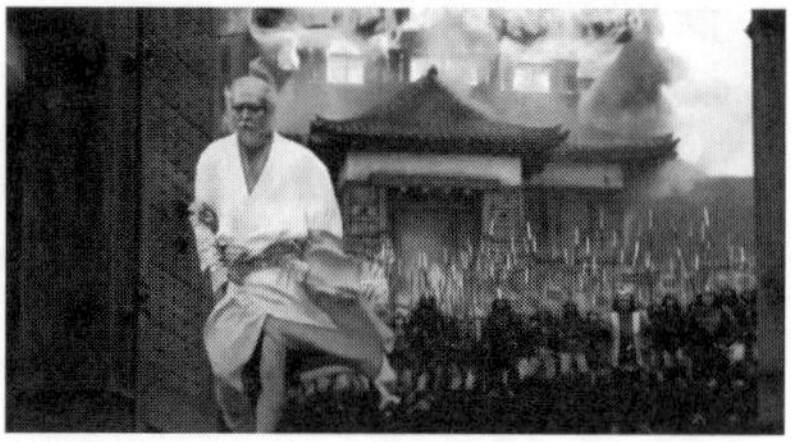

［左］『愛のイエントル』（1983）の監督であり主人公でもあるバーブラ・ストライサンドは、「どこに書いてある？ Where is it written？」という曲で、自身が演じるキャラクターの秘めた反抗心を表現した。
［右］黒澤明監督の歴史的大作『乱』（1985）における城の破壊。

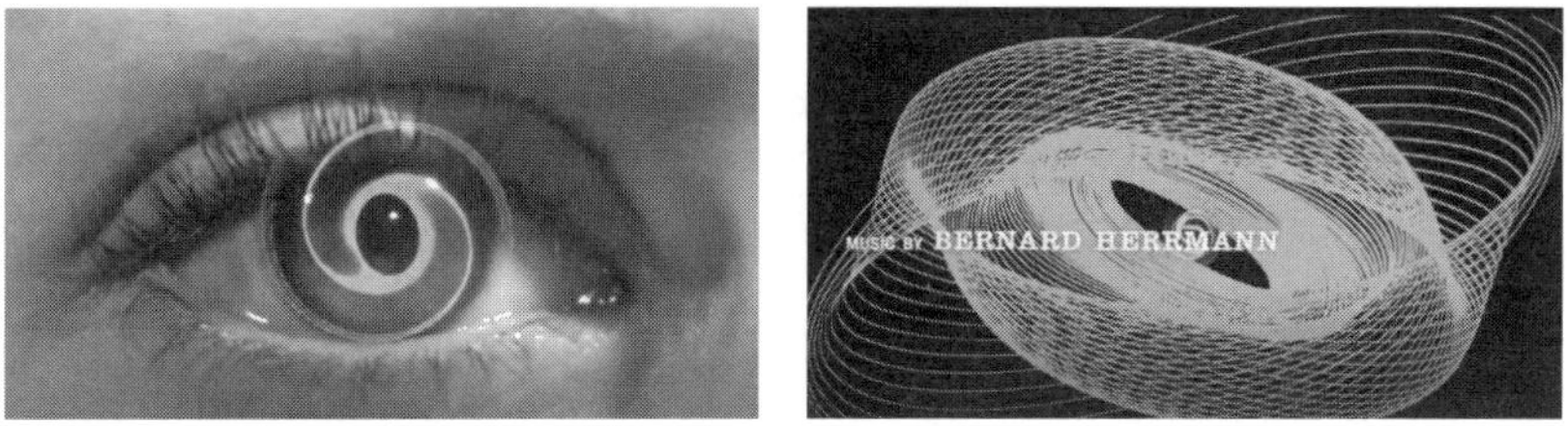

ヒッチコックの『めまい』(1958)は目のショットではじまり、片方の目は渦巻く曼荼羅を紡ぎ出す。バーナード・ハーマンの緊張感あふれるアンバランスな回転木馬の音楽に映し出される曼荼羅は、この映画の渦巻く謎のプロットのトーンを設定する。

記憶に映画を封じこめる。たとえば、『シンドラーのリスト』(一九九三)のジョン・ウィリアムズが手がけたバイオリンが疾走する劇伴は、イスラエルのテルアビブ生まれの比類なきバイオリニスト、イツァーク・パールマンによって演奏された。

音楽はアクションを予感させ、予兆を与え、悪者がすぐそこまで来ていることを警告したり、M・ナイト・シャマラン監督の『ヴィレッジ』(二〇〇四)のように、そこがふつうの村ではないことを暗示したりする。また、時間や場所を想起させることもある。『スティング』(一九七三)のスコット・ジョプリンのアップビートなピアノ曲は、映画を一九三〇年代の空気に染めた。『ある日どこかで』(一九八〇)の音楽テーマは、この作品のタイムトラベルプロットを支えた。音楽は通常、重要なポイントやそうでないポイント(入退場、シーンの転換、感情の表出)にアクセントをつける。

音楽は、スクリーンに映し出されたものに対抗して、より大きな真実を伝えることができる。作曲家の武満徹は、脚本家であり監督であり、編集技師も務める黒澤明の『乱』(一九八五)のために、有名な劇伴(タイトルは「一の城混乱〜辻ヶ花」)を提供した。脚本は、次のようなシーンを要求している。「恐ろしい地獄絵巻が城の陥落を描く。白昼の悪夢のように展開される巻物には実際の音はない。それは人間の悪行の光景(中略)これらの映像に重ね合わされる音楽は、仏陀の心臓のように、ゆっくりと深い苦悩の鼓動を打ち、悲しみに満ちた旋律の詠唱が、すすり泣くようにはじまり、カルマの循環のごとく繰り返されながら徐々に高まり、最後には無数の仏陀の慟哭のように響く」

音楽は、登場人物よりも早く先のこと——いい知らせまたは悪い知らせが扉の向こう側にあるということ——を観客に知らせることができる。また、『ミザリー』(一九九〇)で、悪役(キャシー・ベイツ)が足のすくむような一撃を最初に加える前に、軽快なクラシックの調べが流れるように、逆のこと——観客に安全だと思わせること——もできる。音楽は、多くの場合、登場人物の内面や感情を伝える。『めまい』(一九五八)の音楽を作曲したバーナード・ハーマンの劇伴は、冒頭の回転木馬の音楽からいきなり、登場人物の悪夢や夢、陰謀を盛りあげている。ときには、キャラクターが自身のテーマ曲を持っていることもある。たとえば、『ドクトル・ジバゴ』のララのテーマや、『ジョーズ』のサメのテーマがそうだ。

音楽部門の人々

音楽チームは以下のメンバー全員またはその一部で構成される。

▼**劇伴作曲家**——長い曲、短い曲(スティンガー)を作り、ときには監督の要求に応じて、作品のために歌を作ることもある。低予算の作品の場合、劇伴作曲家を雇う余裕がないこともあるし、劇伴作曲家に次のような仕事を任せることもある。

劇伴作曲家。提供:キム・ボヴァ

▼ソングライター――ソングライターを雇って新たに曲を作る場合もあれば、すでに作曲された曲の使用権を確保する場合もある。いずれにせよ、監督とミュージックスーパーバイザーが大きく関わることになる。

▼ミュージックスーパーバイザー――プロデューサーのような役目を果たし、楽曲の入手から提供までを監督する。具体的には、楽曲や音楽の権利を確保し、予算を管理し、制作者と連絡を取り合い、ミュージックエディターと音楽編集プロセスを調整する。

▼ミュージックエディター――劇伴作曲家やソングライターの作品を本番用に編集し、テンプトラックの作成、ミックス用のオーディオファイルやキューシートの作成、ミックスに対する劇伴作曲家の意向の代弁などを担当する。また、ミュージックエディターは、セット上のダンサーや、フィルムスコアリングセッション中の演奏者に、クリックトラックを提供する。

ストーリーを音響と音楽に変換する

映像のカットと同様に、音響と音楽の要素もストーリーに貢献している。音響は、ＰＯＶシークエンスを補強し、ノワールに暗黒要素を加える手引きをし、夢やファンタジーの多くのシークエンスの骨格となる。音響、言葉、音楽は登場人物に情報を与え、行動や反応をうながし、表出した感情や根底にある感情を明らかにする。

音楽と音響を手がける映画制作者は、作品に配置する一つひとつのサウンドや音楽でストーリーを強化し、サポートしようと努める。しかし、「鳥を見て、さえずりが聞こえる」のように、毎回単純にはいかない。音響は、画面外の見えないものや人物を表現し、シーンを批評したり深めたりすることができる。音響や音楽は、日常的に、後部座席からストーリーを動かすために使われる。画面外に響く爆弾の爆発音や、すさまじい勢いで押し寄せる津波の轟音が、町の人々にどのように影響を与えるかを考えてみるといい。『カサブランカ』(一九四二)で「アズ・タイム・ゴーズ・バイ」を聴いたリックの反応や、『マーズ・アタック!』(一九九六)でラジオから鳴り響く「インディアン・ラヴ・コール」に反応する火星人を思い出してみよう。

ビート——音響や音楽を変える場所の決定

映像の編集と同じように、サウンドトラックは、映像の前進をあと押しするために、独自の論理、リズム、ダイナミックな感覚を呼び起こす必要がある。——トム・ブロック、自著『映画編集と音響編集の基本 Film Editing

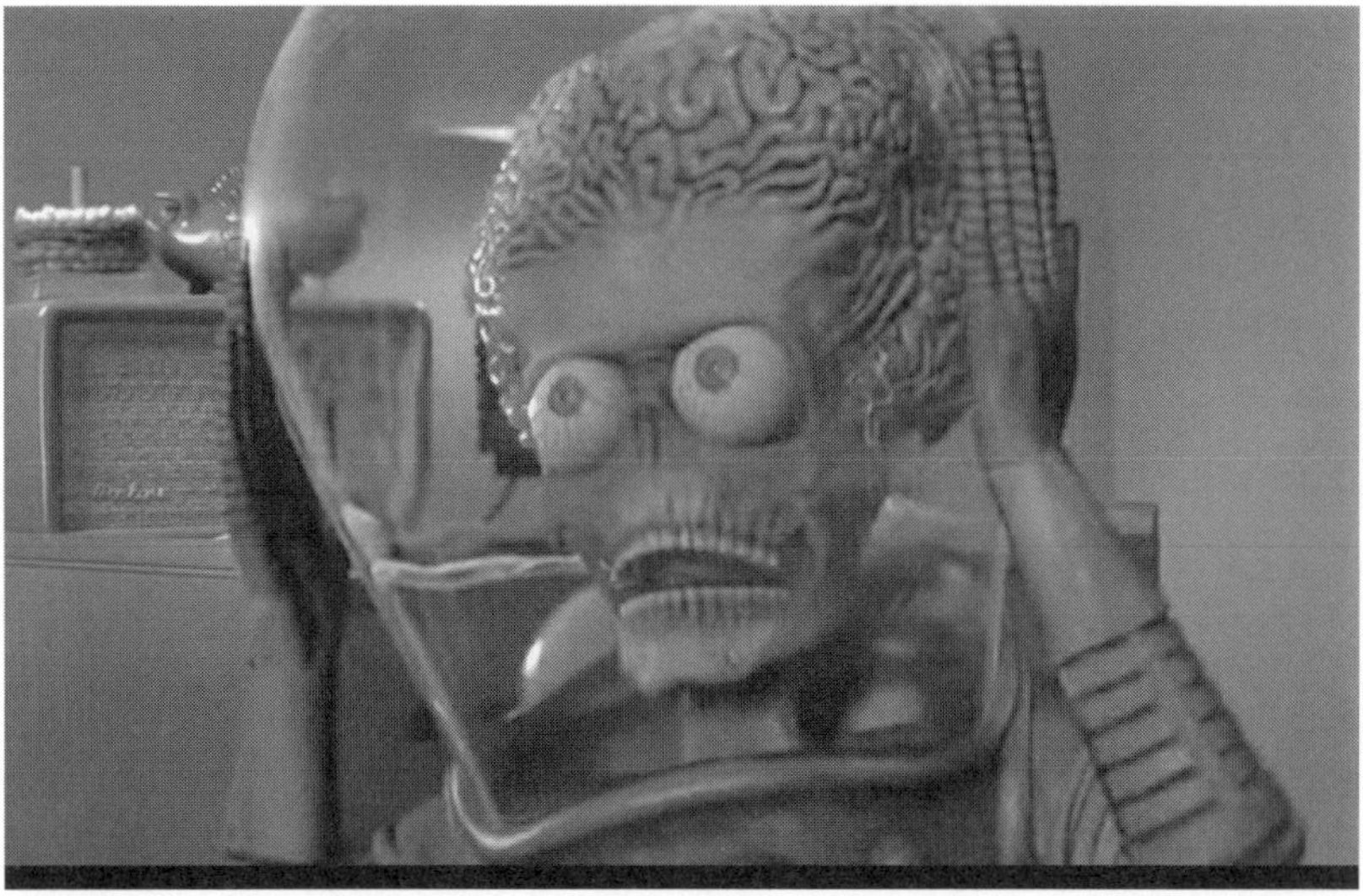

SFコメディの『マーズ・アタック』では、地球人は壊滅状態で、火星人に有効な武器はない——あるポップソングが致命的だと判明するまでは。

Nutz and Boltz; Sound Editing Nutz and Boltz』より

第五章では、映像編集技師が、シーン内のアクションの変化を意味するビートによって編集する場合が多いことを説明した。ビートで考えることは、サウンドデザイナーやミュージックデザイナーにとっても、シーンの音響のあり方や、どの音響や音楽を使うべきか、どこで使うべきかを考えるのに役立つ。ビートは、音楽やSFXのテンポ、ピッチ、ボリューム、強度の変化を要求することができる。サウンドデザイナーや劇伴作曲家といっしょに作業する際、各シーンのビートは、どこで音楽を入れ、どこでフェードアウトさせるかを決めるのに役立つ。また、ビートは、言葉にインパクトを持たせたい箇所や、つぶやくようにトーンダウンさせたい箇所、映像を効果音で目立たせるタイミングや、音声を単一の効果音や静寂(環境音)に制限するタイミングを決める際にも重宝する。

なじみある映画のシーンのビート

ビート、音響、静寂がどのように作用するかを見るために、『オズの魔法使』で、ドロシーがモノクロのカンザス州からテクニカラーのマンチキンの国へ移動する竜巻のシーンをくわしく見ていこう。できれば、この二分四五秒のシーンを実際に観てほしい。効果音がどのように作用し、音楽がアクションに合わ

サウンドデザイナーのベン・バートは、『スター・ウォーズ』のチューバッカの声を担当するために、子グマの鳴き声を収録した。『ようこそ映画音響の世界へ』より。

せてどのように変化するかに注目し、さらにドロシーがマンチキンの国をはじめて目にしたときの静寂の効果を確認してみよう。次の表は、このシーンの各ビートで音響と音楽がどのように変化するかを示したものだ。

シーンのビート、音響、オズの魔法使

ビート	音響	音楽
❶白黒フィルム。Dが家に入るときに椅子が倒れる	BG：竜巻／風　FX：椅子が倒れる音	なし
❷Dが寝室へ向かう。壊れた窓がぶつかりDは悲鳴をあげる。	BG：竜巻／風　台詞：「叔母さん」 FX：窓が壊れる　台詞：悲鳴	MX開始：警告のMX
❸ベッドの上のD、意識がない。回転する家と竜巻のスーパーインポーズ。	BG：竜巻／風	意識不明のMX （ホルン&その他の楽器）
❹窓枠の外モンタージュ開始。	BG：竜巻／風	アップビートMX
❺Dが意識を回復し、窓越しに竜巻を見る。自転車に乗ったミス・ガルチがほうきにまたがった魔女になる。（モンタージュシーン終了）	BG：竜巻／風　FX：動物の鳴き声 台詞：「ここは竜巻の中よ」 台詞：「ガルチさんだわ！」 台詞：悲鳴	アップビートMX マンチキンのテーマ ミス・ガルチ 魔女のテーマ
❻家が落下する。	BG：竜巻／風 台詞：魔女が嬌声をあげる 台詞：Dが悲鳴をあげる	アクティヴ、大きく

❼家が着地する。	FX：着地の音	MX：停止
❽Dが家のなかを歩いていき、外へ出る。	FX以外は無音：ドアが開く	
❾Dが扉を開くとカラーフィルムとマンチキンの国が広がる	BG：鳥	「虹の彼方に」

キー：D＝ドロシー　FX＝ハードな（特定の）効果音　MX＝音楽　BG＝ソフトなバックグラウンド効果音

音響と音楽のデザインプロセス

音響という言葉のなかには何もかもが含まれています。あらゆるエフェクト、細かな作業、そしてもちろん劇伴も。音響は、すべてが一体であるように感じられないといけないからです。統合されていながらも、同時に独立していなければならないので、複雑な仕事です。

——キャスリン・ビグロー、映画監督（『ゼロ・ダーク・サーティ』〔二〇一二〕『悪魔の呼ぶ海へ』〔二〇〇〇〕アカデミー受賞作『ハート・ロッカー』）

スポッティングセッションは、作品の音響と音楽デザインのキックオフミーティングで、シーンごとに作品を再生し、停止と開始を繰り返しながら、監督が期待するサウンドタイプを説明する。スポッティングは、オンライン、試写室、映像編集技師のシステムつまりＤＡＷ上で行われる。低予算の作品では、デジタル編集システムで音響と音楽の編集とミックスを行う映像編集技師とスポッティングを実施する場合もある。予算が多い作品では、音響・音楽チームといっしょにスポッティングを行うが、チームメンバーは、作品を見たり監督と話し合ったりするのは、そのときがはじめてということもありうる。チームメンバーは作品と監督の要望をすばやく吸収し、新鮮な目で——それと特別な耳をもって——スポッティングに臨むだろう。スタイルに関する一般的な質問と、「ここで音楽が必要ですか、それともこの場面は自然な音を再生させますか？」といったような、さまざまなシーンのなかの具体的な場面に関する質問に耳を傾けてほしい。

通常、音響と音楽は別々にスポッティングを行うが、必ずというわけではない。両方をいっぺんに行うことで、全員がアイデアを共有し、良好な協力関係を築くことができるからだ。ただ、ここでは、サウンドデザイナーと劇伴作曲家のさまざまな仕事について説明したいので、別々に取りあげることにする。

音響のスポッティングセッション

どんな映画にも、映像のスタイルがあるように音響のスタイルがあります。発見することがとても重要ですし、最高に興味深いことは、ほとんどの場合、発見プロセスのさなかに起こるもので、いわゆる壮大なヴィジョンから生じるわけではありません。ですから、スポッティングセッションは、映画がどのように聞こえるべきか、その核心と要点を把握する、まさにスタート地点なのです。——ランディ・トム、サウンドデザイナー兼音響技師（『レヴェナント：蘇えりし者』『Mr.インクレディブル』『ライトスタッフ』）

映像編集技師、サウンドデザイナー、そして音響技師（推奨）、プロデューサーなど、あなたが必要だと判断した人たちと音響のスポッティングセッションを実施する。そこで交わす会話は、シーン、主題、登場人物が何を伝えるべきかを説明するような、一般的なものだ。それから、ＡＤＲ用の台詞を特定し、すでに特定してある具体的な場所にＳＦＸを指定する。スポッティングセッションは、自分のアイデアを出したり、懸念を表明したり、質問を投げかけたりする時間であり、音響関係者に対しても同じことを期待する。たとえば、「様式化された音と有機的な音のどちらが好みですか？」などと尋ねてみよう。作品全体と各シーンにおける音響の明確なアイデアをいっしょに練ることだ。

スポッティングのメモ

スポッティングセッションでは、台詞とＳＦＸに関するメモはすべて書きとめられ、コンピューターに入力されるか直接ＤＡＷに入力される。サウンドデザイナーのなかには、セッションやその後の電話による会話を録音して、監督の意図や指示を思い出すときの参考資料にする人もいる。各メモには、そのサウンドの簡単な説明（例　ウィンドチャイム）、トラック番号、開始と終了のタイムコードで構成される「サウンドキュー」が書かれている。

ポストハウスのオーディオスイート。音響や音楽のスポッティングも行われる。提供：AlphaDogs

台詞

台詞のメモには、次のような台詞がリストアップされる。

▼ＡＤＲに置き換えるもの
▼台詞の一部、別録音、ガヤ[★02]などを追加するもの
▼電話から聞こえるように加工するなど、なんらかの方法で変えるもの

ＳＦＸ

目新しさだけが取り柄の楽しい効果音（新鮮味はすぐに薄れる）と、アクションの理解を助け、映像だけでは得られない感情を呼び起こす効果音とは区別しなければならない。――ルネ・クレール、フランスの映画監督／脚本家／映画プロデューサー、著書『映画についての考察 Reflections on the Cinema』より

効果音は、次の表に示すように三種類のいずれかに分類され、観客に一定の影響を与える。

音楽を検討する

音響チームとスポッティングを行う場合、音楽がどこで登場するかを伝えることが重要だ。すでにテンプミュージックを使用しているなら、おおよその見当はつけているだろう。音楽がシーンをカバーする場合でも、音響技師の仕事はなくならない。フォーリーはなくなるかもしれないが、最低限の環境音は加えることになる。また、ミックスの途中で音楽の使用をやめることもあるので、音響チームがすべてのシーンの音響をデザインし、編集するのがベストだ。ミックスの段階で慌ただしく音響を追加したり編集したりするよりも、余分にデザインして

おいて、あとでいくつか取り除くほうがいい。

音響部門は、音楽部門（音楽スタッフ）と手を取り合い、ストーリーを支え、監督の意図に沿うかそれ以上の仕事をすることを、つねにめざさないといけない。ミュージックエディターのチャールズ・マーティン・イノウエ（『ジュマンジ／ネクスト・レベル』［二〇一九］、『レイトナイト　私の素敵なボス』［二〇一九］、『ジャングル・ブック』［二〇一六］）は、次のように語っている。「たとえ劇伴作曲家がそのキューのために曲を作っても、映像と争ってはいけません。誰かのちょっとした台詞や、きしむ風車と同じように、それが映画のニーズに応えていないのであれば、効果音と音楽の担当者たちの協力と調整がとても重要になります」

SFXの種類と観客の感じ方

種類	説明	例	観客は……
シンクロサウンド 別名、ハードサウンド、物語世界《ダイエジェティック》のサウンド	画面上の特定のアクションにシンクロするサウンド。	電話の呼び出し音、犬の鳴き声、シャンパンのコルクを抜く音、水しぶき、グラスの粉砕音、トイレの洗浄音、ドアに鍵が差しこまれる音、飛行機の離陸、タイヤの軋み音。	ハードサウンドを認識している。アクションを見る前に音（銃声など）に反応することが多い。
シンクロしないサウンド 別名、非同期、物語世界以外《ノンダイエジェティック》のサウンド、ソフトサウンド	一定の存在感を持ち、特定のアクションにシンクロしないソフトなサウンド。	環境音、風、コオロギの鳴き声、小川のせせらぎ、雨、ダンスフロアを歩く足音、交通、車のワイパー。	ソフトサウンドは通常バックグラウンドで再生されるため、周辺の音としか認識しない。
フォーリー	画面上の特定のアクションにシンクロして録音されるSFX。ロケで収録したりサウンドライブラリから入手したりできないもの。	キス、衣擦れ、風船ガムの破裂音、喧嘩、体の落下、ドアの軋み音、エイリアンの羽化、猿が引っ掻く音	フォーリーを認識しているが、SFXと区別はつかない。

音楽のスポッティングセッション

編集を開始する前に、スタジオで本物の楽器を使ってすべての音楽を録音します。音楽は編集しながら映画を形作っていくので、コンテンツと有機的な関係があります。——ケン・バーンズ、プロデューサー／映画監督（『セントラルパークの5人 The Central Park Five』［二〇一二］『ベースボール Baseball』［一九九四〜二〇一〇］『ザ・ウエスト The West』［一九九六］）

監督は、ミュージックスーパーバイザー、ミュージックエディター、プロデューサーといっしょに音楽のスポッティングを行う。劇伴作曲家やソングライターが同席している場合もあるし、先行して採用されていれば、すでに打ち合わせを終えて作曲中の場合もある。スポッティングセッションでは、作品中の音楽の位置付けや、スタイル、ジャンルについて、監督のアイデアを話し合う。音楽について説明するとき、より視覚的に考えたり、ドラマチックな用語や感情的な用語を交えたりする監督もいるだろう。劇伴作曲家とミュージックエディターが、そうした説明を音楽へ変換するわけだ。多くの場合、金銭的な問題、つまり音楽の予算や権利の問題が持ちあがり、話し合いに一枚噛むことになる。

［左］Digidesignのミニグランドコンポーザー。提供：Avid
［右］ADRのキューを作成。『ようこそ映画音響の世界へ』より。

ミュージックエディターは、このセッションのなかで、各音楽キューの位置と時間、各キューの曲調――憂鬱、忍びやか、熱狂的など――を詳細に記したスポッティングのメモを作成する。このセッションの目標は音響のスポッティングと同じだ。すなわち、全体的な音楽デザインとヴィジョンを明確にすること、各シーンやシークエンスのムード、目的、時間などの音楽要件を設定すること、そして監督と音楽チームとの信頼関係を築くことだ。

スポッティング後――音響と音楽のキュー作成と入手

スポッティングセッションのあと、音響技師とミュージックエディターは、DAWで各オーディオの配置と長さを設定する、いわゆる「作品のブレイクダウン」を行う。それから編集を準備するにあたり、音響と音楽を入手する。

フォーリーアーティスト（フォーリーウォーカー、ダンサー）が妙技を披露するフォーリーステージ（フォーリーピット）。提供：Todd-AO/Ascent Media Creative Services

音響と音楽のキュー作成

ＡＤＲエディターは、ＡＤＲステージで録音されるＡＤＲのキューを作成し、フォーリーエディターはフォーリーステージ用のフォーリーのキューを作成する。

ミュージックエディターとアシスタントは、各音楽キューに時間を合わせ、スポッティングのメモを「タイミングシート（ブレイクダウンノート）」に展開する。タイミングシートには、各キューに割り当てられた番号と、キューが流れているあいだに画面で起こることのくわしい説明とともに、音楽が台詞と被らないように、台詞が書かれてある。

音響の入手

新しい音を聴くたびに、新しいアイデアが浮かびます――音は、わたしの創造的な意識の糧となるものです。結果として、『タイタニック』では膨大な量のフィールドレコーディングを行いました――生音のフィールドレコーディングは六〇時間ほどもあります。わたしたちは、あらゆる種類の音を収録しました。風の音の四重音や、水処理プラント、船の下でのハイドロフォニック録音など、膨大な量の水がある環境での録音もあります。マイクをいろいろとおかしな場所に設置し、船体のなかにも入れて、水が生み出すさまざまな種類の音を収録しました。 ――クリストファー・ボイズ、サウンドスーパーバイザー（『アバター』『リメンバー・ミー』『タイタニック』）

ＳＦＸのレコーディング

音響技師は、独創的で印象的な方法でサウンドを創造し、発見し、操ることにやりがいを感じる。音響技師は、一九六八年製フォルクスワーゲンのマイクロバス、グアテマラのアマガエル、ラッシュアワーのガーデン・ステート・パークウェイなど、特定のサウンドを見つけて録音するのに時間をかける。こうしたサウンドを、さまざまな音源や媒体から探し出してくる。

サウンドライブラリとプロダクションレコーディング

ＳＦＸ技師は、自分で音響を録音するだけでなく、オンラインのサウンドライブラリも利用する。多くのＳＦＸ技師は、仕事ごとに拡張していく膨大なサウンドライブラリを所有している。また、プロダクションレコーディングや作品のポストハウストラックも頼りにする。代替テイクを掘り起こしたり、撮影現場の録音担当者が作成した「音響の別撮り（音声Ｂロール）」のなかから探し出したりもする。

フォーリー

通常、撮影現場で録音された自然な音声と、フォーリーサウンドを区別することは困難だ。これは、シーンを再現して〝自然な音〟を作り出す、フォーリーアーティストやエディターの手腕によるものだ。フォーリーアーティストが作業するフォーリーステージは、意図的に造形された廃品置き場で、草地、砂利道、砂地、コンクリートなど、あらゆる種類の地面が設置されている。フォーリーアーティストは、思いがけない素材や小道具からリアルなサウンドを作り出す。たとえば、コーンスターチで覆った粗塩の上を歩くと、雪を踏みしめる音がする。長編映画や高予算のテレビ番組ではフォーリーを使うが、通常、テレビや企業ビデオ、その他の作品では予算の範囲外である。フォーリーにかかる費用を削減するには、ロケ時に良質な音を録音し、一流の音響技師とミキシングスタッフを雇うことだ。

典型的な音響ワークフロー

映像と同じように、音響にもワークフローがある。同じように進むプロジェクトはふたつとしてないが、ここでは基本的な音響ワークフローを紹介する。

音楽の入手

カメラや台詞では伝えられないことを、音楽は代弁してくれます。映像でかならずしも明示されない、より深い感情に迫ってくれます。映画音楽に懐疑的な人は、一生音楽なしの映画を見るはめになればいいのです。——デヴィッド・ラクシン、劇伴作曲家(『ローラ殺人事件』〔一九四四〕『虹を掴む男』〔一九四七〕『悪人と美女』〔一九五二〕)

音響ワークフロー

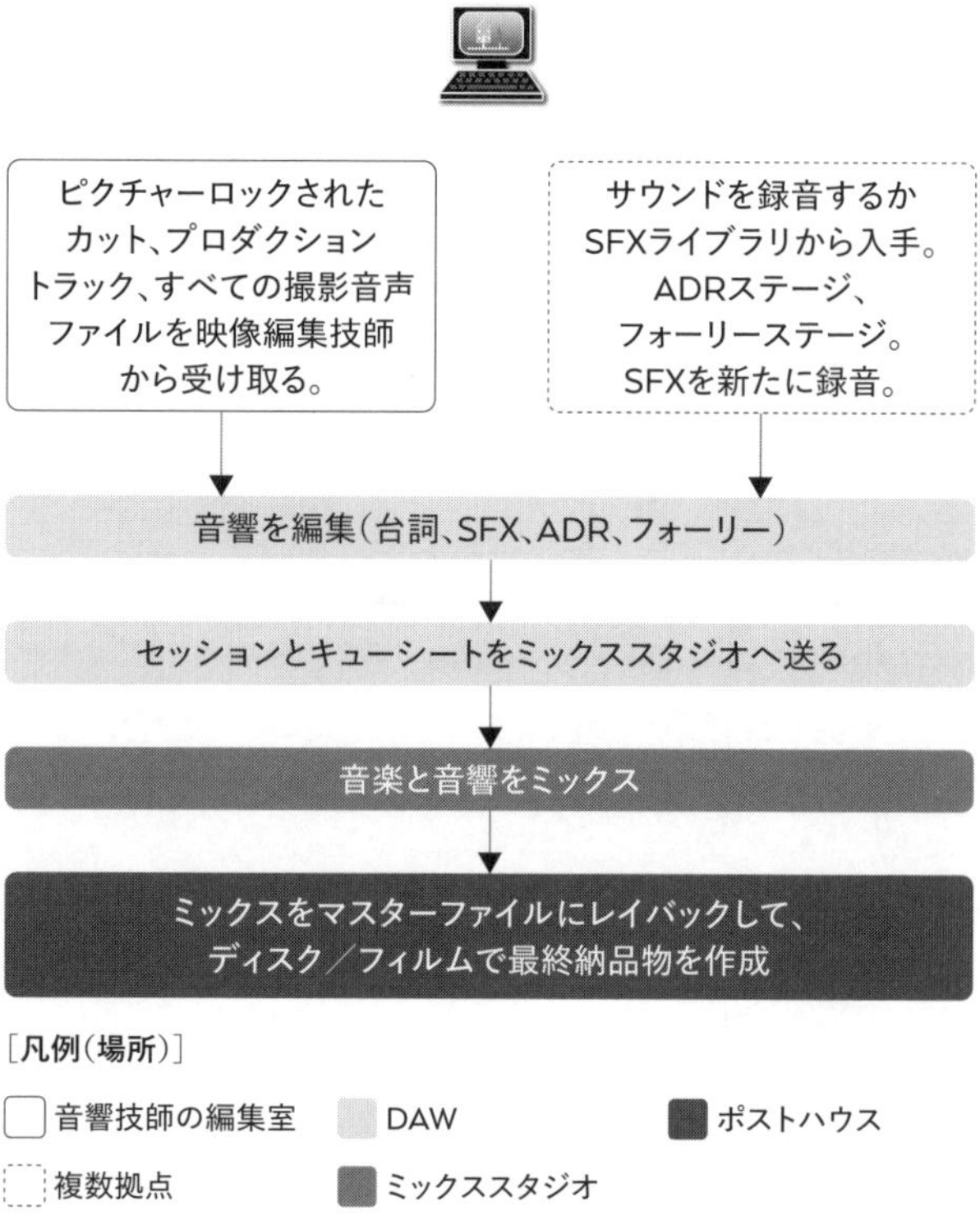

ピクチャーロックされたカット、プロダクショントラック、すべての撮影音声ファイルを映像編集技師から受け取る。
サウンドを録音するかSFXライブラリから入手。ADRステージ、フォーリーステージ。SFXを新たに録音。
音響を編集(台詞、SFX、ADR、フォーリー)
セッションとキューシートをミックススタジオへ送る
音楽と音響をミックス
ミックスをマスターファイルにレイバックして、ディスク／フィルムで最終納品物を作成
[凡例(場所)]
音響技師の編集室
DAW
ポストハウス
複数拠点
ミックススタジオ

ミュージックエディター（雇えない場合は映像編集技師）は、さまざまなソースやフォーマットから音楽を入手する。このセクションでは、これらのソースについて説明し、あなたの作品で音楽を使用する権利を取得する方法について説明する。

作曲

劇伴作曲家を雇って楽譜を作ったり、ソングライターを雇って曲を作ったりすることもできる。あるいは、十分な知識と勘があれば、自分で音楽を作成することもできる。

劇伴作曲家と劇伴

低予算の作品では、劇伴作曲家が劇伴を作り、シンセサイザーで録音して、ミュージックエディターへ渡す。予算が潤沢な作品であれば、劇伴作曲家は劇伴をレコーディングセッションへ送り、指揮者が演奏者を率いて録音する。

ソングライターと歌

> 映像技法を口ずさみながら映画館を出てくる客はいない。*
> ——業界でよく知られる言いまわし

ソングライターと契約して新たに作曲する場合もあれば、すでに作曲されたものを使用する場合もある。いずれにせよ、楽曲の「使用許諾を得る」必要がある。楽曲の使用許諾を得るには、「シンクロ権」と呼ばれる「音楽出版権」を持つソングライターと、「原盤権」を持つレコーディングした歌手の両方に使用料を支払い、許可を得る必要がある。使用許諾が得られたら、音楽出版社から映像に楽曲をシンクロする許可が与えられる。バンド——特に無名のバンド——の楽曲を使いたい場合は、そのバンドのマネージャーと直接交渉してもいいだろう。

音楽ライブラリ

多くの作品では劇伴作曲家を雇うことができないので、ミュージックエディターが多くの音楽ライブラリのなかから楽曲を入手する。ミュージックエディターは、スポッティングでメモしたキューごとにトラックを試聴し、DAWにインポートする。監督がその楽曲を承認し、制作会社がキューを購入する。音楽ライブラリでは、すべての楽曲が著作権で保護されているので、権利の問題は生じないが、契約書に隠れた料金がないか精査するのが賢明だ。特定のサイトでは無料で楽曲を入手できるが、通常は特定の期間と作品タイプでライセンスを取得する。

音楽トラッキング

劇伴作曲家がいる作品でも、劇伴作曲家が映画全体のた

スタジオは、登場人物が裏庭で歌うのは品位に欠け、映画のテンポを遅くすると考え、『オズの魔法使』から「虹の彼方に」を削除しようとした。

めに作曲することは、そうあることではない。たとえば、あるシーンが追加されたり、以前に作曲された曲を購入したりする場合がある。その場合、劇伴作曲家はミュージックエディターに作品のその部分を「トラッキング」するように依頼する。トラッキングとは、ミュージックエディターが曲をシーンに合わせたり、劇伴作曲家がすでに作曲した曲をアレンジしたりすることだ。ミュージックエディターは多くの場合、テンプミックス用に選曲、編集して「テンプをトラッキング」する。楽曲の一部は最終的なミックスに残ることもあるが、ほとんどはフィルムスコアリング中に差し替えられる。

ソース音楽

ソース音楽とは、ラジオ、レコードプレーヤー、ピアノなど、画面上に明確な視覚的ソースを持つ音楽のことだ。ソース音楽はバックグラウンドで流されることが多く、通常は購入するが、作曲することもできる。

ニードルドロップ（レコード音楽）

ニードルドロップとは、ライセンス料が必要なＢＧＭ——多くの場合、楽曲と歌——のことだ。この用語は、レコードプレーヤーの針を落とすごとに別料金が必要だったレコードの時代に由来する。

権利とライセンス

作品に使用する楽曲と歌詞はすべて使用許諾を得る必要がある。「著作権フリー」とは、パブリックドメインであるために、著作権も使用料も必要ない楽曲を指す。たとえば、クラシック時代に作曲された楽曲はすべてパブリックドメインである。しかし、パブリックドメインの録音を使う場合、録音した声楽家やオーケストラ、レコー

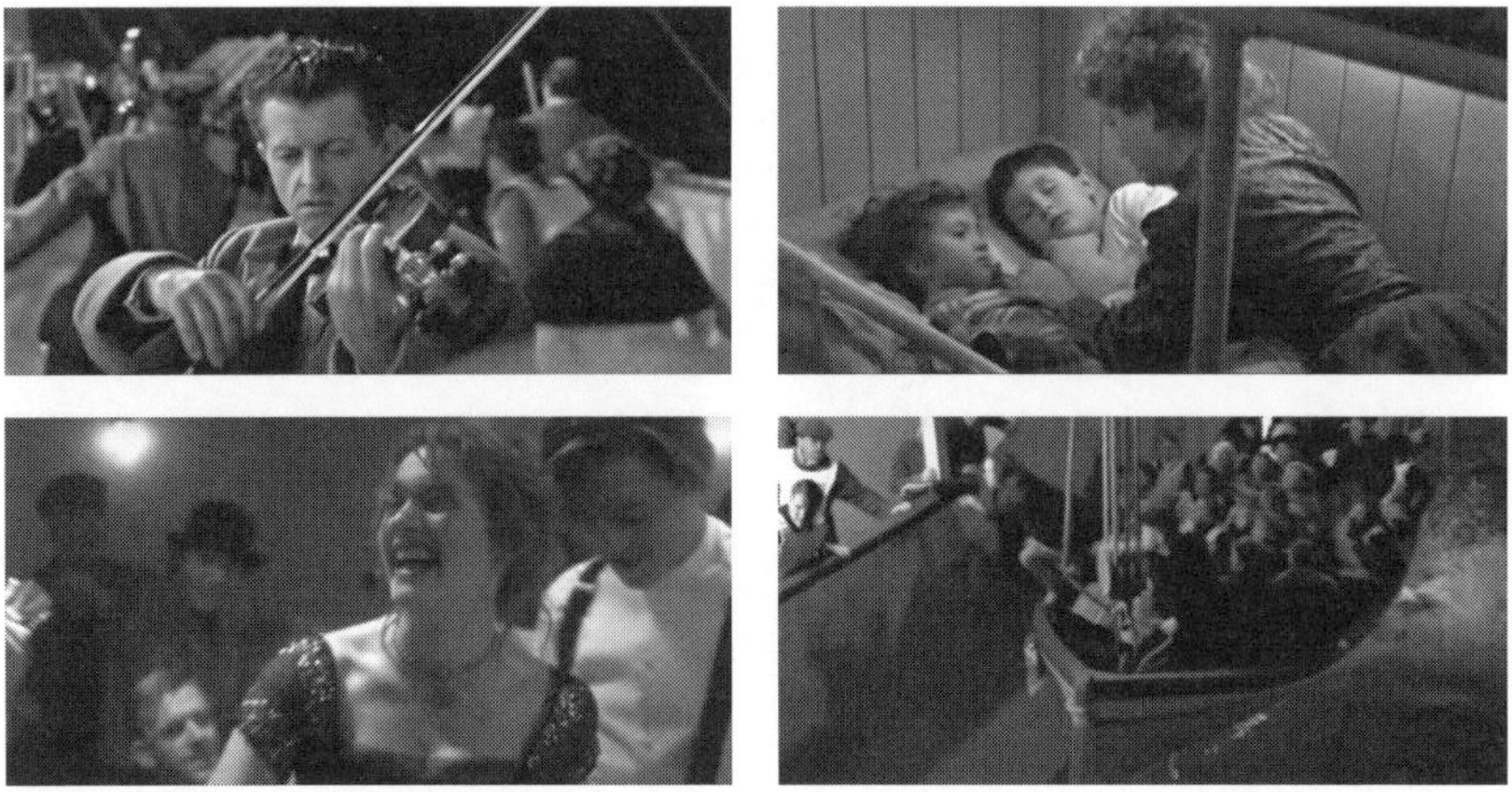

『タイタニック』で、船と乗客が最期を迎えるときにバイオリニストが演奏するソース音楽「主よ、みもとに近づかん」は、心の琴線にふれるものがあり、モンタージュのなかのローズとジャックが離れ離れになる場面も、ふたりのつかの間の幸せをフラッシュバックさせる。

ディング会社に使用料を支払わなければならない。パブリックドメインの楽曲を自分で演奏して録音したり、自分の映画のために作曲したりする場合は、使用料を支払う必要はない。また、テンプミュージックも使用料や権利調査の対象にはならないので、なんでもありだ。

楽曲の使用許諾を得るには時間がかかる。ミュージックコーディネーターと、必要に応じて弁護士を雇おう。コーディネーターは、「音楽レポートキューシート(パブリッシングキューシート)」に、キュー番号、楽曲の使用方法、タイトル、劇伴作曲家、出版社、ASCAP(米国作曲家作詞家出版者協会)、BMI(放送音楽協会)、GMR(グローバル・ミュージック・ライツ)、SESAC(欧州舞台作家作曲家協会)などの演奏権団体を記入し、楽曲のディスクまたはファイルとともにプロダクションへ渡す。

典型的な音楽ワークフロー

次頁のワークフローチャートは、音源からミックスまでの音楽の典型的な経路を示している。

劇伴作曲家と作曲プロセス

美しい音楽を書くのと、その美しい音楽に正しい音色を持たせ、正しいタイミングではじめ、ドラマチックに意味をなす正しい感情のバリエーションにするのとは別物です。——ジェフ・トイン、劇伴作曲家(『フィルシー・リッチ Filthy Rich』[二〇二〇]『ダメッジド Damaged』[二〇一四]『第9地区』[二〇〇九])

監督またはプロデューサーが雇った劇伴作曲家は、プリプロダクション(脚本)、プロダクション(脚本とデイリー)、ポストプロダクション(進行中のカット)のいずれかから作業を開始する。劇伴作曲家を雇うタイミングは、映画の規模や予算、音楽の範囲によって異なる。劇伴作曲家がテンプミックスの音楽を作ることもある。劇伴作曲家のプロセスを説明する前に、いくつかの定義を示す。

音楽ワークフロー

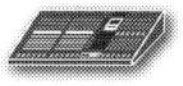

[凡例(場所)]

- ミュージックエディターの編集室
- ミュージックエディターのDAW
- ミックススタジオ
- ポストハウス

劇伴作曲家、音楽ライブラリ、
テンプミックス、撮影現場でのプレイブラック、
ソングライターなどから楽曲を入手

↓

楽曲をDAWに取りこむ

↓

セッションを作成し、楽曲を編集

↓

編集したリールをミックススタジオへ送る

↓

音楽と音響をミックス

↓

ミックスをマスターファイルにレイバックし、
ディスク/フィルムでの最終納品物を作成

▼**シンセサイザー、シンセ**——「箱のなかのバンド」とも呼ばれるシンセサイザーは、楽器を模倣したり、新しいサウンドを作り出したりできる、限りなく多様なサウンドや音楽を生み出す電子楽器だ。DAWに接続するハード(ハードウェア)シンセと、作曲者のMIDIファイルをDAWに書き出すソフト(ソフトウェア)シンセがある。

▼**MIDI**——電子楽器デジタルインターフェース(Musical instrument digital interface)の略。ある電子音楽機器が別の機器に送信する制御信号の種類のプロトコル。専門用語ではないが、MIDIは演奏者のコンピューターがMIDI音源モジュール(例、サンプラー、シンセサイザー)などのさまざまな機器と通信するためのプラグインである。MIDIスコアは音楽を楽譜で表現する。

▼**MIDIコントローラー**——キーボード、ドラムキット、ギター、ピアノなど、MIDIネットワーク上のデバイスでパンやゲインなど個々のコントロールを調整するためのMIDIメッセージを生成する電子音楽機器。

劇伴作曲家。『ようこそ映画音響の世界へ』より。

▼**サンプル**——歌や楽譜の録音に使う、ベース、声、鍵盤、弦楽器などの録音された楽器のパート（サンプル）を取る。

▼**テンポ**——音楽の演奏速度。ＢＰＭ（一分あたりの拍数）で測定。

偉大な作曲家であるとか、すばらしい音楽家であるとか、そういうことではないと思います。わたしはそのどれでもありません。もしあなたが、登場人物と向き合って、彼らが経験していることを感じようとするなら——観察し、その顔つきや手ぶりを見つめ、映像のまわりを見渡してみれば——それはあなたを通して音楽に変換されていくでしょう。——リサ・ジェラルド、劇伴作曲家／歌手／演奏者（『引き波 Undertow』［二〇一八］『クジラの島の少女』［二〇〇二］『グラディエーター』［二〇〇〇］）

音楽の制作

劇伴作曲家のなかには、ペンや鉛筆、ピアノを使って曲を作る人もいるが、ほとんどの場合、シンセサイザーとAbletonやPro Toolsなどの作曲ソフト、またはMuseScoreやSibeliusなどの楽譜作成ソフトを使う。劇伴作曲家は、キューごとに作業しながら、シンセサイザーで楽器をサンプリングし、ＭＩＤＩコントローラーで音楽を再生して、作曲した楽器を選択する。さらに、アルペジオ、エコー、その他のエフェクトを加え、途中で楽器を削除したり追加したり、ピッチ、テンポ、アクセント、ビート、キー、モジュレーションを選択する。

作曲は激しい試行錯誤のプロセスだ。すべての音楽キューは、あらゆる音響要素や映像カットと同じように、

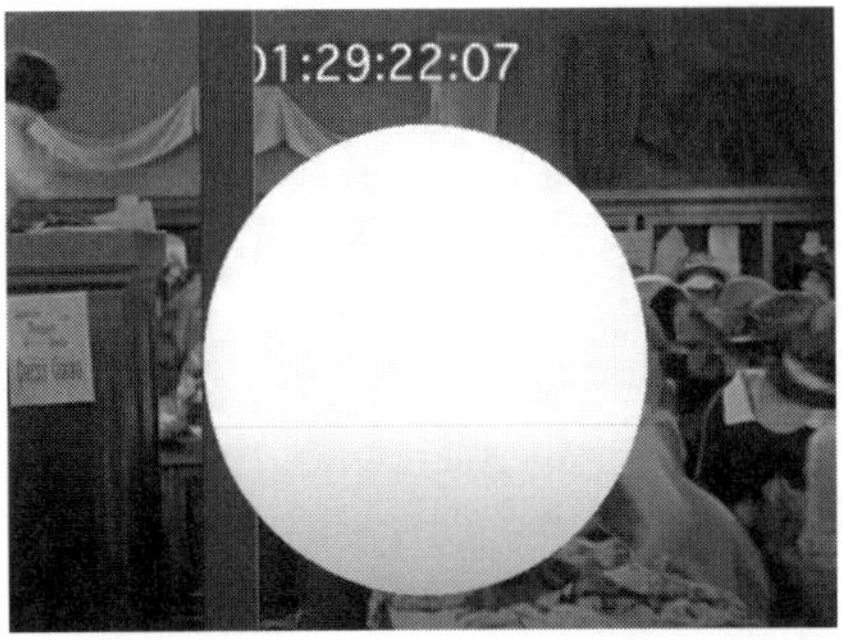

パンチ(白丸)とストリーマー(パンチの左後方の縦実線)。『パンチとストリーマー:映画音楽のメイキング Punches and Streamers: The Making of a Film Score』(2014)より。

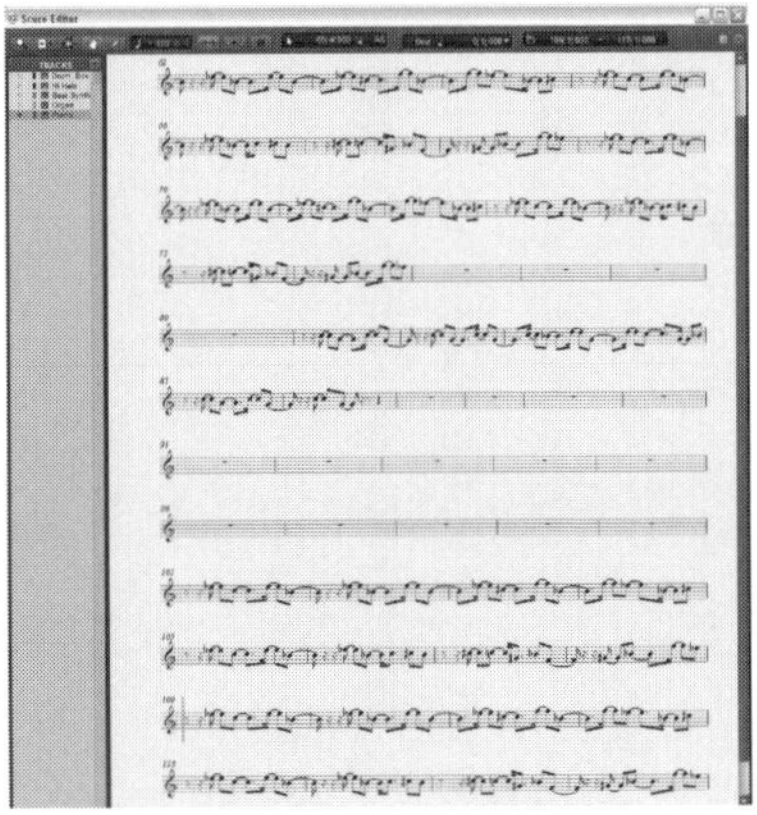

スコアエディター。提供:Avid提供

ストーリーの感情的なビートに役立つものでなければならない。準備ができたら、楽曲を映像に合わせて再生してテストする。音楽のスポッティングのメモは、映像のペーパーカットと同じである。つまり、理論的にはうまくいっても、再生テストではうまくいかないこともある。

フィルムスコアリングセッション

劇伴作曲家が劇伴を完成させると、ミュージックスーパーバイザーは、演奏者がフィルムスコアリングセッションを実施する日程を決める。監督は、直接参加することも、リモートで参加することもできる。

ストリーマー、パンチ、クリックトラック

セッションの準備のために、ミュージックエディターやアシスタントは映像の上に、「ストリーマー」——色つきの線——と「パンチ」——白または色つきの丸——をプログラムする。ストリーマーとパンチは、劇伴作曲家が音楽を開始するタイミングや止めるタイミング、テンポを変えるタイミング、アクセントを加えるタイミングなどを視覚的に示すものだ。また、劇伴作曲家は「クリックトラック」を要求することもできる。クリックトラックは、音楽のキューに先立って警告音を鳴

らし、演奏者のテンポを設定するために使用される。

フィルムスコアリング

演奏者が集い、アシスタント・ミュージックエディターが、各キューの情報(名前、シーンのアクションの簡単な説明、開始と停止のタイムコード、長さ、テンポ)が書かれた「スコアリングキューリスト」を手渡す。このキューリストは、音楽の順番、編集、フィルムスコアリングだけでなく、音楽のミキシングや、その後のライセンス書類の記入にも欠かせない。録音担当者は、弦楽器、金管楽器、木管楽器、打楽器など、それぞれの楽器を別々のトラックにマイク録音して、ミックス時に簡単かつ柔軟に使えるようにする。

キューを作成するには、シーンやセクションがスクリーンやモニターに映し出され、警告クリックが鳴り、ストリーマーがスタートし、指揮者が指揮をし、サウンドブースにいる録音担当者がキューを録音する。録音が完了したら、テイクを再生する。弾きまちがいや咳ばらい、椅子がこすれる音など、監督や劇伴作曲家、録音技師、ミュージックエディターが納得できないような問題があれば、再録音される。監督は自由に意見を述べることができるが、以下の点に注意すること。❶フィルムスコアリングセッ

フィルムスコアリングセッション。提供:Todd-AO/Ascent Media Creative Services

ションは費用がかさむこと。❷その時点で、あなたは楽曲を承認済みで、楽曲に通じていること。❸セッションを進行しているのは劇伴作曲家だということ。❹ミックススタジオでキューを削除してもかまわないこと。テイクに問題がなければ、ミュージックエディターは全員を次のキューへ誘導する。映像のはじめから終わりまで順番に録音するのではなく、同じようなキューはいっしょに録音される。すべてのテイクはデジタルカウンターで計時される。録音されたキューのタイミングは、映像に合わせるため、元のスポッティングのタイミングと極力一致させなければならない。録音担当者とミュージックアシスタント技師は、許容されるテイクごとにタイミングメモやその他のメモを作成する。

最後にひとこと

音響と音楽がどのようにデザインされ、作成され、入手されるかを理解することで、ミックススタジオへ進む準備は万全だ。次の章では、効果音、台詞、音楽がどのように編集され、ミックスされるかを説明する。

音響と音楽の制作方法について監督が知っておくべきこと

- □ 音響は、映画の声とヴィジョンを支える不可欠な要素である。効果音、台詞、音楽は、それぞれの目的を強めるものでなければならない。
- □ スポッティングセッションでは、シーンごとに作品を再生し、停止と開始を繰り返しながら、自分が期待していること、アイデア、疑問を述べ、音響チームや音楽チームからの質問や意見に耳を傾ける。

☐ 音響のキーパーソンは、サウンドデザイナー、SFX技師、フォーリーアーティストおよびエディター、ダイアログエディター、ADRエディターである。

☐ サウンドデザインは、SFX、フォーリー、ADRに加え、静寂の瞬間や、最小限の音響を作り出して、適切な場所に適切な音響を配置する。

☐ 音楽のキーパーソンは、劇伴作曲家、ソングライター、ミュージックスーパーバイザー、ミュージックエディターである。

☐ 音響技師やミュージックエディターは、音響や音楽ごとに、そのサウンドの簡単な説明、トラック番号、開始と終了のタイムコード、また音楽キューの場合は、テンポで構成されるキューを作成する。

☐ 楽曲の使用許諾を得るには、権利を所有する音楽出版社と作詞家の両方に使用料を支払い、許可を得る必要がある。

★01——この技術の名前は、ロケハン、俳優、監督、脚本家など何でもこなした人物であり、一九三〇年代、音響の出現とともにこの録音技術の先駆けとなったジャック・フォーリーに由来する。

★02——俳優たちによる区別のつかない言葉で構成された、バックグラウンドで交わされる非シンクロの会話のこと。

*——[訳註]原文は「No one leaves the theatre whistling a two-shot. —ANONYMOUS」。映画を観終えた客の印象に残るのは、(ツーショット等の技法による)単純な映像ではなく、秀逸な劇伴や挿入歌であるという意味。

第九章

音響と音楽の編集とミキシング

あなたはサウンドミックスの責任者になる。そうであれば、自分の作品のために制作された音響や音楽の可能性を最大限に引き出すために、トラックの作成やミックススタジオでの作業の進め方について理解しておきたいはずだ。この章では、トラックの編集とサウンドのミキシングについて、その世界と用語についてわかりやすく説明する。まずは編集技師から、SFX、台詞、音楽をどのように編集していくのか話を聞いて、ミックススタジオへ進み、プリミックスとミックスのプロセス、そして監督であるあなたが下す決断について説明する。それでは、トラックを作成しよう。

音響と音楽の編集

音は体験の五〇パーセント。――ジョージ・ルーカス、監督／プロデューサー（『スター・ウォーズ』『レイダース／失われたアーク《聖櫃》』〔一九八一〕『アメリカン・グラフィティ』)

音響と音楽の編集は、キューごとやシーンごと、そして機会は少なくなってきているがリールごと(おもに劇場公開用の長編作品の場合)に行われる。編集技師や劇伴作家は、DAW(デジタルオーディオワークステーション)上のセッションで作業する。プロジェクトと同じように、〝セッション〟の括りは、編集技師の設定次第で、シーン、リール、または作品全体になる。映像の各シーンには、SFX、台詞、音楽の複数のトラックがある。なぜかというと、多くのSFX、台詞、音楽のキューは、近くあるいは同時に発生するからだ。キューを効率よくミックスするために、これらを複数のトラックに配置するわけだ。

映像から音響と音楽への引き継ぎ

幸先のよいスタートを切るために、映像部門は作品の現状を全員に明確に伝え、音響と音楽に必要なファイルやオーディオトラックを、要求どおりのフォーマットで、すべてのサウンドレポート、書きこみの入った脚本、コンテリスト、音響納品要件とともに提供する。テンプミュージックやテンプミックスがある場合、そのテンプのファイルやセッションも渡す。

音響と音楽の編集中、あなたの作品はロックからロック解除の状態に戻る(そして最終的に時間が尽き、ミックススタジオへ進むときにのみロックされる)。そのため、映像編集技師(またはアシスタント)は、「変更リスト」や「変更メモ」と呼ばれる変更内容のファイルを音楽および音響部門に渡して定期的にアップデートする。これにより、音響編集技師とミュージックエディターは、自分たちが最新バージョンの映像を編集し、それに合わせて作業していることを確認できる。

サウンドの操作

編集技師は、DAW上でマウスをクリックし、ボタンを押し、ピッチを高くしたり低くしたり、逆再生したり、リバーブやEQ[★01]をかけたりして、大半はさりげなく、ときには大胆に音声を操作する。また、音の長さを圧縮(短く)し、拡大(長く)し、繰り返し、サンプリングしなおし、別のトラックへコピーすることもできる。重要なのは、編集技師が編集し、イコライズし、レベルを合わせ、可能なかぎり余計なノイズを取り除いて、「トラックをクリーンアップする」ことだ。音の振幅(サウンドの強弱)をグラフ化した「波形ツール」は、単語や音節のあいだに入りこんだり、効果音をプリミックスしたりするのに役立つ。

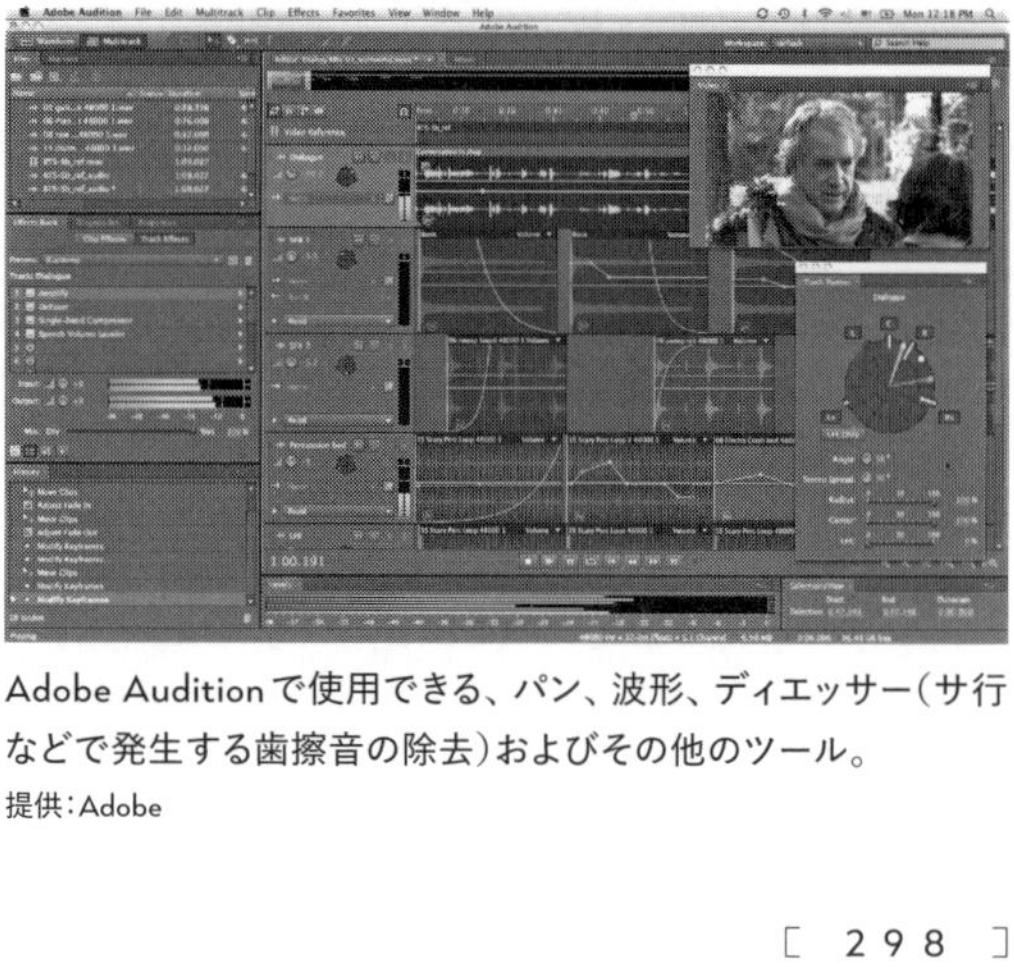

Adobe Auditionで使用できる、パン、波形、ディエッサー(サ行などで発生する歯擦音の除去)およびその他のツール。

提供:Adobe

効果音の編集

音を見る、音を聞く。スクリーンにアクションが映し出されるたびに、それを補完する音が脳裏に浮かびます。効果音のサポートによって、「みずから不信感を捨て」、映画体験に没頭することができるのです。——Skywalker Sound, Ltd.

SFX編集の課題——三匹の犬の鳴き声

スポッティングのあと、SFX技師またはサウンドデザイナー(たいていは同じ人物)が監督と連絡を取り合って、監督のアイデアを実行する。ＳＦＸ技師は、そのほかの音響や音楽の技師たちと同様に、ミックススタジオで代替のＳＦＸキューを用意して、監督に選択肢を与える。編集技師は、各ＳＦＸキューを映像に合わせて試聴し、仕上がりを確認する。ＳＦＸを機能させるためには、次のうちすべてとは言わないまでも、最低でもひとつは実行する必要がある。

❶現実的または自然な映像にする。
例――チワワの鳴き声。

❷感情を誘引する。
例――オオカミの遠吠えが引き起こす孤独感。

❸斬新で想像力豊かなものを見せる。
例――月の犬が地球に向かって吠える声。

フォーリーＦＸの編集

フォーリーエディターは、ＤＡＷ上でフォーリーのキューを作成し、その説明、タイムコード、特別な指示を含む番号付きのフォーリーキューシートとともに、フォーリーステージにセッションを送る。

犬の群れのCG映像からはどんな音が聞こえるだろう。映画『野性の呼び声』(2020)を観るといい。

フォーリーを作成するために、フォーリーアーティストは、マイクのそばのほどよい位置につき、録音担当者がサウンドをキャプチャーしているあいだに、スクリーン上で再生されている映像にシンクロさせて効果音を実演する。

フォーリーセッションのあと、収録したキューを微調整するため、フォーリーエディターへ送る。フォーリーエディターは、フォーリーキューが完全にシンクロしていることを確認し、余計なノイズを取り除いてクリーンアップする。その作業が完了すると、フォーリーセッションを最終フォーリーキューシートとともにミックススタジオへ送る。

台詞の編集

協同はたいせつです。お互いに必要です。わたしは映像編集技師のカットを尊重し、編集技師としてだけでなく、ひとりの映画制作者として話し合いに臨みます。わたしは映画のシーンを学ぶようにしていて、一部の音響技師のようにリールだけで考えたりはしません。——ヴィクトリア・ローズ・サンプソン、台詞・ADR・音響編集のスーパーバイザー(『スクリーム4：ネクスト・ジェネレーション』[二〇一一]『ザ・ファイター』[二〇一〇]『セックス・アンド・ザ・シティ』[二〇〇八]『セックス・アンド・ザ・シティ2』[二〇一〇])

[左]フォーリーステージで足音を立てるフォーリーアーティスト。『ようこそ映画音響の世界へ』より。
[右]アシスタント音響技師がダビングステージ用のサウンドマスターを準備。提供：シャロン・スミス・ホリー

『パラサイト　半地下の家族』の短い会話シーン。

台詞の編集は、観客がふだんは意識していない音響編集の重要な部分だ。しかし、俳優やナレーターが何を言っているのか理解できなかったり、シンクロしていない台詞を見つけたりすると、台詞編集が不足していることに気がつく。これは緻密な作業である。ダイアログエディターは、台詞、ナレーション、VO(ボイスオーバー)が明瞭で作品に適したものであることを確認するために、すべての文章、単語、音節、発話に集中する。この作業には、望ましくない音を一掃し、台詞が各シーンの設定になじむように、音声のギャップを環境音で埋める処理も含まれる。台詞を修正できない場合、ダイアログエディターはADRエディターと協力して、ADRが必要な台詞を特定する。

トラックの分割

「プロダクショントラック」——映像技師が編集した台詞のトラック——は、ミキサーへそのまま送ることはできない。なぜかといえば、サウンドを適切にミキシングするためには、台詞の言葉が密着しすぎているからだ。ダイアログエディターがそのトラックを分割[★02](分離)することで、この問題は解決する。マスターテイクをひとつ目のトラックに、ツーショットを別のトラックに、人物Aのクロースアップを三つ目に、人物Bのクロースアップを四つ目にといった具合に、カメラのセットアップによってトラックを分割する。というのも、カメラのセットアップによって、マイクのセットアップが異なるからだ。音響技師やミュージックエディターにとって、ミキサーのためにキューとトラックをできるだけ効率的に整理することも仕事のひとつだ。各マイクのセットアップを別のトラックで編集することで、ミキサーが作業しやすくなる。

ダイアログを分割する理由

わたしたちは言葉の背後にある雰囲気を編集しているのです。――ヴィクトリア・ローズ・サンプソン

ダイアログエディターは台詞のトラックを分割して、対話のレベルを調整したり合わせたりする。

❖会話の雰囲気を合わせる

ふたり以上が会話している場合、ふたつのショット間で周囲の音に差があるのがふつうだ。たとえば、ベンとジェリーが話している場合、ダイアログエディターはベンをひとつのトラックに入れ、ジェリーを別のトラックに入れる。それから、各台詞の先頭と最後尾で環境音を拡張し、ミキシング時に背景をブレンドできるようにする。これが、台詞を分割する最も重要な理由だ。ダイアログエディターは、言葉よりも環境音のマッチングや操作に多くの時間を費やす。

ヘッドホンを使用して台詞を編集。『ようこそ映画音響の世界へ』より。

❖ある単語や文を特別扱いする

ある単語の音量を上げたり下げたり、フッツ（電話線を通して聞こえるようにフィルターをかけること）をかけたいと

きがある。それを別のトラックに分割することで、フッツ用のトラックとして分離することができる。実際、それはフッツトラックと呼ばれている。

台詞の問題と修正

わたしは、ストーリーの問題を音で解決するのが好きです。たとえば、映画を理解するのに役立つテイクを見つけるとか。——ヴィクトリア・ローズ・サンプソン

ダイアログエディターはヘッドホンを装着して、台詞を明瞭に聞きとり、問題を修正する。プロダクショントラックやその他のトラックで、クリック音や破裂音、俳優が口を動かしたときに鳴るリップノイズなどの不要な音が聞こえると、ダイアログエディターはそれを除去し、音の穴を環境音でカバーする。技術的な理由やその他の理由で、台詞の一部が歪んだり、すべて台無しになったり、ADRが役に立たないことがある。台詞を修正するには、ダイアログエディターはいくつかのテイクから一語ずつ、ときには音節ごとに、違和感なく聞こえるようにシンクロさせてつなぎ合わせる。「アップカットライン(クリップドライン)」とは、フレーズの頭や尻が切れている台詞のことだ。映像技師はヘッドホンを使わずに編集することが多いので、音節が誤って切れてしまっていることがある。ダイアログエディターはその場合、元のサウンドテイクを見つけ、アップカットされた音節を追加する。

ダイアログエディターは、同じ台詞の追加テイクや別バージョンを用意するのが常である。これらの「追加」トラックや「代替」トラックは、「Xトラック」や「Yトラック」と呼ばれ、監督とミキサーに選択肢を与えるものだ。たとえば、ミックスの段階になって、ADRの台詞を使用しないことにしたとき、代替の台詞を選ぶことができ

る。また、ダイアログエディターが代替の台詞を提供するのは、プロダクションテイクを探しまわっているうちに、技術的に台詞の読みがもっといいものを発見したり、監督はこちらのほうを気に入るかもしれないと考えたりするからだ。どちらの場合でも、ダイアログエディターは、セッションでは代替トラックをミュートするが、キューシートに書きとめる。そうすることで、ミキサーはトラックのミュートを解除して、監督のために代替トラックを再生することができる。★03

サウンド間のトランジション

ある音から別の音への移行には、カット、ディゾルヴ、ソフトカットの三つの方法がある。カットは「ストレートカット」や「ハードカット」とも呼ばれる。ある音がフェードアウトし、別の音がフェードインするサウンドディゾルヴは、「クロスフェード」と呼ばれる。「ソフトカット」は、一〜四フレーム程度の小さなディゾルヴだ。厳密には、ソフトカットはクロスフェードだが、カットから数フレームしか離れておらず、カットを和らげる効果があるため、ソフトカットと呼ばれている。ソフトカットは、音響技師やダイアログエディターが台詞を滑らかにするために、至るところで使われている。

ADR

ADRエディターは、台詞のスポッティング中にADRの台詞を記録する。ADRは次のような目的で録音される。

▼劣悪なプロダクショントラックを置き換える
▼撮影後に書かれた新しい台詞を追加する
▼演技を変更する(あまり行われない)
▼新しい俳優で演技の声を入れなおす(めったに行われない)
▼集団や主要人物以外の人々のためにガヤまたは別録音を作成する(このあとの「ループグループ」を参照)。
▼映画館バージョンの台詞、たとえば汚い言葉をテレビ向けに置き換える

ADRのメリット・デメリット

ADRを録音することには、明確なメリットとデメリットがある。長所は、撮影時の問題に悩まされることなく、クリーンな音声が得られ、台詞や演技も思いどおりに、あるいはそれに近いものが得られることだ。短所は、編集技師がADRを映像にシンクロさせるときに明らかになる。つまり、俳優のなかにはADRに長けた人もいれば、そうでない人もいるということだ。ADRエディターは、異なるテイクの一部をいっしょに編集し、ADRを挿入するために単語や音節、雰囲気を調整する。また、ADRのピッチを合わせたり、録音の不具合を取り除いたり、ADRの台詞を機能させるためにEQやリバーブを加えたりする。俳優と編集技師のこうした努力にもかかわらず、演技を完全に一致させることはほとんど不可能なの

ADRはこれほどトラウマになるものではないはずだ。『サンセット物語』(1965)で、ガラス張りのブースに閉じこめられたナタリー・ウッド演じるデイジー・クローバーは、ADR収録中に精神に異常をきたす。

である。もうひとつの難点は、ＡＤＲスタジオの環境音が撮影時の環境音とぜったいに一致しないこと。最後にひとつ、ＡＤＲにかかる費用は、安くない。

ADRの準備

ＡＤＲエディターは、ＡＤＲの台詞のキューを作成し、各登場人物のセッションをＤＡＷ上で作成することで、ＡＤＲの準備をする。それからそのセッションをＡＤＲステージへ送る。

ADRの録音

わたしは通常、俳優にどんな声を出してもらいたいかなどといった演技のアイデアを頭のなかに持っていて、特に演出家の姿が見あたらない場合は、俳優がその地点へ到達するのを助けることが、自分の仕事だと考えてきました。俳優が演じ、わたしが演じないのにはわけがあります。わたしは演技がへたなんです！　でも、わたしはシーンの雰囲気がどう感じられるべきかを知っているし、音響はスクリーンに映し出されるものの魅力を高めます。頭のなかで演技していると言ってもいいかもしれません。　――グウェン・イェーツ・ホイットル、Skywalker SoundでADRエディター／ダイアログエディター／サウンドスーパーバイザーを担当（『ジュラシック・ワールド／新たなる支配者』［二〇二二］『ムーラン』［二〇二〇］『アバター』『ベンジャミン・バトン　数奇な人生』［二〇〇八］）

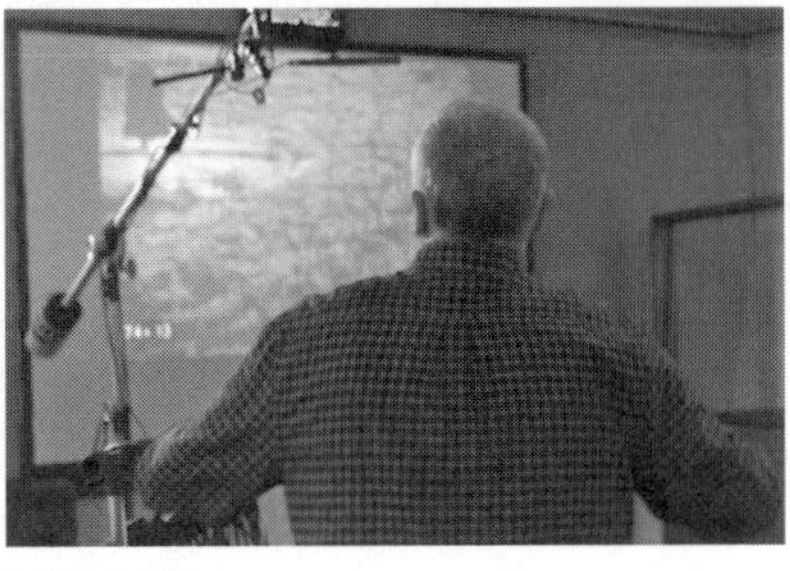

［左］ADRの録音――録音ブースからADRステージを見たところ。
［右］ADRを録音する俳優。『ようこそ映画音響の世界へ』より。

ADRは、ADRステージ（録音ブースとスクリーンのある小さなサウンドステージ）で録音される。監督は、ADRエディター、アシスタント、場合によっては映像編集技師やプロデューサーも同席のうえで、俳優といっしょにテイクを承認する。シーンは、ADRの台詞の数行前からはじまるようにプログラムされる。ビープ音や、ときにはストリーマーを挿入して俳優をうながす。

ADRのキューを録音するために、俳優はキューシートの台詞を研究する。準備ができたら、ヘッドホンを装着し、ステージ上のマイクの前に立ち、スクリーンに表示されるシーンを見る。シーンがADRの台詞に近づくと、俳優には三回のビープ音が聞こえる。四回目のビープ音が鳴るところで、台詞を言う。台詞は演技に合わせて言うことが肝心だ。さもないと、口の動きと台詞が合っていないことに観客が気づいてしまうだろう。ADR録音担当者は、録音ブースで各テイクをモニターし、ADRキューシートに各テイクと、どのチャンネルで録音されたかをメモする。それから、編集技師がDAWでプログラムしたADRセッションにテイクを保存する。

テイクがうまくいったら、次のキューへ進む。うまくいかなければ、シーンがリプレイされ、その台詞をやりなおす。平均して、俳優ひとりにつき一時間で一〇本の台詞を録音できる。ときにはふたりの俳優がひとつのシーンを録音することもあるが、たいていの場合、録音は単独で行われる。ADRの台詞に加え、その登場人物のあとから追加された台詞も録音する。

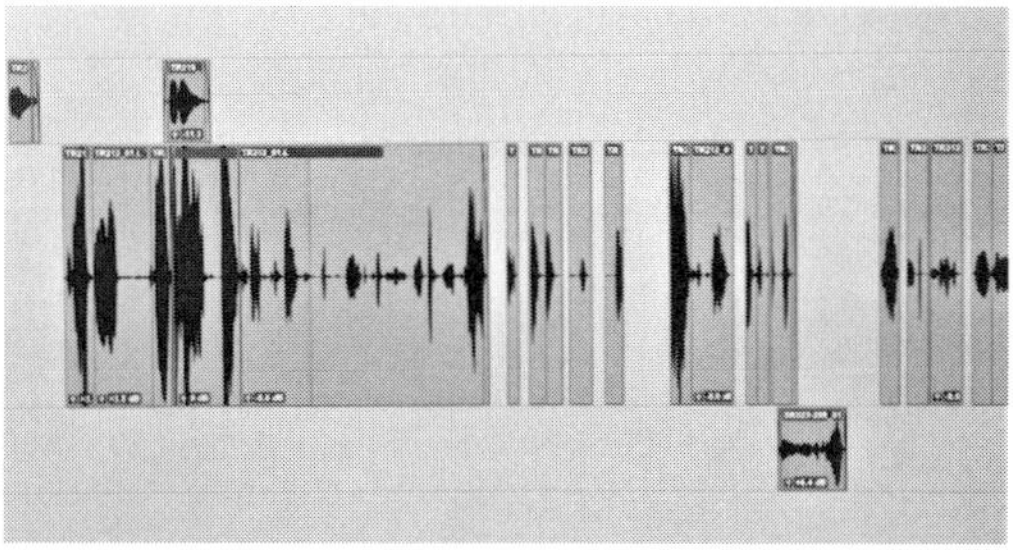

上から下へ、波形をレイアウトしたADRの三つのトラック。『ようこそ映画音響の世界へ』より。

ADRとルーピング――ADRがルーピングと呼ばれる理由

ルーピングは、かつて台詞の差し替えとして行われていた方法である。ルーピング技師は、同じ長さの三つのフィルムループ――映像ループ、ガイドループ(差し替えられる台詞)、レコードループ(差し替えを録音するためのループ)――を作る。俳優が台詞を繰り返すと、ループはシンクロして再生され、ぴったり合うまで何度も録音された。この時間がかかるプロセスは、一九六〇年代にダバー(複数の録音を再生、保持できるフィルムサウンドマシン)が登場したことで時代遅れになった。さらに、一九七〇年代にはアナログテープのADRが登場し、これもデジタルハードディスクに取って代わられた。

ループグループ(ルーパー)

群衆をシミュレートするために台詞が必要な場合、「ループグループ」――俳優のグループ――がADRステージにあがる。編集技師のキューシートをもとに、ルーパーは二種類の台詞を追加する。

▼**ガヤ**――区別のつかない単語で構成される、シンクロしない背景会話のこと。たとえば、ふたりの人物がバーで会話しているときに、酒場のざわめきが聞こえたり、航空会社の係員が飛行機の遅延をアナウンスするときに、怒った乗客の怒声が聞こえたりする。「観客のガヤ」、「カフェのガヤ」、「群衆の

[左]よりリアルなサウンドを作るためのループグループによる屋外録音。
[右]『グローリー/明日への行進』のワンシーン、ペタス橋を命からがら逃げまどう人々の恐怖を伝えるため、走りながら叫ぶ集団。『ようこそ映画音響の世界へ』より。

ガヤ」など、オリジナルのシーンの脚本にガヤが記載されていることもある。スポッティングの際には、録音されるすべてのガヤは書きとめられる。ガヤは、ループグループだけでなく、ロケ現場でも作成できる。ダイアログエディターは、日常的にガヤをふたつ以上のトラックに複製して増幅させる。

▼**別録音**——ループグループは、監督の求めに応じてシンクロしない群衆の台詞も発声する(『グローリー／明日への行進』では、「拘留しろ」、「正義なくして平和なし」等々)。こうした台詞は、日常的に俳優の背中に置かれる(または、少なくとも口元はカメラから外している)ため、リップシンクの問題は起こらない。別録音は、シーンにエネルギーとリアリティを加えることでサウンドを「パンチアップ」するために、オフスクリーンの台詞として作成されることもある。

音楽の編集

音楽編集はテンポとフィーリングが重要で、まったく別の場所で録音された、まるで異なるタイプの音楽をシームレスに融合させるために、適切なキーの適切な場所を叩きます。——ニック・カー、ミュージックエディター(『スポンジ・ボブ／スクエアパンツ』[二〇〇四]、『モダン・マーヴェルズ Modern Marvels』[一九九三]、テレビシリーズ『パワーレンジャー』[一九九三〜一九九五])

優秀なミュージックエディターは、音楽の知識と実験する意欲を携えている。また、この仕事は、劇伴作家、ミュージックスーパーバイザー、映像技師、音響技師の要望と、監督の要望を調整するため、協調性も大いに求められる。

ミュージックエディターは、別々のトラックに分かれているすべての楽器を、より少ないトラックにまとめて録音した、フィルムスコアリングセッションの「ミックスダウン」を受け取る。音楽がシンセで作成された場合は、劇伴作曲家はセッションまたはファイルを音楽といっしょに送る。ミュージックエディターは、音楽トラックをＤＡＷにインポートし、各リールの音楽のセッションを作成する。また、ソース音楽、オープニングクレジットやエンディングクレジットの音楽、歌など、劇伴以外の音楽もインポートする。

トラックのレイアウト

ミュージックエディターは、最初のフレームから最後のフレームまで音楽を入れて、キュー時間と映像に対して音楽が合うかどうかを確認する。うまくおさまれば、それは尺が完璧で、調整しなくてもいいということだ。劇伴がある作品や、既存の音楽を再生しながら撮影した場合のように、音楽に合わせて映像が編集されていれば、多少の調整は必要かもしれないが、音楽はうまくおさまるはずだ。

音楽の所要時間の計測やフィルムスコアリングが行われていない場合は、尺が合わないので、映像に合わせて音楽を編集する。つまり、ショパンを切り刻んだり、コルトレーンを凝縮して旋律を繰り返したり、節を切ったり、小節を並べ替えたりして、音楽をはめこむのだ。効果音やちょっとした台詞で音楽の編集をカモフラージュすることもある。

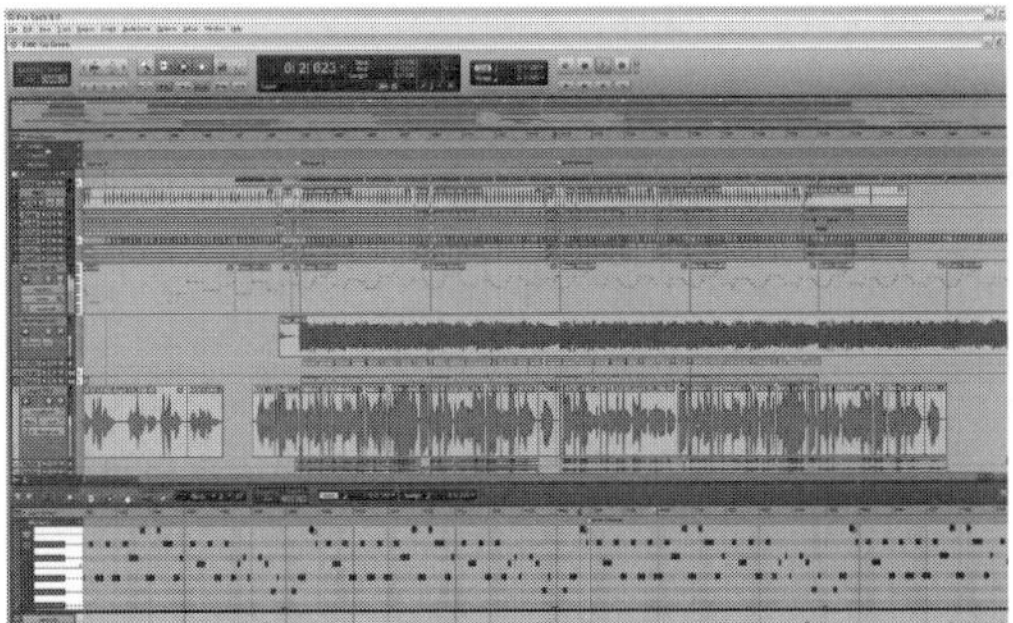
Pro Toolsにレイアウトされた音楽トラック。提供：Avid

ミュージックエディターがすべての音楽を入れて、トラックをアレンジしたら、セッションをミックススタジオへ送る。

トラックを送る——音響と音楽からミキサーへの引き継ぎ

ついに、作品を最終ロックして、台詞、効果音、音楽トラックをすべて編集し終えた。DAWセッションをミックススタジオへ送る前に、音響技師とミュージックエディターは、すべてのリールとトラックがミキサーの仕様に従って適切にレイアウトされ、キューが作成され、ラベル付けされていることを確認する。

キューシート

DAWでは、編集トラックから自動的に「キューシート」が生成される。キューシートは、各トラックを左から順に列として表示する。ミックスでは、シートをテープでつないで、ミキサーがセクションを見て、次にどのキューが来るかを簡単に確認できるようにしている。ADR、ダイアログ、効果音、フォーリー、

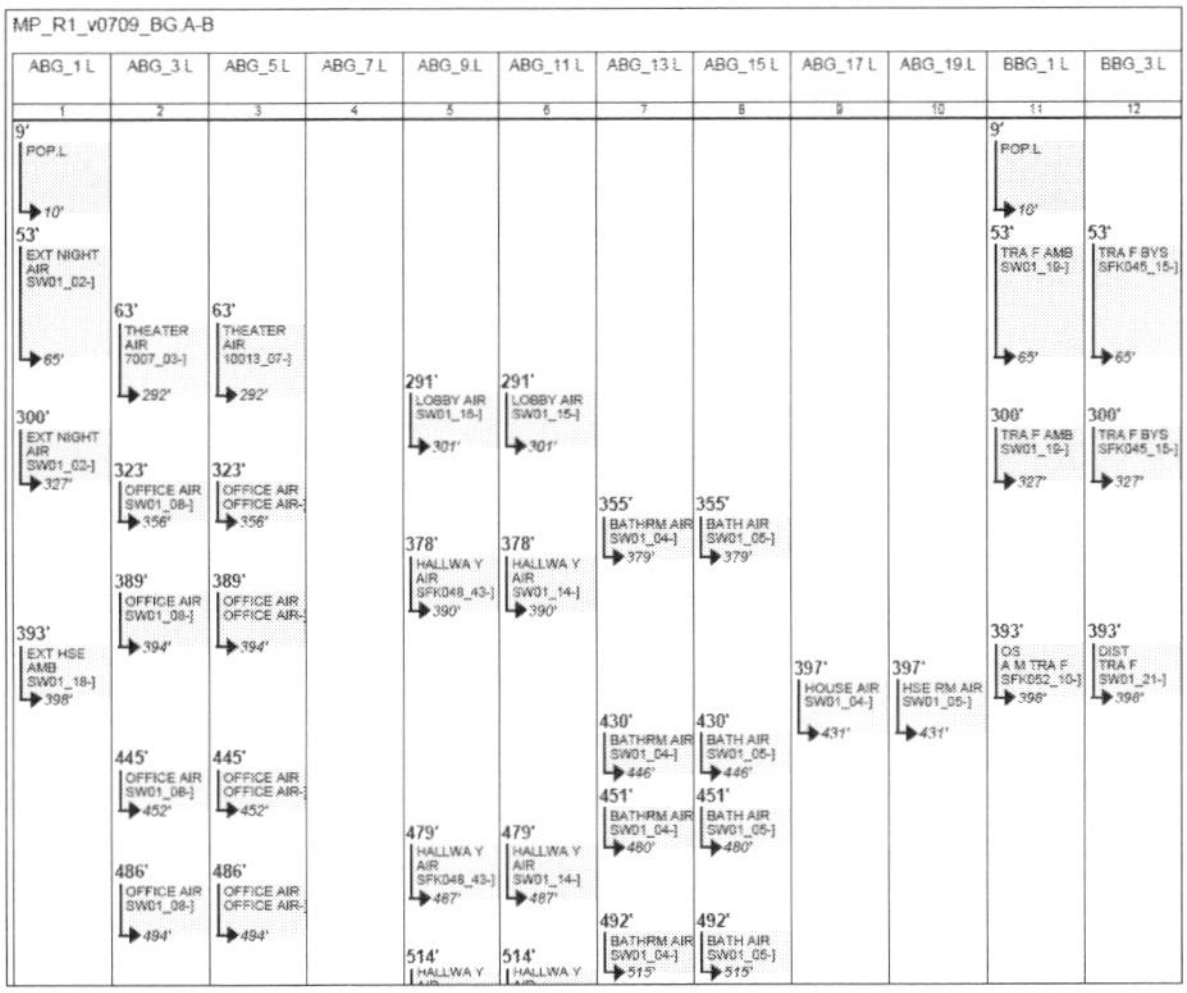

このSFXキューシートは、Pro Toolsからプリントアウトしたもので、BG(バックグラウンドFX)とAMB(環境音)をL／Rの奇数スピーカーと偶数スピーカーのペアに割り当て、ステレオミックスのキューロケーションをフィルムフィートで測定したもの。提供:スハイル・カフィティ

音楽には、それぞれ別のキューシートがある。ステレオミックスの場合(テレビ作品、長編作品、その他多くの作品で一般的)、編集技師が左右(L/R)のスピーカーのリールをペアにして、ミキサーはそれらをふたつのミックスチャンネルに割り当てる。

ミキサーの多くは、DAWのセッションだけを頼りにキューを探し、キューシートは使わない。なかには、メモを書きこめるのでキューシートを使いたがる人や、セッションのトラックとキューのタイムラインを表示するモニターがないのでキューシートを使う人もいる。

ミックス

わたしは編集作業の多くを、実際のところ、音響技師やポストプロダクションのミキサーといっしょに行います。どのようにミックスするかによって、シーンの雰囲気を変えることができます。——ジョン・セイルズ、脚本家/監督/編集技師(『エイトメン・アウト』〔一九八八〕『スパイダーウィックの謎』〔二〇〇八〕『ザ・ピラニア/殺戮生命体』〔一九九五〕)

ミックスは、創造的で、技術的で、時間のかかるプロセスだ。ミックスのゴールは、編集されたサウンド(台詞、効果音、音楽)が調和して、作品のストーリーを支え、監督の意図を満たすように、再録音して組み合わせることだ。ミックス(ダビング)は、作品の長さ、規模、予算にもよるが、一日から数週間、長編作品なら数か月かかることもざらにある。ミックスは高額で、一般的に、一時間に一分というペースで、亀の群れのように進んでいく。

ミックススタジオに必要なもの

それは、監督であるあなただ。

ミックススタジオに入ると――自分で行う前にミックスに参加しておくべきだ――圧倒されるかもしれない。室内は映画館よりも広いこともある。照明パネルやコントロールのつまみがついた巨大なミックスボード(コンソール)があり、その前方には3D風景のようにスクリーンが広がっている。部屋の奥の一段高いところには、監督、プロデューサー、クライアント、編集技師(映像、音響、音楽)用の長机があるが、通常、全員が同時に立ち会うことはない。それでは、席に着こう。

▼**観察する**――作品が、数秒から一、二分スクリーンに映し出される。サウンドトラックが息を吹き返し、うなりをあげる。やがてサウンドはゴボゴボ言いながら消え、映像は黒くフェードアウトし――ミックスが停止する。数秒後、

[左上]複数のミキサー用のコンソールを備えたハリウッドのミックススタジオ。提供:Todd- AO/Ascent Media Creative Services
[右上]ハリウッド長編映画のミキサー、コンソール、映像。『ようこそ映画音響の世界へ』より。
[左下]EQ、ゲイン、ミュートなどのコントロールを備えた同じチャンネルストリップの列を持つコンソールのミキサー。『ようこそ映画音響の世界へ』より。
[右下]ミキサーがチャンネルの出力レベルをコントロールするフェーダーをスライドさせる。『ようこそ映画音響の世界へ』より。

映像もサウンドも復活し、ふたたび処理がはじまる。そしてまた停止する。ミックス作業が終わるまで、このスタート&ストップの繰り返しである。このリズムと作業風景を自分のなかに取りこんだら……

▼**傾聴する**——すべてのサウンドに意識を向けるようにする。はじめのうちは台詞といくつかの効果音だけかもしれないが、そのうち音楽も入ってくるだろう。ミックスの責任者として、監督であるあなたは作品の音環境を作っている。すべてのオーディオ要素が調和して聴こえるように、「バランス」を生み出すのだ。サウンドの密度とストーリーの明瞭さはイコールではない。さまざまな音が混在しすぎると、濁ったサウンド

『チャイルド・プレイ/誕生の秘密』(2013)のミキシング。左上のタイムコードと右上の対応するフィルムフィート数に注目。提供:グレン・T・モーガン

トラックとなり、観客に明確に伝わらない。シーンごとに、あるいはシーン内でも、ストーリーの命ずるところに従って、バランスを変えることができる。

▼ミキサーに集中する――最適なのは、台詞とADRのミキサー、SFXとフォーリーのミキサー、音楽のミキサーの三名がいることだ。二名しかいない場合は、ひとりが台詞と音楽を担当し、もうひとりがSFXを担当する。ただし、配置によってはフォーリーや音楽のキューを交換することもある。また、ひとりのミキサーがすべてを担当することもある。ミキサーは、モニターに映し出されたタイムラインや、目の前に広げられたキューシートを見ながら進めていく。その他の映画制作者と同様、ミキサーは専門的な技術スキルを持つアーティストであり、契約の納品仕様どおりに、監督が望むサウンドを録音し、納品することに専念する。それまで数多くの作品をミックスしてきたとしても、それぞれの作品は唯一無二のものだ。ミキサーは、監督と編集されたストーリーに耳を傾け、作品のサウンドパレットと環境を作りあげる。そのために、監督は……

ミキサーのプリミックス。『ようこそ映画音響の世界へ』より。

▼**聴くことに集中する**——それぞれの音響や音楽のキューは、ストーリーを支えるために機能しているだろうか？　「ホット(hot)」すぎて、やかましくないだろうか。周波数が低く「響きが鈍い(tubby)」、「ベーシー(basey)」なサウンドがその他を圧倒していないだろうか。耳ざわりなほど周波数が高い「ヒッシー(hissy/high in frequency)」なサウンドはないだろうか。あるいは、音声が「刈りこまれ(clipping)」、信号が歪んでいたり過剰変調したりしていないだろうか？　それに、「レベル／ゲイン」(音量レベル)はどうだろうか。★04 ミックススタジオの専門用語や手順を把握していくにつれ、問題を特定し、自分が望むものを説明できるようになるだろう。だが、この世界に精通していなくても心配は無用だ。ミキサーは、音響部門や音楽部門と同様に、監督をガイドするために存在し、監督が述べた要望を聴覚の現実に変換するプロの翻訳者だからだ。

たとえば、あなたが音楽はもっと段階的に入れたいと思うとする。ミュージックエディターはミキサーに、より長く(ゆっくり)はじまる別のキューがあることを伝える。ミキサーは、タイムラインやキューシートでその代替キューを見つけ、それに切り替える。ふたたび映像が流れ、音楽が入ってくる。あなたは満足し、ミキサーも満足する。映像はさらに進み、新しいキューで新しいエリアへ突入する。映像を通じて作業しながら、再スタートするたびに、一度に数分、数秒ずつ作業が進む。

プリミックス

プリミックスはプロセスのなかでとても重要な工程です。サウンド編集やサウンドデザインをしているときは、ほかの要素をすべて聴いているわけではありません。プリミックスではじめて、すべての要素を組み合わせます。

——クリストファー・ボイズ、サウンドスーパーバイザー(『アバター』『アバター：ウェイ・オブ・ウォーター』[二〇二二]『キャプ

――『テン・マーベル』『二〇一九』『リメンバー・ミー』）

「プリミックス」または「プリダブ（プリ・ダビング）」とは、ミックスに先立って行われる、特定のサウンド――通常は背景効果音と台詞――の仮ミックスのことで、要するに、プリダブはミックスを準備するためにサウンドをミックスダウンしたものである。長編映画でプリダブが行われるのは、ミキサーですべてを同時には再生できないほど、多くのトラックがあるからだ。その他の作品では、プリダブはミックスの初期段階を示し、ラフミックスと呼ばれることもある。プリダブを行うおもな理由は次のとおり。

▼レベルを設定して主要な技術的決定を下すため
▼ミックスの時間を節約するため
▼より重要な決定を最終ミックスに残しておくため

サウンドスーパーバイザーと映像技師、ポストプロダクション・スーパーバイザーとプロデューサーは、少なくとも断続的にプリダブに立ち会う。監督であるあなたは、ミックスにはぜひとも参加したいと思っているだろう。プリミックスには参加しなくてもいいと考えているかもしれないが、自分の作品を明確にするこの機会を逃す手はない。音響技師もＤＡＷとともに立ち会っているので、変更が必要であれば、その場で変更できる。プリミックスはミックスの基礎を作るものだ。

プリダブとは

プリダブでは、台詞は台詞のグループで、SFXはSFXのグループでミックスされる。これらは別々のセッションに録音されるため、ミキサーが容易に読みこんで修正や微調整を行うことができる。プリミキサーは、どの音がどのチャンネルに配置されたかを注意深く記録し、ミックス中に位置を特定しやすくする。セッションやリールが完了すると、音響技師がキューシートを更新し、キューがどのように処理されたか(削除、移動等)を反映させる。

ダイアログ

分割されたダイアログトラックはすべて再録音される。代替の台詞は録音されないが、そのトラックはミュートされたままだ。ADRの台詞はプリダブされ、オリジナルのプロダクショントラックは最終ミックスでADRを捨てる場合に備えて保持される。

効果音

SFXは、映画の要求に応じてさまざまなグループに分けてプリダブされる。これらのグループには、フォーリー、BG、特定の登場人物やエンティティのための特定のFXが含まれる。大がかりな操作や決定が必要な効果音はミックスに任せる。

音楽

通常、音楽は劇伴作曲家やミュージックエディターによってミックスされ、最終的なミックスに反映されるため、プリダブは行われない。しかし、ミュージカルや音楽が主役の作品では、レベルや技術的なディテールに重点を置いて音楽をプリダブする。楽器、スクリーンで歌われる歌、その他の重要な楽曲などは分離されるので、ミックス中に最終的な決定を下す余裕がある。

ダビング前のプロセス

単に音が大きいだけ、ハイファイなだけ、デジタルであるだけでは不十分です。その他の音、場所、感情、別の時代を思い出させ、共鳴させる必要があります。——ランディ・トム(CAS)、サウンドデザイナー兼ミキサー(『ポーラー・エクスプレス』『キャスト・アウェイ』『ライトスタッフ』)

音声を再録音するプロセスは、プリダブもミックスも同じだ。作品のミックスは一リールまたは一セクションずつ行うが、かならずしも作品の進行順に行うわけではない。ミックスされる音声にシンクロして映像が進んだり戻ったりすると、画面の下に表示されるカウンターが、タイムコードや、三五ミリフィルムのフィートとフレーム数でカウントされる。ミキサーは、ミキシングボードを操作して、フェーダーを上下させたり、オーディオを左右にパンさせたりして、サウンドをイメージに合うように調整する。ミ

単独ミキサーのセットアップ。提供:ロイド・ミンソーン

キサーはまた、エコー、フッツ、リバーブを追加したり、ノイズフィルター(ノイズ除去器)やハムフィルターでノイズを減らしたりして、オーディオを操作する。このような設定の多くはプログラムできるので、ミキサーはトラックの要求がさらに高度な部分の微調整に時間を費やすことができる。

トラックが再生される最初の一、二回は、ミキサーがレベルやEQなどを試聴する。それからサウンドをミックスし、録音したトラックをセッションに保存する。セクションが完成したら、それを関係者に再生する。監督やほかの人が変更を要求したら、パンチイン★05して、その部分をリミックスしてセッションを保存しなおす。そしてミキサーが最後にもう一度セクションを再生する。全員が納得したら、次のセクションへ進む。キューをひとつずつ、丹念に、あなたの作品に新しい命が吹きこまれていく。

プリダブ後

プリミックスが完了すると、ミキサーはプリミックスのセッションを最終ミックス用に保存する。

ミックス

『プライベート・ライアン』のミックスは、ヘルメットをかぶってやるべきだと思いました。あれほど力強い映画が観客に与える影響は、その製作に携わる人々にとっても同じです。わたしたちは何度も休憩をとり、部屋を出てアイスキャンディを食べました。アイスの自動販売機は廊下のすぐ先にあって、ほんとうはオマハ・ビーチにいるわけではないのだと自分に言い聞かせていました。——ゲイリー・ライドストロム(CAS)、サウンドデザイナー兼ミキサー(『ウエスト・サイド・ストーリー』[二〇二一]『ファインディング・ニモ』『アド・アストラ』[二〇一九]『ジュラシック・パーク』）

ミックスは、作品のストーリー、登場人物、影、テーマに音《サウンド》で彩りを添えて、創造性を発揮するラストチャンスだ。登場人物の思考や感情、作品世界や他者とのつながりをサポートし、明確に表現する必要がある。ノンフィクション作品なら、ミックスはストーリーとテーマを明確にし、観客の没入感を高めるものでなければならない。画面のある瞬間で何を強調し、何を混ぜ合わせるか——FX、台詞、音楽——を決定するだけでなく、画面のどこでサウンドが再生され、どのように移り変わるのかにも気を配りたいはずだ。そんなとき、ミキサーはアクションに合わせて音声をパンすることができる。たとえば、都会の夜道を歩く主人公に聞こえる音を活気あるものにできる。ミキシングを行う際には、観客の視点だけでなく、登場人物の視点も念頭に置くといい。登場人物が体験していることをサウンドトラックに反映さ

ゲイリー・ライドストロムが、『プライベート・ライアン』をミックス。Dデイ当日のノルマンディーに登場人物と観客を連れ去った。『ようこそ映画音響の世界へ』より。

せ、観客がそれを吸収できるように、音声にピンポイントでフォーカスをあてる。

参加者

参加者は、プリダブのときと同じで、ミキサーが二名以上、サウンドデザイナー、映像技師、音響技師、ミュージックエディター、監督、クライアント、プロデューサーである。ミキサーは、監督とサウンドデザイナーの指示を受けながら、ミックスをコントロールする。プリダブを行わなかったとしても、ミキサーは作品を視聴し、監督が構築する音環境を把握しておく必要がある。

重要なのは、全員が協力的なチームメンバーになり、作品の利益を最優先させようとすることだ。多くの場合、ミキサーは以前にも監督やサウンドスーパーバイザーと仕事をしたことがあるので、仕事上の良好な関係はすでに確立されている。ディレクターやサウンドスーパーバイザーのなかには、ミキシングボードの操作方法を学び、積極的にミキシングを行う人もいる。ジェームズ・キャメロンは、『アバター』と『タイタニック』を監督しただけでなく、これらの超大作を(二名の映像編集技師とともに)編集し、共同でサウンドをミックスした。

観客に耳を傾けてミックスする——サラウンド音響

映画制作のコツは、観客の注意を集中させることです。そしてそれは、映画の音響ミキシングにおいても同じことです。すべての要素がつねに作用していなけれ

『アバター』に登場する衛星パンドラの音世界と生物を創造することは、極上のクリエイティヴな挑戦だった。

ばならないと考えるのは、とんだ見当違いです。——ランディ・トム（CAS）、サウンドデザイナー兼ミキサー（『ポーラー・エクスプレス』『キャスト・アウェイ』『ライトスタッフ』）

作品の脚本、撮影、編集が、観客に必要なことを必要なときに伝えるようにデザインされているように、音響もまた同様である。ミックスを通して、作品の各場面で、音響と音楽によって顧客に伝えるべき手がかり、体験、情報を意識してほしい。観客は、台詞よりもDJのプレイ内容に集中するほうが重要だろうか。嵐のシーンでは、台詞よりもSFXやその場にいる体験のほうが重要だろうか。旅の出発シーンでは、家族が希望や不安や夢を口にするほうがいいのか、それとも音楽に支配させて不吉な予感を表現するほうがいいだろうか。

観客に合わせるということは、サラウンド音響に大いに集中するということでもある。「映画にとって観客に、自分がどこにいるのか、映画を観ているのではない、映画のなかにいるのだと、つねに意識させることはとても重要です」と、アカデミー音響編集賞と録音賞を受賞した『ハート・ロッカー』のサウンドデザイナー兼ミキサーであるポール・オットソンは強調してい

『ハート・ロッカー』で、軍曹が爆弾の信管を外そうとしているこの緊迫したシーンでは、米軍兵士たちの必死の会話と、爆弾を巻きつけられたイラク市民の恐怖に満ちた息づかいが、観客をこの場面のなかへと引きこむ。

る。オットソンは次のように続ける。「映画のサウンドがすべて前方から聞こえてくると、観客は映画を観ていると思うにすぎません。ですが、包みこむようなサウンドにすることで、観客は映画のなかの出来事や場所に直接入りこむことができるのです」

ミックス作業中に何が起こるか

プリダブのときと同じように、スクリーンに作品が再生され、カウンターが動き、ミキサーは音楽のキューシートと音響のプリダブレイアウトシートを見ながらボードを操作する。しかし今回は、プリダブした台詞と効果音トラックを、以前にミックスされなかった音楽や台詞やＦＸキューといっしょにミックスする。ここでもまた、レベルやＥＱを操作し、音をブレンドしてバランスをとりながら、ゆっくりと時間をかけて最高のサウンドトラックを作りあげていく。また、ホームシアターや映画館での再生用に、ＬＣＲＳ（左－中央－右－サラウンド Left-Center-Right-Surround）スピーカーチャンネルにもトラックを割りあてる。

ミキサーはフェーダーを操作してレベルを作成して調整する。『ようこそ映画音響の世界へ』より。

３Ｄ作品

完成した３Ｄ映像に対するミックスをついに聴けるようになると、驚くべきエキサイティングな経験になりました。ただ単に、正しいと思うことに従い、最終的に、それがほんとうに起こったことだと信じるようにすればいいのです。――スティーヴ・ボエデカー、サウンドデザイナー兼スーパーバイザー（『アリス・イン・ワンダーランド』『ブラッ

クパンサー』〔二〇一八〕『セブン』〔一九九五〕)

3D作品では、ミキサーは、VFXが完成して3Dバージョンが最終的に利用可能になるまで、2D映像に合わせて作業する。しかし、5・1(現在は7・1)サラウンド音響のために、サウンドデザイナーや編集技師は、サウンドトラックの音響空間がスクリーン上のアクションにマッチするように、長年にわたって、登場人物やオブジェクトを前後左右に移動させながら、実質的に3Dプレーン上で作業してきた。『アリス・イン・ワンダーランド』のミックスについて、ボエデカーは次のように語っている。「3Dでは多くのサウンドトリックが可能です。ですから、効果音を作り、編集し、ミキシングするときに、3Dでは物事がより過激になることをつねに念頭に置くようにしました。チェシャ猫はただ飛び去るだけでなく、あなたの頭上を飛んでいきますし、赤の騎士団は、劇場のなかへ進軍してくるように思えるのです。3Dではより信憑性が増すとわかっていたので、できるかぎりサラウンドを押し出すようにしました」

適量なサウンドでフィニッシュラインを通過

音響の編集やミキシングには収穫逓減《しゅうかくていげん》の法則があてはまります。

『アリス・イン・ワンダーランド』に登場するチェシャ猫。

あまりに多くのものを詰めこむと、それはもう心地よい音には聞こえず、台無しになってしまいます。——ゲイリー・ライドストロム（CAS）、サウンドデザイナー兼ミキサー（『ウエスト・サイド・ストーリー』『ファインディング・ニモ』『アド・アストラ』『ジュラシック・パーク』）

ほとんどの作品では、すべての音響や音楽のキューが最終ミックスに入るわけではない。監督は、次のようなことを検討するだろう。「ADRは機能するのか、それとも特定のキューを削除して、プロダクショントラックと共存すべきか？」「ここでほんとうに音楽が必要なのか？」「この場面でまさに音楽が必要だ」。いくつかのキューを削除したり、ほかのキューを変更したり、進めたり、遅らせたりする。最終ミックスのサウンドトラックのゴールは、すべてのフレームで作品を引き立て、盛りあげることだ。ミキサーがすべてをミックスしたあと、ミックスは最終バージョンの映像に対して再生され、監督の最終承認を得る。

ミックスが生み出すもの——DMEとステム

ミックスの結果、すべてのトラックは、台詞（Dialogue）、音楽（Music）、効果音（Effects）の三つのグループにミックスダウンされる。この三つのグループのミックスダウンは、それぞれの頭文字を取って「DME」と呼ばれる。DMEを個別に分割したものは、「ステム」または「スプリット」と言い、台詞ステム、音楽ステム、効果音ステムがある。音楽と効果音を組み合わせたステムは、M&Eと呼ばれる。これらのステムとフルミックスステムが、標準的な最小セットを形成する四つの基本ステムだ。DMEステムは、次の用途に使用される。

▼再ミックス。作品の一部分をミックスしなおすことは珍しくない

▼オリジナルのステレオミックスからモノラルステムを作成

▼長編映画のテレビ版制作

——後日、テレビで放送できない言葉に被せるために、代替ADRの台詞と撮影時の台詞で再ミックスされる。

▼外国語版(英語以外のバージョン)の作成。台詞ステムは、新しい言語を録音するためのガイドトラックとなり、ミックスではミュートされる。M&Eは、PFX[★06]トラックと吹き替えられた外国語とで再ミックスされる。

ミキサーは、ADRステム、小道具フォーリーステム、足音フォーリーステム、5・1[★07]または7・1[★08]ステム、ナレーションステムなど、納品要件に応じてステムを作成する。また、すべてのドラムビートなど、類似のトラックやステムをひとつのファイルに「バウンス」(グループ化)することもできる。最後に、仕上げ作業の準備として、ミックスをセッションとして保存し、マスターファイルまたはテープに転送する。劇場公開される作品であれば、ミキサーは映写用のファイルやフィルムに入れるプリントマスターを作成する。

最後にひとこと

サウンドの編集とミキシングが完了したら、次はそれを映像と合わせて作品を完成させる。最終章では、この結合と仕上げについて説明する。

音響と音楽の編集とミキシングについて監督が知っておくべきこと

□ 音響技師とミュージックエディターは、監督と連絡を取り合い、アイデアを提案する。ミックスの段階で、特定のキューの「代替」を用意しておくことで、監督に選択肢を与える。

□ SFX技師は、それぞれのSFXキューを映像に合わせて、映像を本物らしく自然に見せたり、感情を誘引したり、斬新で想像力豊かなものを見せたりできるかどうかを判断する。

□ フォーリーアーティストは、フォーリーエディターからフォーリーステージに送られたキューシートに基づいてフォーリーを実演し、録音する。フォーリーセッション後、フォーリーエディターはフォーリーキューをクリーンアップし、完全にシンクロしていることを確認し、余計なノイズを取り除いてからセッションをミックススタジオへ送る。

□ ダイアログエディターは、台詞、ナレーション、VOのすべての文、単語、音節、発話が明瞭になるように、望ましくない音を一掃し、言葉がそれぞれのシーンの設定になじむように、音声のギャップを環境音で埋める。ミキサーが異なる話者の単語や音節を簡単にミックスできるように、カメラの設定によってトラックを分割する。これにより、単語や文章を選び出して特別に処理することができる。

□ ADRの目的とは、まずいプロダクショントラックを置き換えたり、新たに台本に書き加えられた台詞を足したり、演技を変更したり、声を入れなおしたり、ガヤや別録音を作ったり、テレビ用に言葉を入れ替えたりすることだ。

□ ミュージックエディターは、最初のフレームから最後のフレームまで音楽を入れて、キュー時間と映像に対してうまく合うかどうかを確認する。

□ 多くのSFX、台詞、音楽のキューは、近くあるいは同時に発生するため、キューを効率よくミックスすべく、編集技師はこれらを複数のトラックに分けて配置する。

□ ミックスは、作品のストーリー、登場人物、影、テーマにサウンドで彩りを添えて、創造性を発揮するラストチャンスだ。台詞、SFX、音楽など、すべての音声要素をバランスよく配置し、それらが調和して観客の耳に届くことをめざそう。

□ ミキサーは専門的なテクニカルスキルを持つアーティストで、レコーディングや、観客が望むサウンドを作品の納品仕様に合わせて提供することに専念する。

□ プリミックスとは、ミックスに先立って行われる、特定のサウンド——通常は背景効果音と台詞——の仮ミックスのこと。

□ ミックスでは、台詞、音楽、効果音の三つのグループのミックスダウン(DME)が作成される。DMEは、納品要件を満たすステムに分割される。一般的なステムはM&E(音楽と効果音)だ。仕上げのプロセスでは、ミックスはセッションとして保存され、マスターファイルやテープ、フィルム作品の場合はプリントマスターに転送される。

★01——イコライズ(EQ)。音のトーンを変えるために、個々の周波数の音量レベルを調整すること。たとえば、ADRの台詞が本番の台詞トラックと一致するように、台詞はつねにEQ処理される。

★02——台詞を分割する作業のことをチェッカーボーディングと呼ぶことがあるが、これは各台詞の前後にサウンドのつなぎ部分があり、タイムライン上に並べるとチェッカーボードと似ているからだ。

★03——映画史の小話。昔々、『スター・ウォーズ』がまだ構想段階にあったとき、ジョージ・ルーカスは、ダイアログエディターがアシスタントにR2-D2(リール2ダイアログ2)を頼んだのを耳にした——有名ロボットスターの誕生である。

★04――ミキサーは、作品の開始から終了まで一貫したオーディオレベルを確保するために、つねに「ゲインを上げる」。そうしなければ、視聴者はしょっちゅうテレビの音量を調整するはめになる。余談だが、台詞のレベルを同じに保つ、つまり台詞をならすことで、すべての登場人物が互いに話しているように聞こえ、ある人物の声が低く聞こえたり遠くで聞こえたりすることがなくなる。

★05――トラックのセクションを切り離して作業し、周囲は放置しておくこと。

★06――プロダクションの効果音トラックは、足音、手拍子、唇を鳴らす音など、プロダクション(台詞)トラックの一部としてロケで録音した効果音で構成される。

★07――右、左、正面、右前方、左前方のサラウンドチャンネルの五つのチャンネルを持つサラウンド音響。1は、LFE(低域用)チャンネルを表す。

★08――5・1chに、左右の後方チャンネルを加えたもの。

第一〇章

仕上げと納品

これからあなたが進むのは、プリプロダクション、撮影、ポストプロダクションからつながるステップで、作品を完成させて納品の運びとなる最終フェーズである。このフェーズは、撮影現場ほど厳しくはないかもしれないが、全神経を集中する必要がある。あなたが意図したとおりに完成した作品をゴールまで見届けないといけないからだ。

ポストプロダクションの最終段階では、入手可能な最高品質のソースメディア――ファイル、フィルム、ディスク、テープなど――から、ロックしたカットを再作成し、ファイル、フィルム、ディスクなどの最終納品物を作成する。このプロセスは、最終ＶＦＸの挿入、マスターファイルまたはフィルムネガの作成、カラーグレーディング、タイトルとクレジットの追加、最終オーディオミックスのレイバック、それと納品物のアウトプットから構成される。これらの仕上げ作業は、編集技師またはポストハウスが行う。この両方のオプションについて、まずタイトルとクレジットのデザインという一般的な作業から説明しよう。作品が完成したら、予告編やマーケティング、アーカイヴについて考える。それが、本書で説明する最後のトピックだ。

タイトルとクレジット

メインタイトルは、映画のプロローグのようなものです。映画の感情面に対する期待感を高め、ワクワクさせるのが理想です。——カイル・クーパー、タイトルデザイナー（『キングコング：髑髏島の巨神』［二〇一七］『美女と野獣』［二〇一七］『トロン：レガシー』［二〇一〇］『アイアンマン』［二〇〇八］『スパイダーマン2』［二〇〇四］）

タイトルとクレジットは、作品のオープニングとエンディングに追加される文字グラフィックで、情報を表示し、作品に携わった人々を一覧表示するものだ。オープニングクレジットと作品タイトルは、観客にあなたの作品を紹介し、あなたがクリエイティヴを発揮する再度のチャンスを与えてくれる。予算の都合や、クリストファー・ノーランやスティーヴン・スピルバーグのように、好みに応じて無地のタイトルシークエンスにしてもいい。あるいは、タイトルシークエンスを撮影したり、タイトルデザイナーを雇ったりして、観客に深みのある、より興味を引く体験を提供するタイトルシークエンスを制作することも

〈マッドメン〉シリーズ（2007〜15）の落下する男のオープニングクレジットは、広告業界、1960年代初頭の冷めた絶望感、ヒッチコックの『北北西に進路を取れ』（1959）のオープニングクレジットを想起させる。

できる。これは、エンディングクレジットにも適用できる。どのような選択をするにしても、ここでは、監督が下すべき決定について取りあげ、可能性を見出す例をいくつか提供する。

オープニングクレジット

タイトルは、とても大きくも小さくもなりえます。しかし、ストーリーのなかに息づき、監督が繰り出す重要な資質を反映してこそ、真に輝くのです。——スーザン・ブラッドリー、タイトルデザイナー(『アナと雪の女王』[二〇一三]『トイ・ストーリー3』[二〇一〇]『ウォーリー』[二〇〇八]『カールじいさんの空飛ぶ家』[二〇〇九]『モーターサイクル・ダイアリーズ』[二〇〇三]『不都合な真実』)

メインタイトル(オープニングタイトル、オープニングクレジット、ヘッドクレジットとも言う)は、表向きは映画の主要な俳優や制作スタッフの名前を紹介するものだ。しかし、タイトルは、観客が最初に目にするイメージの一部であることから、第一印象を与えるだけでなく、それ以上の効果も期待できる。オープニングクレジットのシークエンスは、映画のプロット、場所、時代、スタイル、登場人物を観客へ伝える手がかりとなり、音楽と並んで映画の感情面のトーンや視点を確立するのに役立つ。

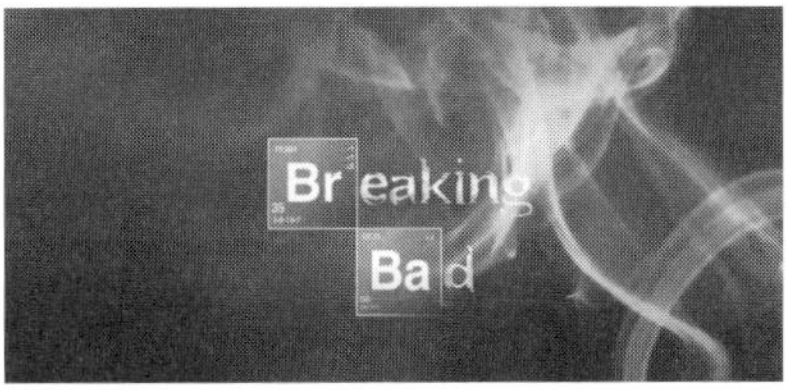

[左]元素周期表の文字とクレジットのテキストの統合は、〈ブレイキング・バッド〉シリーズ(2008〜13)の完璧なセットアップだ。
[右]『アラバマ物語』(1962)は、子供が宝物の箱を開けるところからシンプルにはじまる。

『127時間』の分割スクリーンのオープニングクレジットでは、危険を顧みない主人公が街を抜け出して、運命のハイキングへ出発するべく夜通し車を走らせる様子を紹介。

タイトルシークエンスは、それ自体で成立し、完璧な音楽と組み合わせることで作品のムードを確立できる。『ピンクの豹』(一九六三)のしゃれたタイトルシークエンスに登場するピンク・パンサーは、のちにアニメシリーズ化されるほど人気となったキャラクターだ。インターネットのおかげで、わたしたちはこの印象的なタイトルシークエンスをはじめ、『キャッチ・ミー・イフ・ユー・キャン』(二〇〇二)、『おかしなおかしなおかしな世界』、『007/ドクター・ノオ』(一九六二)などのタイトルシークエンスを好きなときに存分に味わうことができるようになった。

逆に、多くの映画制作者は、タイトルを映画から目立たせるのではなく、ストーリーの説明の一部として溶けこませるほうが好みだ。

エンディングクレジット

エンドクレジットやクロージングクレジットとも呼ばれるエンディングクレジットは、通常、キャスト、スタッフ、撮影場所、謝辞を明記することで、オープニングクレジットよりも実用性を重んじている。プロモのためのスペースを作るべく、日常的にエンドクレジットをテレビ画面の片側へ押しやったり改変したりするネットワークには、残念ながら制作スタッフへの配慮は顧みられない。

スクロールとカード

たいていのエンディングクレジットは、スクリーンの下から上へ、名前と職種が次から次へ、ゆっくりと流れていく。スクロールしていく代わりに、クレジットがスクリーンに飛びこんできたり飛び出していったりすることもある。この場合、各クレジットは「カード」と呼ばれる。主役級の俳優たちは最初にクレジットされ、カードにほかの誰も記載されていない「単独カード」で扱われる。こうしたカードは、そのほかの人たちよりも長く表示される。米国映画の大半は、アクションが終了してフリーズしたあと、黒くフェードアウトし、残りのクレジットを流すときに、VIPのエンディングクレジットをカードで流す。エンディングクレジットに追加の情報やおふざけ（NG集などが一般的）を盛りこむことで映画を延長し、観客が作品世界から現実へ戻るまでのひとときを与えることができる。

『フェリスはある朝突然に』（1986）では、エンディングクレジットののちに、フェリスの強敵であるルーニー校長に、屈辱的な結末が待ちうけている。

タイトルとクレジットの作成

プロデューサーは、クレジットのリストを提供し、その正確さ(職種、名前のつづり、クレジットの順番、DGAやACEなどの職業団体など)に責任を負う。通常、編集技師がデジタルシステム上でヘッドタイトルとクレジットを仮置きする。タイトルやクレジットの見た目や配置については、監督(またはテレビシリーズの場合ならプロデューサー)が最終決定権を持つ。次に、作品を仕上げる場所にもよるが、ポストハウスまたは編集技師がレイアウトを行い、最終的なリストを正確に複製する責任を負う。監督はレイアウト作業に立ち会うこともできるし、クレジットのレイアウトが完全に終わるまで待ってから、それを見て承認することもできる。

GFX(グラフィック)制作用のタブレットを備えた編集機材一式。提供:AlphaDogs

クレジットのヒエラルキー

ハリウッドには、誰が前(オープニング)のクレジットを獲得し、誰が後ろ(エンディング)のクレジットを獲得するかというヒエラルキーがある。監督のクレジットはつねに作品本編に最も近く、本編が開始する直前のクレジットとなる。編集技師(追加編集技師を除く)はつねにオープニングクレジットで紹介され、アシスタント編集技師とその他のポストプロダクションのスタッフはエンディングクレジットで紹介される(テレビ番組では、こうしたクレジットと配置はネットワークによって異なる)。

ときどき、全員のクレジットが作品のエンディングクレジットで紹介されることがあるが、これは、観客をいち早くストーリーに巻きこもうとするときに行われる。この方式では、監督は本編終了の直後の、最初のクレジットで紹介される。クレジットを後ろへ移動するという場合には、契約上、オープニングクレジットに掲載される権利を持つスタッフ(主演俳優、脚本家、プロデューサー、撮影監督、編集技師、サウンドデザイナー、衣装デザイナーなど)は、そのクレジットの配置について〝サインオフ〟——権利放棄のサイン——をしなければならない。

背景

一般的には、映像(超高価)や色つきの背景(高価)、あるいはウディ・アレンがよくやるように、黒地に白文字(安価)でタイトルを設定する。「鮮明なタイトル」とは、読みやすく、にじまない(背景に流れて見えない)タイトルのことだ。鮮明なタイトルにするには、次のことに注意する。

▼白文字が最も鮮明
▼手書き文字は、曲線や不明瞭な文字のフォントと同様に、読むのに時間がかかる
▼青や赤の文字はにじみやすく、可読性が低下する
▼ドロップシャドウ処理は可読性を向上させることがある

ピーター・ジャクソン監督は、『ホビット 決戦のゆくえ』(2014)でも『彼らは生きていた』(2018)でも、クレジットをあとまわしにしている。

スクリーン上の配置

作品内にタイトルを配置する場合、タイトルとフレーム内のアクションがスクリーン上でどのように表示されるかを意識してほしい。重要なアクションやタイトルの一部が切りとられ、観客から見えなくなる事態は避けなければならない。アスペクト比の異なる複数のフォーマットで仕上げる場合、このチェックは特に重要だ。放送局は、クレジットやアクションが画面上の特定の領域に表示されることを要求する。クレジットとアクションがどのように表示されるかを測定するには、セーフタイトルエリアとセーフアクションエリアというふたつの方法がある。編集システムには、下の画像のようなフレーム上に、これらの領域（およびその他の領域）の輪郭を表示するグラフィックオーバーレイの機能がある。

「セーフタイトル」とは、タイトルやグラフィックが視聴者の画面上で切れてしまわないように、安全に配置できる中央の領域のことだ。16：9の

Adobe Premiereのタイトルセーフとアクションセーフのオーバーレイライン。タイトルセーフのオーバーレイに注目してほしい。タイトルはセーフティゾーンの外側にあり、視聴者は各行の最初の文字を見ることができない。アクションセーフは監督の判断である。このサーファーたちの姿をもっとよく見せたい場合は、このショットのあとのほうのフレームを選ぶこと。提供：ジェイ・シューバース

画面では、画面の八〇パーセントを埋めることができる。「セーフアクション」は、セーフタイトルより少し大きく、観客がすべてを見ることができるように、アクションを制限すべき場所だ。監督と撮影監督は、このことを想定して撮影している。もし忘れていた場合は、ポストハウスや編集技師がフレームサイズを変更したり、シーンをパン＆スキャンしたりして、視聴者が必要なアクションを見ることができるように編集する。タイトルとアクションのセーフエリアを無視すると、iPhoneやその他のデバイス、YouTubeやテレビ画面、特に古い４：３の設定では、クレジットとアクションが切りとられてしまうだろう。

クレジットのタイミング

タイミングの要求がある場合は、ポストスーパーバイザーが知らせてくれる。監督と編集技師は、オープニングクレジットが映像に合うようにタイミングを合わせる。テレビのクレジットは通常、最低一五フレームでフェードアップし、二秒間画面いっぱいに表示され、続く一五フレームでフェードアウトし、合計三秒間表示される。ふつうはクレジットの背後のショットを変えたくないので、ショットには少なくとも三秒間の長さが必要だ。クレジットの背後に映すショットは、スリップさせたり、スライドさせたり、スローにしたりして調整できる。

《遠い昔、はるかかなたの銀河系で……》――字幕スーパーの表示時間

字幕スーパーは、「東部戦線のある地点」や「一〇年後」といった短いものが通常だ。テキストはインタビュー相手の名前と肩書き（「ナンシー・ペロシ下院議長」、「隣人のロレンツォ」など）で構成されることも多い。確実に理解できるように、字幕スーパーは、適度なペースで三回読めるくらいの長さにしておくといい。より読みやすくするために、編集技師は字幕スーパーを画面の下三分の一に配置し、重要なアクションや身体的特徴を妨げないように

する。字幕スーパーがよく、「ローワーサード」とも呼ばれるのはそのためだ。

タイトルは誰がデザインするのか?

タイトルとクレジットは、ポストハウス、タイトル制作プロダクション、デザイン会社、またはプロダクションスタジオでデザインされ、作成される。編集技師が作成することもできる。

❖編集技師

ほとんどのデジタルシステムには、さまざまなフォント、色、ドロップシャドウ、透明度、サイズ、3Dなどの選択肢を備えたタイトルツールが組みこまれている。編集技師は、垂直方向や水平方向に動いたり、トランジションやキーイング効果をともなって表示されたりするクレジットを作成することができる。

［上］ラオスからアメリカへ移住した家族を描いたドキュメンタリーで、アカデミー賞にもノミネートされた『裏切り The Betrayal - Nerakhoon』（2008）で見られるように、字幕スーパーのルールは翻訳字幕にもあてはまる。
［下］ローワーサードルールの例外の証明は、シャーロック・ホームズにお任せしよう。〈SHERLOCK〉シリーズ「ピンク色の研究」（2010）。

Adobe After Effectsなどの別のプログラムから、クレジットファイル、テキストスタイル、フォントをインポートすることもできる。

❖ポストハウス

ポストハウスは、テレビや低予算の作品についてはタイトルとクレジットを、カラーグレーディングと作品の仕上げを終えたあとに追加する。作品がデジタルインターミディエイト（ＤＩ）工程を経て仕上げられる場合、タイトルはＤＩプロセス中に追加される。

❖タイトル制作プロダクション

何十年ものあいだ、タイトル制作プロダクションは映画作品の光学タイトルやタイトルシークエンスを制作してきた。これらに加え、現在では、コンピューターでデザインされたタイトルや、パン＆スキャン、フィルムの修復、ウェブサイトのデザインなどといったサービスも手がけている。実際は、タイトル制作プロダクション、デザイン会社、ポストハウスのサービスは重なる部分が多い。

タイトル制作プロダクションのデザイナーは、監督からの意見と編集技師が提供する映像の助けを借りて、タイトルシークエンス全体を作成する。または、編集技師がタイトルシークエンスの背景映像を編集し、タイトル制作プロダクションがタイトルをデザインして映像と合成する。タイトル制作プロダクションでデザインされた大がかりなシークエンスには、〈００７〉シリーズ、セルジオ・レオーネの監督作品、〈ピンク・パンサー〉シリーズなどがある。

[上]『ピンク・パンサー3』(1976)では、リチャード・ウィリアムズのタイトル制作プロダクションが、オープニングクレジットで数々の大作映画をパロディにしている。
[中]印象的なタイポグラフィのみで映画のオープニングを安上がりに飾ることができる。デヴィッド・フィンチャー監督の『セブン』で実証済みだ。
[下]『大きすぎて潰せない Too Big to Fail』(2011)は、水平方向に流れる株価情報にオープニングタイトルを巧みに埋めこんだ。

❖デザイン会社

一九九〇年代、デジタル技術の進歩により、新しくて高速な合成、モーショングラフィック、編集ソフトが利用できるようになり、タイトル制作のコストが下がった。タイトルだけでなく、著名なデザイナーがコマーシャル、GFX、エフェクト、ウェブサイト、企業コンテンツを制作するデザイン会社というブティック型産業が誕生した。こうしたデザイナーたちが、『マイレージ、マイライフ』(二〇〇九)、『サンキュー・スモーキング』(二〇〇六)、『キス★キス★バン★バン』(二〇〇〇)のタイトル制作技術を発展させた。グラフィックデザイナーが、監督といっしょにタイトルシークエンスを作りあげるようになったのである。

❖スタジオ

ディズニーやピクサーをはじめとする一部のスタジオは、社内にデザインチームを置くことで、映像やブランドを管理している。このようなチームは、

[上]『ウォーリー』のゴミだらけの無人の地球は、エンドクレジットで美術史の授業という形で、土地と人々が再生していく姿を期待させる。
[左]『レミーのおいしいレストラン』のエンディングクレジットは、最後のフレームまで映画を調理しつづける。

『トイ・ストーリー3』、『レミーのおいしいレストラン』(二〇〇七)、『ウォーリー』などの有名なタイトルシークエンスを制作している。

コンフォーミング

カラーグレーディングを行う前に、作品のすべての最終グラフィック(GFX)と動画エフェクト(VFX)を含む最終カットを、高画質メディア(デジタルまたはフィルム)に置き換える必要がある。この作業をコンフォーミングと言い、編集技師(簡単なプロセスの場合)またはポストハウス(デジタルインターミディエイトを作成するような長めのプロセスの場合)によって行われる。

編集技師がコンフォーミングを行う

編集技師は、以下のいずれかの方法で最終カットのファイルを作成する。

❶あなたが撮影したオリジナルの高画質・高解像度のファイルを使ってネイティヴ編集した場合は、タイムラインからファイルを生成する。

❷プロキシ(低画質・低解像度のファイル)を使って編集した場合は、ファイルを作成する前に、編集したクリップを元の高画質・高解像度のファイルに再リンクする。

ポストハウスがコンフォーミングを行う

大規模で高予算の作品や、編集技師が次のプロジェクトやシリーズのエピソードに取りかからないといけない場合、ポストハウスが最終仕上げを行う。すなわち、最終ＶＦＸの挿入、ネイティヴの高解像度ファイルへの再リンク、カラーグレーディング、タイトルやクレジットの追加、最終オーディオミックスのレイバック、放送やストリーミングの仕様やその他の納品要件を満たしているかどうかの確認などといった作業を行う。ポストスーパーバイザーが監督するポストハウスが、ＧＦＸやＶＦＸを完成まで面倒を見ることもある。

フィルムがソース素材や最終納品物に含まれる場合、ポストハウスは「ＤＩ」（デジタルインターミディエイト）を作成する。ＤＩプロセスでは、あらゆるソースフォーマットを対象に、ロックしたカットから最終仕上げプロセス用に——また一般的に、デジタル撮影された作品やフィルムの修復用に——デジタルファイルを生成する。このファイルは、映写／ストリーミング／放送用に、最終的な納品物を、フィルム／ディスク／ファイルで作成するために使用される。ファイルが作成されるとすぐに、監督と撮影監督は作品のカラーグレー

ポストハウスでの仕上げ。提供：AlphaDogs

ディングを開始する。これについてはすぐに説明するが、その前にまず、これから操作する映像に対して、DIプロセスがどのようにアプローチするのかを理解しておくと役に立つだろう。

DIプロセス

作品は真っ白なキャンバスで、DIが絵を描く。このプロセスによって、撮影監督とポストプロダクションのコラボレーションが、それまでよりも格段に進みました。協力し合うこ

［上］Spirit 4K DataCineフィルムスキャナー。
［下］DIワークステーションは、編集、カラーグレーディング、VFX合成、マスターファイル作成に加え、スキャナーやパイプライン内のほかのデバイスとのインターフェイスを備えており、そのマルチタスク能力からDIラボと呼ばれることもある。
提供：ともにDigital Film Technology、New Hat Post施設

とで、その絵のあらゆる心的状態に応じたルックを作り出すことができます。最近では、予算決定と撮影開始の前段階から、脚本を入手して提案することも増えています。――ピーター・ウェア、Stargate Digital FilmsのCOO兼ワールドワイドプロダクション担当シニアVP

DIプロセスはまず、最終ロックしたカットの映像のために、最高品質のデータファイルとメディア――ファイル、フィルム、テープ――を調達する。メディアがフィルムの場合は、「OCN」(オリジナルカメラネガ)を使用する。DIプロセスは、以下に説明するように、変換、コンフォーミング、編集、マスターの四つのステップで進めていく。

変換

ポストハウスでは、すべてのメディアをデジタルデータに変換する。非圧縮テープをキャプチャーし、デジタルファイルをインポートし、OCNとポジフィルムをフィルムスキャナーやテレシネ機でスキャンする。2Kファイルには、カラーグレーディングやその他の仕上げ作業に必要な最小限のデータが含まれている。

コンフォーミング

DI技師は、作品データファイルをDIワークステーションにインポートする。それから、メディアと編集ロックしたカットのコンフォーミングを行い、DPX(デジタルピクチャーエクスチェンジ)ファイルを作成する。DPXファイルは一般的に、2Kファイル、4Kファイルなどのように解像度で呼ばれる。

編集

わたしが撮影監督になって以降の映像制作において、最も大きく貢献したのはDIです。いろいろなタイミングを実行して、確認することができるし、さまざまなバージョンのタイミングをすばやく変えて、自分の行きたい方向を確認することもできます。——ロジャー・ディーキンス、アメリカ映画撮影監督協会（ASC）、『1917 命をかけた伝令』〔二〇一九〕と『ブレードランナー 2049』〔二〇一七〕でアカデミー撮影賞受賞。また、『007 スカイフォール』〔二〇一二〕、『ファーゴ』〔一九九六〕、『シリアスマン』〔二〇〇九〕、『レボリューショナリー・ロード／燃え尽きるまで』〔二〇〇八〕でも知られる。二〇〇〇年に、『オー・ブラザー！』で長編映画としてはじめてDIプロセスを採用

ＤＩ作業における編集とは、映像操作と最終の仕上げプロセスを指し、ロックしたカットは再編集されない。この作業はＤＩプロセスのクリエイティヴなフェーズであり、監督と撮影監督がカラリストといっしょに映像のグレーディング（色調整）を行い、監督が望む正確なルックを実現する。ＷＹＳＩＷＹＧ[★01]の原則が適用され、バージョンが進むたびに、観客の目にどのように見えるかを正確に把握することができる。カラリストは、ＨＤＴＶ、ディスク、フィルム、航空会社版など、納品物ごとに異なるカラーグレードの「ＬＵＴ」（ルックアップテーブル）を作成する場合もある。

この編集フェーズには、タイトル付け、フレームサイズの変更、光学式の最終仕上げ、映像のパン、スキャン、スタビライズなども含まれる。つまり、このフェーズでは、オンラインプロセスとフィルムラボのプロセスを組み合わせ、フィルム、ファイル、テープ、ディスクに出力するためのデジタルファイルを完成させるというわけだ。すべての編集が承認されれば、ＤＩは完成する。

マスター

完成したＤＩは、さまざまな納品物のデジタルマスター（ＤＰＸファイル）に使用され、アーカイヴされる。マスターにはフィルム、ディスク、ファイルの三種類がある。

❖フィルムマスター

わたしたちは、デジタルシネマは製品ではなく、プロセスだと考えています。フィルム映像から高画質のデジタルファイルへ変換し、撮影技師によってカラーグレーディングが行われる一連の流れです。ルックがロックされれば、それが忠実に観客に提示されることをわたしたちは保証します。——ロバート・Ｊ・メイソン、Eastman Kodak Companyの元ゼネラルマネージャー兼デジタルモーションイメージング・デジタルシステムズ担当ＶＰ

「ＤＣＤＭ」（デジタルシネマ配給マスター）として知られるフィルムマスターは、デジタル上映用のデジタル「ＡＰ」（アンサープリント）になる。デジタルＡＰは暗号化されたファイルで構成される「ＤＣＰ」（デジタルシネマパッケージ）になる。ＤＣＰは、ハードドライブ、衛星通信、インターネットを介して劇場へ届けられる。

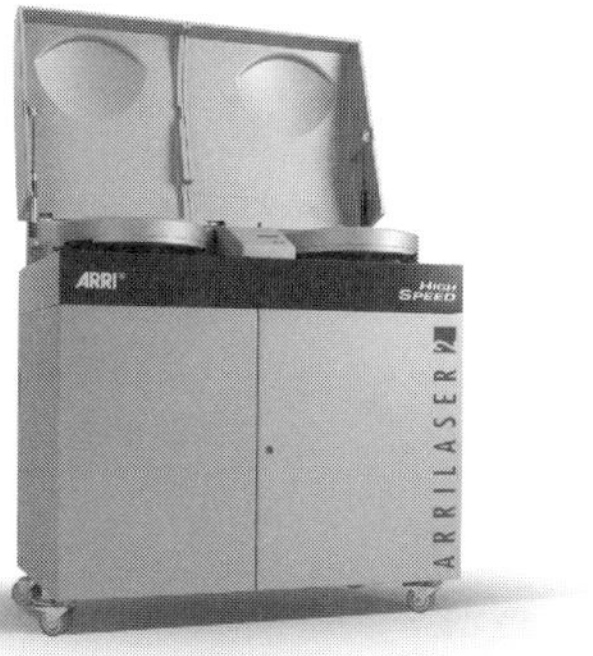

［左］クリスティの最高級デジタルプロジェクターは、4K映画、2D、3Dを最大120fpsのHFR（ハイフレームレート）で投影。デジタルシアター上映は、米国では99パーセント、その他の地域では97パーセントと、ほぼ一般的なものとなっている一方で、フィルムによる映写は、美術館やIMAXシアター、特別なイベント、影響力のあるハリウッド映画監督たちの強い要望によって続けられている。提供：クリスティ
［右］2012年にアカデミー功労賞を受賞したARRILASERフィルムレコーダーは、DIファイルを受け取り、そのデジタル映像をフィルムネガに記録する。提供：ARRILASER

フィルムプリント映写では、フィルムレコーダーがデジタルAPからインターネガを作成する。DIプロセスは、従来の光化学ラボ仕上げの光学プリントとインターポジのステップを省き、三五ミリ、七〇ミリ、IMAXプリントを作成できる。プリントマスターはAPに追加され、音声はエンコードされる。インターネガから従来の方法で作成されたリリースプリントが、配給されて映写される。

❖ディスクとファイルマスター

マスターファイルは、ディスク作成用（DVD用とブルーレイ用）に作成され、サウンドミックスが追加される。その他のマスターファイルは、デジタル放送、予告編、印刷メディアやウェブコンテンツなどの高解像度や低解像度の要件を含むプロモーション材料用に作成される。

カラーグレーディング（カラー補正、カラータイミング）

色によってストーリーが変わり、感じ方も変わります。ですから、ショットからショットへ、シーンからシーンへと色が流れるようにしたいのです。——リッチ・モンテス、Whipping Post Servicesのカラリスト

カラーグレーディングは、カラー補正、カラーマッチング、カラータイミングとも呼ばれ、監督が望む色や照明を、撮影した映像に反映させる作業だ。映画の音楽と同じように、カラーグレーディングは視覚的にムードを作り出し、観る者の感情に作用する。たとえば、すべての肌の色調を一致させるなど、シーンごと、ショットご

デジタルインターミディエイト(DI)のワークフロー

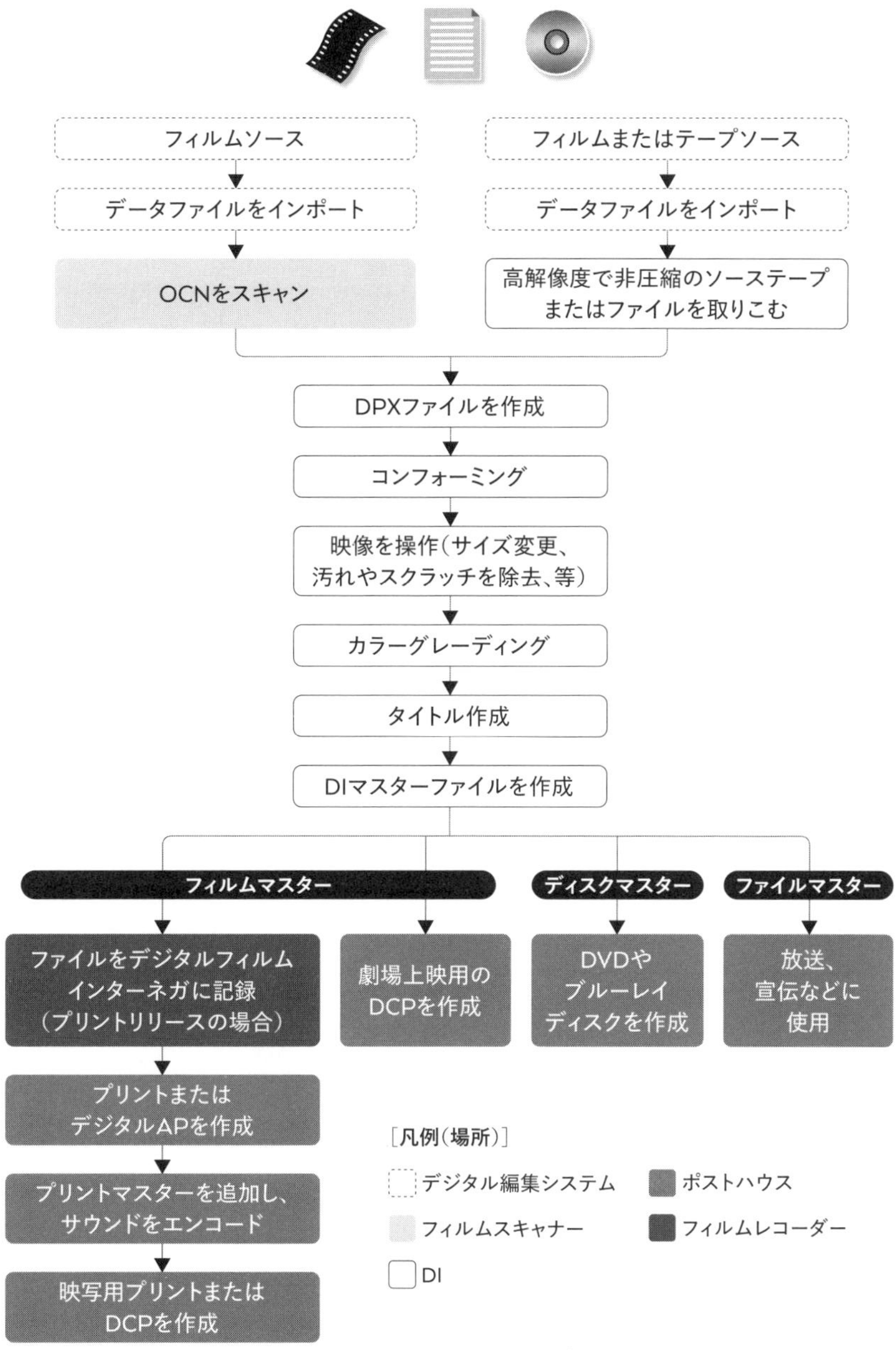

とに色を補正できる。また、カラーパレットを作成し、ビジュアルスタイルを確立して、作品に適用することもできる。今日の洗練されたマット、マスク、キーなどのツールを使えば、ショット内の領域を簡単に分離して異なる処理を行うことができる。

カラーグレーディングは、編集技師がデジタルシステムで行うか、撮影監督といっしょにポストハウスでカラリストが行う。グレーディングが完了し、最終承認★02するまで、監督は立ち会って作業を確認し、シーンを見なおすことができる。

編集技師がカラーグレーディングを行う

高解像度のネイティヴファイルに再リンクして、最終カットのタイムラインを使って作業を行い、各シーン内でショット間の色の一貫性を保つ。デジタル編集システムのカラーグレーディングツールを使えば、肌のトーンを調整したり、光をシャープにしたり拡散させたり、画像を飽和させたり彩度を落としたり、その他さまざまな方法で色を微調整できる。

ポストハウスがカラーグレーディングを行う

映画の最終版を作るのですから、正しい方法で仕上げるためには、いっしょに

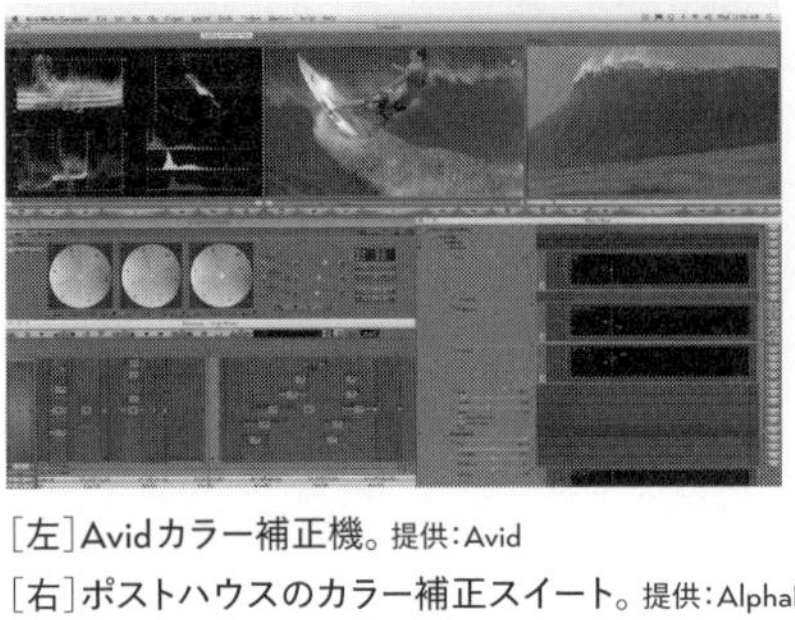

[左]Avidカラー補正機。提供:Avid
[右]ポストハウスのカラー補正スイート。提供:AlphaDogs

仕事をしてくれる優秀なカラリストと適切な施設を見つけることが、とても重要です。――ライアン・ピアーズ・ウィリアムズ、映画監督（『X／Y X/Y』『ザ・ドライ・ランド The Dry Land』）

まずポストハウスで、このフェーズの共同作業者となるカラリストと撮影監督といっしょに、高解像度で処理された作品をスポッティングする。

仮カラーグレーディング

カラリストの本分は、削減すること。――リッチ・モンテス

一部の作品、おもに〝ルック〟とロケーションが確立されたテレビシリーズでは、カラリストが最初のカラー値を設定し、デイリーで仮カラー補正を行う。これは、オフラインで編集する際の連続性を維持し、オンライン後のカラーグレーディングに必要な時間を短縮するために行われる。「DIT」（デジタルイメージングテクニシャン）を起用した作品では、グレーディングの必要性も減り、各画像のカラー値を記録したソフトウェアチャートである「LUT」（ルックアップテーブル）が役立つ。

DaVinci Resolveは、人気のカラーグレーディングシステムだ。提供：Blackmagic Design

プロセス

カラリストは、RGB（赤、緑、青）の三つの色空間[★03]でエンコードされた映像データを補正する。ホワイトバランスの問題や照明の問題を修正し、必要であれば「黒をつぶして」[★04]ブラックレベルを調整する。また、照明の明暗を考慮し、視聴される会場を念頭に置いてグレーディングを行う。カラリストは多くの場合、ルックを確立するためにワイドショットから開始し、シーンの残りのショットをそれに合わせる。会話のシーンの場合は、肌色のグレーディングからはじめることが多い。

補正する項目

すでに述べたパラメータに加えて、以下のパラメータを微調整する。

▼**クロミナンス（クロマ）**——色相や彩度など、各ショットのカラーデータ。

▼**色相**——ビデオ画像や信号に含まれる色の量。

▼**彩度**——色の鮮やかさ——無彩色（無色）に対する色みの強さ。

▼**カラーキャスト（色被り）**——ホワイトバランスが崩れたり、光源が混ざったりして、色が不自然になること。

▼**色域**——デバイスが表示する色と明るさの範囲。カラリストはこの範囲内で作業しなければならない。

▼**輝度**——明るさとコントラストを保持する画像の非色部分。

▼**ダイナミックレンジ**——輝度補正時に黒レベルと白レベルの関係を維持する。

『オデッセイ』（2015）の灰色の地球と赤い火星の色調は、色温度の鮮やかな例だ。

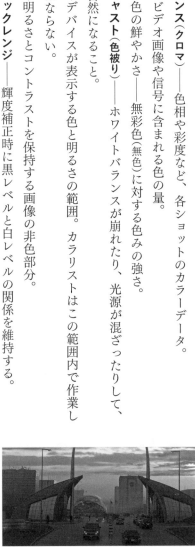

▼**温度**――色のあたたかさや冷たさ。

実現できること

シーン内のその他のショットに合わせるためや、撮影時の意図どおりに見えるようにするために、映像を補正することができる。シーンをあたためたり、冷やしたり、ブルー、レッド、イエロー、セピアなどのカラーフィルターを使用して、さりげなくも露骨にもムードを設定できる。フラッシュバック、フラッシュフォワード、空想シーンの一部として、徐々にシーンの彩度を落としたり、映像の一部分の彩度を落としたりすることもできる。

カラースコープ

色の判断は、自分の目だけに頼ることはできない。また、スクリーンは一様ではないため、機器に頼ることもできない。そのため、カラリストは、色と輝度のレベルを一貫して正確に読みとり、放送信号の規格に適合させるために、数多くのデジタルソフトウェアスコープに頼る。おもなスコープは次のとおり。

▼**波形**――輝度値が表示されるので、映像の明暗を確認したり、ハイライトやシャドウを調整したりできる。

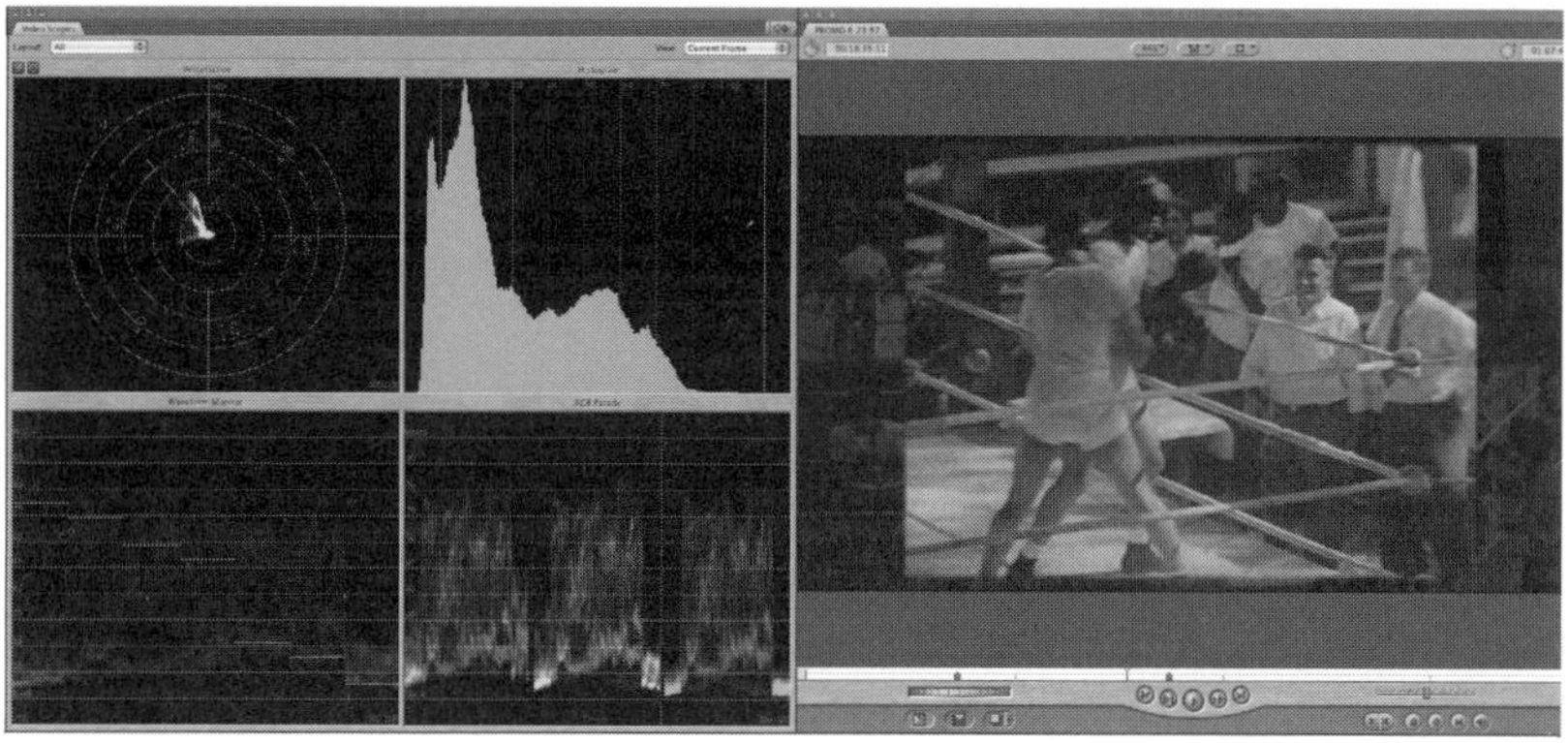

Final Cut Proのカラースコープ。左上から時計まわりに、ベクトルスコープ、ヒストグラム、RGB、波形。

▼**ＲＧＢパレード**。赤、緑、青の三色を別々に並べて表示する波形の一種。

▼**ヒストグラム**――波形スコープのまた別の種類で、映像内の明るいピクセルと暗いピクセルの分布を示す。個々のＲＧＢヒストグラムは、各色のレベルを示す。

▼**ベクトルスコープ**――色相と彩度を測定し、特に肌色の補正に有効。

複数の納品物

劇場用、ＤＶＤ用、ＶＯＤ用に納品する場合、どのようにカラーグレーディングを行うべきだろうか。最善のアドバイスは、メインの納品物用にグレーディングを行うのではなく、またすべての納品物用に折衷案を見出すのでもなく、それぞれの納品物用にグレーディングを行い、ＬＵＴを作成することだ。あなたの作品はそれに値する。

カラーグレーディングで制作されるもの

カラーグレーディングでは、新しい作品マスター、ＣＴＭ（カラータイミングマスター）別名ＣＣＭ（カラー補正マスター）が作成される。Ｃ

『シンドラーのリスト』の色の範囲は、グレースケールの一端からもう一端までだが、殺害された100万のユダヤの子供たちの象徴化である、血のように赤いコートを着ている少女だけは別だ。

ＴＭは新しい編集マスターとなり、そこへタイトルが追加され、最終的なサウンドミックスがレイアウトされる。

最終ステップ――輸出と配送

カラーグレーディングのあとに、タイトルとクレジットが作品に追加される。その後、最終納品物を配布するために、ポストハウスがＣＴＭにサウンドミックスを「レイバック」(追加)するか、あるいは編集技師が、ミックスとカラーグレーディングが行われた作品をデジタル編集システムから出力する。

編集技師が作品を仕上げる

編集技師は、作品をインターネットや会社のサーバーにアップロードするか、展示や配布するためにディスクに出力する。納品要件が異なる複数の納品物を作成することはよくあることだ。監督またはポストスーパーバイザーは、要求されるフォーマットをつねに把握しておく必要がある。たとえば、ＩＭＦ(相互運用可能なマスターフォーマット Interoperable Master Format)は、現在Netflixが要求している新しいグローバルフォーマットで、標準パッケージの作成によって作業の削減をめざしている。

仕上がった編集技師。提供：サンディップ・マハル

ポストハウスが作品を仕上げる

ＣＴＭにサウンドミックスを加えるだけでなく、ポストハウスは、監督やプロデューサーの要望に応じて、オーディオの「スイートニング」(微調整、いわゆるＭＡ)を行うことがある。スイートニングには、最終ＳＦＸや音楽の追加や、その他の調整がともなう。放送やその他の作品では、監督と編集技師は新しいエピソードやプロジェクトへ移るが、ＡＰまたはポストスーパーバイザーがこれらの仕上げ工程のほとんどを監督する。監督が、スイートニング後や出荷前など、さまざまな段階で作品を見なおすこともある。さらに、監督自身やその他の人々のインタビューや削除されたシーンなどの特典映像が含まれ、グラフィックスタイルが必要な場合は、映画のＤＶＤの制作を監督することもある。

ポストハウスで仕上げ。提供：AlphaDogs

作品のフォーマット

ポストハウスは、作品が適切にフォーマットされ、放送やモバイル機器などの納品仕様に適合していることを確認する。フォーマットには、ネットワークで挿入されるコマーシャルの黒字化、クローズドキャプションの追加、バンパーやプレビューの挿入などが含まれる。また、ポストハウスの編集技師は、海外版のクレジットやタイトル、ディスクやVODのメニュー作成用、マーケティングや広報資料用のテキストレスバージョンを作成する。また、作品のQC（品質管理）も行い、問題があればその責任を負う。

納品

APまたはポストスーパーバイザーは、放送局や出展者が要求するすべての要素のアップロード、発送、配送、トレーラー、プロモハウス、マーケティング会社への素材発送を監督する。

予告編

内容をばらしすぎ。本編より出来がいい。見ごたえある部分しか見せない。最高のジョークはすべて予告編にある。嘘つき。予告編は映画鑑賞の醍醐味。うるさすぎる。――リサ・カーナン、著書『これからのアトラクション：アメリカ映画の予告編を読む Coming Attractions: Reading American Movie Trailers』より。

あなたが自分の映画の脚本、監督、出資を行った場合、あなたは映画の予告編を作成することができる。そうでない場合は、契約書に明記されていないかぎり、配給会社が予告編を作成するのが一般的なので、あなたが口をはさめる機会はまずないだろう。少なくとも相談はされるだろうから、予告編に入るものについての実用知識を持っているほうがいい。

チャレンジ

予告編を編集することのむずかしさは、九〇秒以内でストーリーを伝え、売りこむことにある。この超短編映画を成功させるには、ストーリーの順序はきれいさっぱり忘れて、観客を誘惑するのに事足りるぶんだけ開示するのがベストだ。

態度

あなたは、予告編制作を含むマーケティング面には関わりたくないと思っているかもしれないし、予告編に対して相容れない態度をとっているかもしれない。映画ファンの

オーストリアの映画『インポート、エクスポート』(2007)のユニークな予告編は、水平に分割された画面上の複数のマットショットとテキストのフレームで構成され、上部は左へ、下部は右へと、それぞれ反対方向に、映写スライドのように動く。

20世紀フォックスは、AIホラー映画『モーガン プロトタイプ L-9』(2016)の予告編の制作にAIを使用するためにIBMを活用した。IBMの研究者は、AIソフトウェアWatsonに100本の予告編と映画全体を認識情報とともに供給した。Watsonは10個のシーンを選択し、それを編集技師が編集して、音楽が追加され、予告編は24時間で完成し、映画製作者だけでなく研究者たちも驚かせた。

なかには、予告編を観て、あなたの映画を拒絶し、時間と金を節約する人もいるし、予告編を下品なコマーシャルと見なし、予告編が流れているあいだは劇場へ入らない人もいる。一方、ケーブルテレビ局のＩＦＣ(インディペンデント・フィルム・チャンネル)に言わせると、「予告編は本質的に、映画のユートピア的なバージョンを提供する。どの映画も二分半だけなら完璧である」とのことだ。ともかく、予告編は、あなたの映画には身銭を切って観る価値があると、人々に思わせる手段を提供するのだ。

創作

編集技師は、映画の大部分を編集したシーンを受け取り、一、二週間程度で予告編の長さ(通常二分以内)に編集する。予告編をまとめ、アクションやシーンを際立たせるために、さまざまなタイプの音楽の断片を使用するので、音楽に関する知識と、フレーズをシームレスにつなげる手法がきわめて重要になる。予告編の編集技師は、映画のクリップやショットとともに、ＶＯ、ワイプやその他のエフェクトとタイトルを、編集スタイルや現在の文化を反映する方法で使用する。これらは新しい編集スタイルへの突破口になりうる。

アーカイヴ

自分が死んだら、それまで作ってきた作品もいっしょに消えてしまうと思うと、ほんとうに恐ろしい。すべての映画制作者にとって、将来の収益オプションのためだけでなく、将来の世代のために作品を保存することに注意を払うことは不可欠です。――AMPAS（米国映画芸術科学アカデミー）からの独立系映画制作者のコメント、「デジタルジレンマ2：独立系映画制作者、ドキュメンタリー制作者、非営利視聴覚アーカイヴからの視点 The Digital Dilemma 2: Perspectives from Independent Filmmakers, Documentarians, and Nonprofit Audiovisual Archives」より

視界の外、心の外。あなたが人生を捧げた作品は、公開されたあと、どうなるのだろう。映画を制作することで精いっぱいで、将来的な存続は頭の片隅にもなかったのではないだろうか。この最終セクションでは、あなたの作品を後世に残し、継続的に鑑賞してもらうための現在の課題と選択肢を紹介する。

AMPAS★05による研究

「データ消滅」の問題は、人間活動のより多くの側面がデジタル領域へ移行するにつれて、大きくなる一方である。

――AMPAS、「デジタルのジレンマ：デジタル映画資料のアーカイヴとアクセスにおける戦略的問題 The Digital Dilemma:

Strategic Issues in Archiving and Accessing Digital Motion Picture Materials」より

フィルムは全米の何百というアーカイヴ、図書館、大学、スタジオ、テレビ局で保存されている。二〇〇七年、AMPASはスタジオ制作による映画の保存について調査し、八四ページの論文「デジタルのジレンマ」を発表した。その四年後、アカデミーは独立系映画制作者とアーカイヴに関する一三五ページの報告書「デジタルのジレンマ2」を発表した。そのジレンマとはなんだろう。それは、フィルムは何十年ものあいだ信頼されるアーカイヴ媒体であり、テープやデジタルファイルは何年も使用されてきたが、データの将来的な寿命やデータを読みとるデバイスの寿命を保証しうる、標準的で予算に優しいソリューションが、ないということだ。

デジタルで永遠に?——アーカイヴソリューション

画像や音声はどのように保存されるのだろう。四つの

生誕70周年を記念してデジタル修復された『カサブランカ』がDVDとブルーレイで登場。

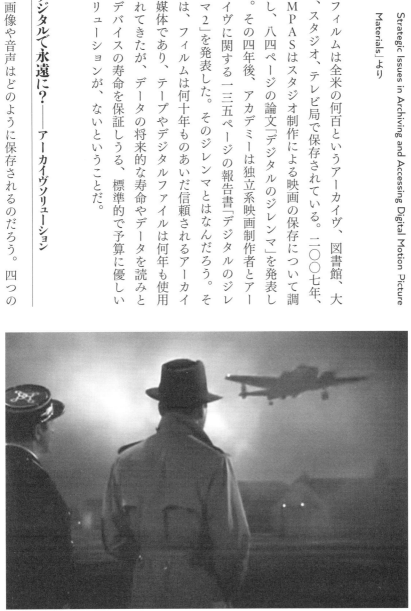

オプションの詳細を以下にまとめた。

1――フィルム

大手スタジオは、フィルムで光化学的に撮影された作品のＯＣＮ（オリジナル・カメラ・ネガ）や、４Ｋ以上でデジタル撮影され、ＤＩプロセスを経てフィルムにスキャンされた作品のインターネガをアーカイヴしている。空調管理され、受動型劣化検出器と実証済み検査プロトコルを備えた室内で、眠れる森の美女のように保管されているフィルムエレメントは、一世紀は延命可能と言われている。

独立系映画制作者にとって、このルートは金銭的に困難だ。

2――デジタル

ファイル、ハードディスクドライブ、ＤＶＤ、ブルーレイといった大量のデジタルデータは、冷蔵保管では不十分だ。デジタルデータは、データへのアクセスを確実にするために、積極的な監視を継続して実施する必要がある。デジタルの腐食を避けるために、データ管理には以下のことが必要になる。

▼複数の場所の複数のドライブにデータをバックアップする
▼定期的に検証を行って、データが元のままの状態であることを確認する
▼新しいフォーマットやドライブにトランスコードすることで、一定期間の持続力を保つ

フィルムやテープのフォーマットは、日常的にポストプロセスでデジタルデータに変換されている。デジタル

データには故障の可能性が多々あり（コンピューター、ディスク、ハードドライブ、ネットワーク、ソフトウェア、実際のメディアなど）、また、技術が陳腐化するサイクルが短いため（ファイルフォーマット、ドライブ、データリーダーなど）、デジタルデータを扱うことは大きな課題となる。

❖経費と約束

寿命と信頼性の問題に加えて、デジタルアーカイヴのもうひとつの欠点は、その価格である。４Ｋプリントの保存には、フィルムマスターの保存よりも一一〇〇パーセント高額のコストがかかる。この問題に取り組んでいる人々には、Ｍ－ＤＩＳＣを提供するMillenniata, Inc.などのエンジニアがいる。Ｍ－ＤＩＳＣは、同社が一〇〇〇年近く使えると主張する光ストレージソリューションだ。

デジタルアーカイヴは、アクセシビリティと収益の面で計り知れない可能性を秘めている。ここ数年、わたしたちはＤＶＤの普及や新旧の映画やテレビ作品のダウンロードを経験してきた。デジタルアーカイヴが収益を生む事業になれば、あなたの作品は数世代先まで見てもらえるかもしれない。デジタル修復が失われた映画を救い、フィルムネガのアーカイヴがデジタル撮影された作品を救うというパラドックスが生じている。

3――テープ

涼しい部屋で適切に保管すれば、テープ素材の保存は比較的簡単で、必要な記録再生システムが保持されているかぎり、何十年も使用できる。磁気テープフォーマットのＬＴＯ（リニアテープフォープン）は、長年にわたり標準的で低コストの選択肢だった。しかし、これには隠れたコストがある。それは、ＬＴＯ技術は、ＬＴＯの認定寿命である一〇年を待たずに進歩しつづけているため、新しいテープを購入して作成する必要があることだ。

より最近のシステム、DOTS（デジタルオプティカルテクノロジーシステム）別名Digi Dotsは、デジタルファイルを金属合金テープに書きこみ、室温で保存でき、磁気による問題は発生しない。発明者のGroup 47のウェブサイトによると、Digi Dotsは「一〇〇年以上保存可能」と謳っている。

4――クラウド

おそらく、映像の共有や作業にはすでにクラウドが利用されているだろう。そこで、アーカイヴにクラウドを利用することの長所と短所を、現在のその他のソリューションとともに以下の表にまとめた。

結論

われわれの仕事は、たとえ当初は意図されたものでなくとも、われわれの集合的な歴史の一部となる。――AMPAS、「デ

アーカイヴフォーマット

フォーマット	長所	短所
フィルム（OCN）	▼一〇〇年の耐久性が証明されている。	▼コスト面
デジタル	▼古いフィルムの修復に使用。例『ナポレオン』（一九二七）の修復 ▼アクセシビリティ――消費者がダウンロードできる可能性のあるアーカイヴライブラリ	▼技術の急速な陳腐化 ▼機器の故障 ▼4K以上のスキャンの場合、コスト高 ▼ウイルスやハッキングに脆弱
LTOテープ	▼ストレージ容量 ▼新しいフォーマットは長い寿命を約束 ▼コスト面	▼実績なし ▼機器の陳腐化と耐久性
クラウド	▼アクセシビリティ ▼コスト面	▼データセキュリティ ▼第三者機関を信頼し、任せること ▼ペタバイトの映像がある大規模な作品の読み出し ▼頻繁に読み出す場合は、コスト面

将来の観客や世代のために作品を残しておくためには、手が届く範囲で、現在の最も耐久性のあるフォーマットに作品を保存することだ。ストレージフォーマットを維持し、見なおし、よりよいソリューションが開発されたら移行するといい。

最後にひとこと

おめでとう！　あなたの作品はオンエアされ、ウェブにアップされ、家庭用エンターテインメントセンターへ配信され、あるいは劇場で公開された。まずは疲れを癒すことだ。そして次の仕事を探し、企画、撮影、編集、納品のサイクルをまた新たに開始しよう。

仕上げと納品について監督が知っておくべきこと

- □ オープニングタイトルは、映画のプロット、ロケーション、時代、スタイル、登場人物を観客に伝える手がかりとなり、音楽とともに、映画の感情的なトーンや視点を確立するのに役立つ。
- □ DIプロセスでは、あらゆるソースフォーマットを対象に、最終仕上げプロセス用にロックしたカットのデジタルファイルを作成する。このファイルは、映写／ストリーミング／放送用に、最終的な納品物を、フィルム

／ディスク／ファイルで作成するために使用される。

- □ カラーグレーディングによって、あなたが望む色や照明を表現し、視覚的にムードを作り出し、観る者の感情に作用させることができる。また、カラーパレットを作成して視覚的なスタイルを確立することができる。
- □ 納品要件が異なる複数の納品物（モバイル機器、インターネット、VODなど）を作成することはよくあることだ。監督、またはAP、ポストスーパーバイザー、ポストハウスは、すべての配信仕様を把握し、それを満たす必要がある。そのうえで、予告編、プロモハウス、マーケティング会社に必要な素材を提供する。
- □ 予告編を作るということは、ミニ映画を制作するということだ。そのためには、作品のストーリー順序から自分を切り離し、説明シーン、アクションシーン、会話シーンを音楽とともに巧みに編集する必要がある。プロットの多くを明かさないようにすること。
- □ あなたの作品を、あなたが購入できる最新の、最も耐久性にすぐれたフォーマットにアーカイヴし、将来のテクノロジーの発展に合わせて移行することで、あなたの作品を将来のオーディエンスと収益のために保存することができる。

観客に届ける。『ようこそ映画音響の世界へ』より。

★01——What You See Is What You Getの略で、「見たままのとおりに得られる」という意味。
★02——おもな例外は、エピソードで構成されるテレビ作品で、その場合APがカラー補正のレビューと承認を行う。
★03——通常、モニターやプロジェクターなどの物理的なデバイスのパラメータによって定義される色の構成。
★04——映像の最も暗い部分からすべての光を除去し、影のディテールを減少させ、コントラストを高め、目を見張る映像にするエフェクト。
★05——映画芸術科学アカデミー、アカデミー賞授与者。

あとがき

ポストプロダクションについてご理解いただけただろうか。これで監督であるあなたは、企画した作品を撮影し、形にしていくうえで、はじめから賢明な方法で進めることができるだろう。多くの協力者たちを得てクリエイティヴな旅を続けていかれるよう祈っている。編集技師たちはあなたに協力できるときを待っている。さあ、舵を取って未来の映画の景色へと進み出そう。

謝辞

本書の刊行は、わたしのまわりにいる寛大な専門家たち抜きでは成すことができなかった。あらんかぎりの感謝を捧げる。

この本を提案してくれたマイケル・ヴィーゼ。

すばらしいイラストを描いてくれたジェーン・ウェーバー。

たくさんのスクリーンショットとランチを提供してくれて、そして編集室ではじめて出会って以来、ずっと友人でいてくれるジェイ・シューバース。

経験豊富な観点から親身に相談相手になってくれたスティーヴ・マッコード、ロリ&ブルース・モティア、フォーン・ヤッカー。

『Reel Women: Pioneers of the Cinema』の著者アリー・アッカー、ジェームズ・フォーシャー教授、エディターズ・ギルド役員のシャロン・スミス・ホリー、Community Media Center of County of Marin の理事ジル・ルサール、ヴィクトリア・ローズ・サンプソンには、写真提供に多大な協力をいただいた。

ドリーン・アレクサンダー・チャイルドは、熱心に校正作業に参加してくれた。ライターにも編集者《エディター》が必要だ。

四五〇点以上の画像と本書のテキストの構成をいっしょに考えてくれた、レイアウトアーティストのデビー・バーンに称賛と感謝を。

この本をスタート地点からゴールまで導いてくれたケン・リー。

シェリー・グリーンは、どの本を執筆しているときもつねに寄り添ってくれて、パートナーならではの存在感を示してくれた。

Out of Africa ©1985 Universal Pictures, All Rights Reserved.
Pan's Labyrinth ©2006 Picturehouse/New Line Cinema, All Rights Reserved.
Paprika ©2006 Madhouse/Paprika Film Partners/Sony Pictures Entertainment, All Rights Reserved.
Parasite ©2019 Barunson E&A, All Rights Reserved.
Paterson ©2016 Amazon Studios and K5 International, All Rights Reserved.
Persepolis ©2007 Sony Pictures, All Rights Reserved.
Private Snafu — A Lecture on Camouflage ©1944 AAF, All Rights Reserved.
Punches and Streamers: The Making of a Film Score ©2014 Emerson College, All Rights
Reserved. Raging Bull ©1980 Chartoff-Winkler, All Rights Reserved.
Ran ©1985 Herald Ace, All Rights Reserved.
Ratatouille ©2007 Pixar and Walt Disney Pictures, All Rights Reserved.
Recorder: The Marion Stokes Project ©2019 Zeitgeist Films, All Rights Reserved.
Rocketman ©2019 Paramount Pictures, All Rights Reserved.
Roman Holiday ©1953 Paramount Pictures, All Rights Reserved.
Saving Private Ryan ©1998, DreamWorks, All Rights Reserved.
Schindler's List ©1993, Amblin Entertainment, All Rights Reserved.
Se7en ©1995, New Line Cinema, All Rights Reserved.
Selma ©2014 Pathé Productions Ltd., All Rights Reserved.
Sherlock, "A Study in Pink" ©2010 Hartswood Films, BBC Productions, & Masterpiece Theatre, All Rights Reserved.
Slumdog Millionaire ©2008 Fox Searchlight Pictures, All Rights Reserved.
Snowpiercer ©2013 The Weinstein Company, All Rights Reserved.
Some Like it Hot ©1959 United Artists, All Rights Reserved.
Star Wars ©1977 Lucasfilms Ltd, All Rights Reserved.
Steamboat Willie ©1928 Walt Disney Pictures©2004
Tangerine ©2015 Magnolia Pictures, All Rights Reserved.
The Aviator ©2004 Miramax, All Rights Reserved.
The Betrayal ©2008 The Cinema Guild, All Rights Reserved.
The Birds ©1963 Alfred J. Hitchcock Productions, All Rights Reserved.
The Bourne Ultimatum ©2007 Universal Pictures, All Rights Reserved.
The Call of the Wild ©2020 TSG Entertainment, All Rights Reserved.
The Civil War ©1990 Florentine Films, All Rights Reserved.
The Cutting Edge: The Magic of Movie Editing©2004 Warner Bros., All Rights Reserved.
The Editor (movie poster) ©2014 Adam Brooks and Astron-6, All Rights Reserved.
The Jazz Singer ©1927 Warner Bros., All Rights Reserved.
The Heretics ©2009 No More Nice Girls Productions, All Rights Reserved.
The Hobbit: The Battle of the Five Armies ©2014 New Line Cinema, MGM, and WingNut Films, All Rights Reserved.
The Hurt Locker ©2008 Voltage Pictures, All Rights Reserved.
The Lady Eve ©1941 Paramount Pictures, All Rights Reserved.
The Last Black Man in San Francisco ©2019 Plan B Entertainment, All Rights Reserved.
The Man with a Movie Camera ©1929 VUKFU, All Rights Reserved.
The Martian ©2015 20th Century Fox, All Rights Reserved.
The Pawnbroker ©1964 The Landau Company, All Rights Reserved.
The Pink Panther Strikes Again ©1976 Amjo Productions, All Rights Reserved.
The Post ©2017 DreamWorks, All Rights Reserved.
The Social Network ©2010 Columbia Pictures, All Rights Reserved.
The Triplets of Belleville ©2003 Les Armateurs et al, All Rights Reserved.
The Wizard of Oz ©1939 MGM, All Rights Reserved.
The World Before Your Feet ©2018 Wheelhouse Creative, All Rights Reserved.
They Shall Not Grow Old ©2018 WingNut Films, All Rights Reserved.
Titanic ©1997 Paramount Pictures and 20th Century Fox, All Rights Reserved.
To Kill a Mockingbird ©1962 Universal Pictures, All Rights Reserved.
Too Big to Fail ©2011 Deuce Three Productions, All Rights Reserved.
Triumph of the Will ©1935 Transit Film GmbH, All Rights Reserved.
True Blood, "Everything is Broken" ©2011 HBO, All Rights Reserved.
United 93 ©2006 Universal Pictures, All Rights Reserved.
Vertigo ©1958 Paramount Pictures, All Rights Reserved.
WALL-E ©2008 Pixar and Walt Disney Pictures, All Rights Reserved.
Welcome to Chechnya: The Gay Purge ©2020 Public Square Films and BBC Storyville, All Rights Reserved.
When the Levees Broke: A Requiem in Four Acts ©2006-2007 HBO, All Rights Reserved.
When Harry Met Sally ©1989 Castle Rock Entertainment, All Rights Reserved.
Wonder Woman ©2017 Warner Bros., All Rights Reserved.
Woodstock ©1970 Warner Bros., All Rights Reserved.
Yentl ©1983 United Artists, All Rights Reserved.

Credit

Author's presence, are credited in the Bibliography.

The author is grateful to the following virtual friends as well as actual friends for their time and effort in providing or directing her toward photo material: Ally Acker of Reel Women: Pioneers of the Cinema, Sandra Adair, AlphaDogs, Marty Barkan, Lillian Benson, Kim Bova, Bart Brevé, Stephanie Brown, Dann Cahn Jr., Bruce Cannon, Jonathan Dayton, Leonard DeGraaf, Anedra Edwards, David Evans of the Magic Lantern Society, Valerie Faris, Nancy Frazen, Professor James Forsher, Ginny Hashii, Sharon Smith Holley, Suhail Kafity, Jill Lessard, Sandip Mahal, David Mallory, Pamela Martin, Lloyd Minthorne at Synoptic Productions, Steve Mirkovich, Glenn T. Morgan, Sue Odjakjian, Matt Orfalea, AnnaLee Pauls at the Special Collections of Princeton Library, Les Perkins, Justin Russell, Victoria Rose Sampson, Jay Scherberth, Chris Senchack, Omid Shamsapour, John Singletary, Joe Staton, Tom Turley, Luyen "Lu" Vu, Scott Ward, the Jack and Beverly Wilgus History of Photography Collection, and Jacques Zanetti.

The author acknowledges the copyright owners of the following motion pictures from which single frames have been used in this book for purposes of commentary, criticism, and scholarship under the Fair Use Doctrine.

127 Hours ©2010 20th Century Fox, All Rights Reserved.
2001: A Space Odyssey ©1968 MGM, All Rights Reserved.
20 Feet from Stardom ©2013 The Weinstein Company, All Rights Reserved.
Alice in Wonderland 3D ©2010 Walt Disney Productions, All Rights Reserved.
American Factory ©2019 Higher Ground Productions, All Rights Reserved.
Apocalypse Now ©1979 Zoetrope, All Rights Reserved.
A Beautiful Mind ©2001 Imagine Entertainment, All Rights Reserved.
A Secret Love ©2020 Blumhouse Productions, All Rights Reserved.
A Single Man ©2009 The Weinstein Company, All Rights Reserved.
Avatar ©2009 20th Century Fox, All Rights Reserved.
Babel ©2006 Paramount/Vantage, All Rights Reserved.
Bonnie and Clyde ©1967 Warner Bros, All Rights Reserved.
Bored to Death, "The Case of the Missing Screenplay" ©2009 HBO, Inc., All Rights Reserved.
Breaking Bad ©2008 High Bridge Entertainment, All Rights Reserved.
Breathless ©1960 Georges de Beauregard Productions, All Rights Reserved.
Carrie ©1976 Red Bank Films, All Rights Reserved.
Cars ©2006 Disney/Pixar, All Rights Reserved.
Casablanca ©1942 Warner Bros, All Rights Reserved.
Cast Away ©2000 20th Century Fox, All Rights Reserved.
Cave of Forgotten Dreams, ©2010 Creative Differences and History Films, All Rights Reserved.
Citizen Kane ©1941 RKO, All Rights Reserved.
Crash ©2004 Lions Gate Films, All Rights Reserved.
Crazy Rich Asians ©2018 Warner Bros, All Rights Reserved.
Extremely Loud, Incredibly Close ©2011 Scott Rudin Productions, All Rights Reserved.
Fahrenheit 911 ©2004 Lions Gate Films, All Rights Reserved.
Ferris Bueller's Day Off ©1986 Paramount Pictures, All Rights Reserved.
Fosse/Verdon ©2019 West Egg Studios, All Rights Reserved.
Fruitvale Station ©2013 Significant Films, All Rights Reserved.
Harry Potter and the Goblet of Fire ©2005 Warner Bros., All Rights Reserved.
Harry Potter and the Sorcerer's Stone ©2001 Warner Bros., All Rights Reserved.
Hero ©2004 Miramax, All Rights Reserved.
Hollywood Goes to War: The Army Air Forces 1st Motion Picture Unit ©1944 AAF, All Rights Reserved.
Hollywood Meg©2020 Netflix, All Rights Reserved.
Import Export ©2007 Ulrich Seidi, All Rights Reserved.
Inside Daisy Clover ©1965 Warner Bros., All Rights Reserved.
Kill Bill: Vol. 2 ©2004 Miramax, All Rights Reserved.
Lady Bird ©2017 A24 and IAC Films, All Rights Reserved.
La La Land ©2016 Summit Entertainment, All Rights Reserved.
Lars and the Real Girl ©2007 MGM, All Rights Reserved.
Lawrence of Arabia ©1962 Horizon Pictures, All Rights Reserved.
Life is Beautiful ©1997 Miramax, All Rights Reserved.
Life of Pi ©2012 20th Century Fox, All Rights Reserved.
Love Actually ©2003 Universal Pictures, All Rights Reserved.
Mad Men ©2007-15 Lionsgate Television and AMC Original Productions, All Rights Reserved.
Making Waves: The Art of Cinematic Sound ©2019 Ain't Heard Nothin' Yet Corp., All
Rights Reserved. Mars Attacks! ©1996 Tim Burton Productions, Warner Bros., All Rights Reserved.
Midnight in Paris 2011 Sony Pictures Classics, All Rights Reserved.
Moonlight ©2016 Plan B Entertainment, All Rights Reserved.
Morgan ©2016 20th Century Fox, All Rights Reserved.
MTV ©1981 Viacom CBS, All Rights Reserved.
Nebraska ©2013 Blue Lake Media Fund, All Rights Reserved.
Olympia ©1938 Olympia-Film, All Rights Reserved.

- 『カメラを持った男』ジガ・ヴェルトフ／エリザヴェータ・スヴィロヴァ(1929)
- 『オデッセイ』リドリー・スコット／ピエトロ・スカリア(2015)
- 『質屋』シドニー・ルメット／ラルフ・ローゼンブラム(1964)
- 『ピンク・パンサー3』ブレイク・エドワーズ／アラン・ジョーンズ(1976)
- 『ペンタゴン・ペーパーズ／最高機密文書』スティーヴン・スピルバーグ／マイケル・カーン(2017)
- 『ソーシャル・ネットワーク』デヴィッド・フィンチャー／カーク・バクスター、アンガス・ウォール(2010)
- 『ベルヴィル・ランデブー』シルヴァン・ショメ／ドミニク・ブリュン、シャンタル・コリベール＝ブリュネー、ドミニク・ルフェヴェール(2003)
- 『オズの魔法使』ヴィクター・フレミング、キング・ヴィダー(クレジットなし)／ブランシュ・セーウェル(1939)
- 『きみが向かう世界 The World Before Your Feet』ジェレミー・ワークマン(2018)
- 『彼らは生きていた』ピーター・ジャクソン／ジャベス・オルセン(2018)
- 『タイタニック』ジェームズ・キャメロン／コンラッド・バフ、リチャード・A・ハリス、ジェームズ・キャメロン(1997)
- 『アラバマ物語』ロバート・マリガン／アーロン・ステル(1962)
- 『大きすぎて潰せない Too Big to Fail』カーティス・ハンソン／バーバラ・テュライヴァー、プラミー・タッカー(2011)
- 『ラ・シオタ駅への列車の到着』リュミエール兄弟(1896)
- 『トゥルー・ブラッド』シーズン3第9話「崩れ落ちた未来」スコット・ウィナント／ルイーズ・イネス(2011)
- 『ユナイテッド93』ポール・グリーングラス／クレア・ダグラス、リチャード・ピアソン、クリストファー・ラウズ(2006)
- 『めまい』アルフレッド・ヒッチコック／ジョージ・トマシーニ(1958)
- 『ウォーリー』アンドリュー・スタントン／ステファン・シェファー(2008)
- 『チェチェンへようこそ――ゲイの粛清――』デヴィッド・フランス／タイラー・H・ウォーク(2020)
- 『恋人たちの予感』ロブ・ライナー／ロバート・レイトン(1989)
- 『堤防が決壊した時――四幕のレクイエム When the Levees Broke: A Requiem in Four Acts』スパイク・リー／サム・ポラード、ジータ・ガンドビール、ナンシー・ノヴァック(2006〜07)
- 『ワンダーウーマン』パティ・ジェンキンス／マーティン・ウォルシュ(2017)
- 『ウッドストック 愛と平和と音楽の三日間』マイケル・ウォドレー／セルマ・スクーンメイカー、マーティン・スコセッシ(1970)
- 『愛のイエントル』バーブラ・ストライサンド／テリー・ローリングス(1983)

◉『パンチとストリーマー：映画音楽のメイキング Punches and Streamers: The Making of a Film Score』マーク・フィールズ／タヒラ・フォイ（2014）
◉『レイジング・ブル』マーティン・スコセッシ／セルマ・スクーンメイカー（1981）
◉『乱』黒澤明（1985）
◉『レミーのおいしいレストラン』ブラッド・バード／ダレン・T・ホームズ、スタン・ウェッブ（2007）
◉『記録する人 マリオン・ストークス・プロジェクト Recorder: The Marion Stokes Project』マット・ウルフ／出口景子（2019）
◉『ロケットマン』デクスター・フレッチャー／クリス・ディケンズ（2019）
◉『ローマの休日』ウィリアム・ワイラー／ロバート・スウィンク（1953）
◉『プライベート・ライアン』スティーヴン・スピルバーグ／マイケル・カーン（1998）
◉『シンドラーのリスト』スティーヴン・スピルバーグ／マイケル・カーン（1993）
◉『セブン』デヴィッド・フィンチャー／リチャード・フランシス＝ブルース（1995）
◉『グローリー／明日への行進』エヴァ・デュヴァネイ／スペンサー・アヴァリック（2014）
◉『SHEROCK』シーズン1第1話「ピンク色の研究」ポール・マクギガン／マリ・エバンス、チャーリー・フィリップス（2010）
◉『スラムドッグ$ミリオネア』ダニー・ボイル／クリス・ディケンズ（2008）
◉『スノーピアサー』ポン・ジュノ／スティーブ・M・チェ、キム・チャンジュ（2013）
◉『お熱いのがお好き』ビリー・ワイルダー、アーサー・P・シュミット（1959）
◉『スター・ウォーズ』ジョージ・ルーカス／ポール・ハーシュ、マーシア・ルーカス、リチャード・チュウ（1977）
◉『蒸気船ウィリー』ウォルト・ディズニー、アブ・アイワークス／編集技師不明（1928）
◉『タンジェリン』ショーン・ベイカー（2015）
◉『アビエイター』マーティン・スコセッシ／セルマ・スクーンメイカー（2014）
◉『戦艦ポチョムキン』セルゲイ・エイゼンシュテイン（1925）
◉『裏切り The Betrayal - Nerakhoon』エレン・クラス、タヴィスーク・プラサバト／タヴィスーク・プラサバト（2008）
◉『鳥』アルフレッド・ヒッチコック／ジョージ・トマシーニ（1963）
◉『ボーン・アルティメイタム』ポール・グリーングラス／クリストファー・ラウズ（2007）
◉『野性の呼び声』クリス・サンダース／ウィリアム・ホイ、デヴィッド・ヘインズ（2020）
◉『南北戦争 The Civil War』ケン・バーンズ／ポール・バーンズ（1990）
◉『フェミニズムの結果』アリス・ギイ＝ブラシェ（1906）
◉『カッティング・エッジ 映画編集のすべて』ウェンディ・アップル／ダニエル・ローウェンタール、ティム・トービン（2004）
◉『大列車強盗』エドウィン・S・ポーター（1903）
◉『異端者 The Heretics』ジョーン・ブレーダーマン／スコット・ハンコック、キャシー・シャーマーホーン（2009）
◉『ホビット 決戦のゆくえ』ピーター・ジャクソン／ジャベス・オルセン（2014）
◉『ハート・ロッカー』キャスリン・ビグロー／クリス・イニス、ロバート・ムラウスキー（2009）
◉『ジャズ・シンガー』アラン・クロスランド／ハロルド・マッコード（1927）
◉『レディ・イヴ』プレストン・スタージェス／スチュアート・ギルモア（1941）
◉『ラストブラックマン・イン・サンフランシスコ』ジョー・タルボット／デヴィッド・マークス（2019）
◉『ハリウッド・エキストラの生と死』ロバート・フローリー／スラヴコ・ヴォルカピッチ（1928）

ウィンボーン(2004)
◉『クレイジー・リッチ！』ジョン・M・チュウ／マイロン・カースティン(2018)
◉『チャイルド・プレイ／誕生の秘密』ドン・マンシーニ／ジェームズ・コブレンツ(2013)
◉『ものすごくうるさくて、ありえないほど近い』スティーブン・ダルドリー／クレア・シプソン(2011)
◉『華氏911』マイケル・ムーア／カート・エングフェール、ウッディ・リッチマン、クリストファー・スウォード(2004)
◉『フェリスはある朝突然に』ジョン・ヒューズ／ポール・ハーシュ(1986)
◉『フォッシー&ヴァードン ～ブロードウェイに輝く生涯～』トーマス・ケイル／ティム・ストリート、ケイト・サンフォード(2019)
◉『フルートベール駅で』ライアン・クーグラー／クローディア・カステロ、マイケル・P・ショーヴァー(2013)
◉『おばあさんの虫眼鏡』ジョージ・アルバート・スミス(1900)
◉『ハリー・ポッターと炎のゴブレット』マイク・ニューウェル／ミック・オーズリー(2005)
◉『ハリー・ポッターと賢者の石』クリストファー・コロンバス／リチャード・フランシス＝ブルース(2001)
◉『HERO』チャン・イーモウ／チャイ・ルー、アンジー・ラム(2002)
◉『ハリウッド』第6話「メグ」(2020)ジャネット・モック／アンドリュー・グローヴス
◉『インポート、エクスポート』ウルリヒ・ザイドル／クリストフ・シェルテンライブ(2007)
◉『サンセット物語』ロバート・マリガン／アーロン・ステル(1965)
◉『キル・ビル Vol.2』クエンティン・タランティーノ／サリー・メンケ(2004)
◉『レディ・バード』グレタ・ガーウィグ／ニック・ホーイ(2017)
◉『ラ・ラ・ランド』デイミアン・チャゼル／トム・クロス(2016)
◉『ラースと、その彼女』クレイグ・ギレスピー／タティアナ・S・リーゲル(2007)
◉『アラビアのロレンス』デヴィッド・リーン／アン・V・コーツ(1962)
◉『ライフ・イズ・ビューティフル』ロベルト・ベニーニ／シモーナ・パッジ(1997)
◉『ライフ・オブ・パイ／トラと漂流した227日』アン・リー／ティム・スクワイアズ(2012)
◉『ラブ・アクチュアリー』リチャード・カーティス／ニック・ムーア(2004)
◉〈マッドメン〉製作総指揮マシュー・ワイナー(2007〜15)
◉『ようこそ映画音響の世界へ』ミッジ・コスティン／デヴィッド・J・ターナー(2019)
◉『マーズ・アタック！』ティム・バートン／クリス・レベンゾン(1996)
◉『ミッドナイト・イン・パリ』ウディ・アレン／アリサ・レプセルター(2011)
◉『ムーンライト』バリー・ジェンキンス／ジョイ・マクミロン、ナット・サンダース(2016)
◉『ネブラスカ ふたつの心をつなぐ旅』アレクサンダー・ペイン／ケヴィン・テント(2013)
◉『モーガン プロトタイプ L-9』ルーク・スコット／ローラ・ジェニングズ(2016)
◉『オリンピア』レニ・リーフェンシュタール(1938)
◉『愛と哀しみの果て』シドニー・ポラック／フレドリック・スタインカンプ、ウィリアム・スタインカンプ、ペンブローク・J・ヘリング、シェルドン・カーン(1985)
◉『パンズ・ラビリンス』ギレルモ・デル・トロ／ベルナト・ビラプラナ(2006)
◉『パプリカ』今敏／瀬山武(2006)
◉『パラサイト 半地下の家族』ポン・ジュノ／ヤン・ジンモ(2019)
◉『ペルセポリス』ヴァンサン・パロノー、マルジャン・サトラピ／ステファヌ・ローシュ(2007)

参照映画作品リスト

＊監督／編集技師（兼任の場合あり）、公開年、日本未公開作は原題併記。

- 『127時間』ダニー・ボイル／ジョン・ハリス（2010）
- 『二〇〇一年宇宙の旅』スタンリー・キューブリック／レイ・ラヴジョイ（1968）
- 『大人は判ってくれない』フランソワ・トリュフォー／マリー＝ジョゼフ・ヨヨット（1959）
- 『バックコーラスの歌姫（ディーバ）たち』モーガン・ネヴィル／ダグラス・ブラッシュ、ケヴィン・クローバー、ジェイソン・ゼルデス（2013）
- 『ビューティフル・マインド』ロン・ハワード／ダニエル・P・ハンレイ、マイク・ヒル（2001）
- 『愚者とお金』アリス・ギイ＝ブラシェ（1912）
- 『トンネルでのキス』ジョージ・アルバート・スミス（1899）
- 『シークレット・ラブ：65年後のカミングアウト』クリス・ボラン／バーナディン・コーリッシュ（2020）
- 『シングルマン』トム・フォード／ジョアン・ソーベル（2009）
- 『月世界旅行』ジョルジュ・メリエス（1906）
- 『意志の勝利』レニ・リーフェンシュタール（1935）
- 『アリス・イン・ワンダーランド』ティム・バートン／クリス・レベンゾン（2010）
- 『アメリカン・ファクトリー』スティーヴン・ボグナー、ジュリア・ライカート／リンゼイ・ウッツ（2019）
- 『地獄の黙示録』フランシス・フォード・コッポラ／リサ・フラックマン、ジェラルド・B・グリーンバーグ、ウォルター・マーチ（1979）
- 『アバター』ジェームズ・キャメロン／スティーヴン・リフキン、ジョン・ルフーア、ジェームズ・キャメロン（2009）
- 『バベル』アレハンドロ・ゴンサレス・イニャリトゥ／ダグラス・クライズ、スティーヴン・ミリオン（2006）
- 『國民の創生』D・W・グリフィス／D・W・グリフィス、ジョセフ・ヘナベリー、ジェームズ・スミス、ローズ・スミス、ラオール・ウォルシュ（1915）
- 『俺たちに明日はない』アーサー・ペン／デデ・アレン（1967）
- 『ボアード・トゥ・デス』シーズン1第3話「紛失した台本」マイケル・レーマン／ケン・エルト（2009）
- 『ブレイキング・バッド』ヴィンス・ギリガン（製作総指揮）（2008〜13）
- 『勝手にしやがれ』ジャン＝リュック・ゴダール／セシル・ドキュジス（1960）
- 『カーズ』ジョン・ラセター／ケン・シュレッツマン（2006）
- 『カサブランカ』マイケル・カーティス／オーウェン・マークス（1942）
- 『キャスト・アウェイ』ロバート・ゼメキス／アーサー・シュミット（2000）
- 『猫のボクシング』ローリー・ディクソン（1894）
- 『世界最古の洞窟壁画 忘れられた夢の記憶』ヴェルナー・ヘルツォーク／ジョー・ビニ、マヤ・ホーク（2010）
- 『市民ケーン』オーソン・ウェルズ／ロバート・ワイズ（1941）
- 『クラッシュ』ポール・ハギス／ヒューズ・

Woodstock: Three Days That Rocked the World, edited by Mike Evans and Paul Kingsbury, NY, NY: Sterling Publishing Company, Inc. 2009.

- Thom, Randy, "On Getting the Most Out of Spotting Sessions," interviewed by Teresa Morrow and Timothy Muirhead, March 31, 2020, *Tonebenderspodcast.com*.
- Thom, Randy, "Designing a Movie for Sound," 1999 & 1998. *www.filmsound.org*
- Thom, Randy, "More Confessions of A Sound Designer (A Sound Fails In The Forest Where Nobody Hears It)," 1995, *filmsound.org*.
- トムリンソン・ホルマン『Sound for film and television ――映画とテレビのための音づくり』（沢口真生／濱崎公男／亀川徹訳、兼六館出版、2000）
- Tucker, Jack. *Twilight of the Gods*, San Diego, CA: Cognella Academic Publishing, 2014.
- フランソワ・トリュフォー／アルフレッド・ヒッチコック『定本 映画術 ヒッチコック・トリュフォー』（山田宏一／蓮實重彦訳、晶文社、1990）
- Welch, David and Scoma, Joey, "How Star Wars was Saved in the Edit," December 7, 2017.
- *youtube.com/rjfilmschool*.
- Weitzman, Elizabeth, "A Century Late, a Giant of Early Cinema Gets Her Closeup," April 26, 2019, *New York Times*.
- Whalley, Zita, "How 'Man with a Movie Camera' Changed Documentary Filmmaking," April 12, 2018, *theculturetrip.com*.
- Winter, Jessica, "The Lost Art of Editing," August 13, 2006, *The Boston Globe*.
- Woodhall, Woody. *Audio Production and Postproduction*, Sudbury, MA: Jones & Bartlett Learning, 2010.

- Kernan, Lisa. *Coming Attractions: Reading American Movie Trailers*, Austin: TX. University of Texas Press, 2004.
- Koppl, Rudy, "The Hurt Locker: Blurring the Lines between Sound and Score," 2009, Music from the Movies Media, *The Beek Blog*, *musicfromthemovies.com*.
- Kunkes, Michael, Jan/Feb 2010: Vol 31, No. 1, "Dream Capturers: James Cameron's Brave New World of Filmmaking" and "Editing on Another Planet: John Refoua and Stephen Rivkin," *Editors Guild Magazine*.
- LoBrutto, Vincent. *Selected Takes, Film Editors on Editing*. Westport, CT: Greenwood Publishing Group, Incorporated, 1991.
- LoBrutto, Vincent. *Sound-On-Film, Interviews with Creators of Film Sound*. Westport, CT: Greenwood Publishing Group, Incorporated, 1995.
- Magliano, Joseph P. and Zacks, Jeffrey M., "The Impact of Continuity Editing in Narrative Film on Event Segmentation," 2011, *Cognitive Science*.
- Mateer, John, "The Evolution of Film Editing and its Implications to the Parsing and Summarization of Motion Pictures," *The Visual Systems Lab*, 2005-6, University of York.
- May, Julia "The Art of Film Title Design Throughout Cinema History," Oct. 4th, 2010, *Smashing Magazine*.
- McLane, Betsy A., "Who Were the True Auteurs in Post-Production? Ask the Monitor Man," June 7, 2019, *CineMontage*.
- McMahan, Alison, "Alice Guy Blaché," Oct 16, 2013, *Women Film Pioneers Project*.
- Millar, Gavin and Karel Reisz. *Technique of Film Editing, Second Edition*. Boston, MA: Focal Press, 1995.
- Mitchell, Elvis, "Cut and Run: Where MTV Editing Got Its Chops," July 1, 2006, *CineMontage*.
- Motion Picture Editor's Guild, "What Directors and Others Say About Editors," Vol. 1, No. 1 — June 1997, *The Motion Picture Editors Guild Special Issue Newsletter*.
- Meuel, David, *Women Film Editors: Unseen Artists of American Cinema*, Jefferson, NC. McFarland & Company, Inc., 2016.
- Mott, Robert L. *Sound Effect: Radio, TV, and Film*, Boston: MA. Focal Press, 1990.
- Murch, Walter, "A Digital Cinema of the Mind? Could Be," May 2, 1999, *New York Times*.
- ウォルター・マーチ『映画の瞬き 映像編集という仕事』[新装版](吉田俊太郎訳、フィルムアート社、2018)
- Murch, Walter, "Stretching Sound to Help the Mind See," October 1, 2000, *New York Times*.
- Nicholson, Ben, "Five Wonderful Effects in Man with a Movie Camera ...and how they're still inspiring filmmakers today," bfi.org.uk, January 17, 2017.
- Oldham, Gabriella. *First Cut, Conversations with Film Editors*, Berkeley, CA: University of California Press, 1992.
- Puchkoff, Carrie, "Still Loving Lucy," November 1, 2009, *CineMontage*.
- Rosenblum, Ralph and Robert Karen. *When the Shooting Stops ...the Cutting Begins*, 1979, reprinted 1989, NY, NY: Da Capo Press, 1989.
- Saffari, Hilda, "The Most Iconic Title Sequences of All Time and Why They Work," June 4, 2018, *Frame.io*
- Stamp, Shelley, "Lois Weber," Women Film Pioneers Project, Oct 16, 2013.
- Serrurier, Mark, "The Origins of the Moviola," July 1966, *Journal of SMPTE Volume 75*.
- Sklar, Robert. Film: *An International History of the Medium*, NY: NY. Harry N. Abrams, Inc., 1993.
- Scorsese, Martin, from the foreword to

Final Cut Pro with Angus Wall and Kirk Baxter," February 15, 2012, *Creative Planet Network*.
- Cutting, James, DeLong, Jordan, and Nothelfer, Christine, "Attention and the Evolution of Hollywood Film," February 5, 2010, *Psychological Science Online*.
- Dancyger, Ken. *The Technique of Film and Video Editing, History, Theory, and Practice, Fifth Edition*. Boston, MA: Focal Press, 2011.
- Dargis, Manohla, "Overlooked No More: Alice Guy Blaché, the World's First Female Filmmaker," September 9, 2019, *New York Times*.
- Dawson, Ron, "How to Match a Film Look with Basic Color Correction Tools," May 30, 2017, *frame.io*.
- DiCesare, Ron, "A Look at the History of Audio Post Production," October 23, 2013, *postPerspective*.
- Dirks, Tim, "The Great Train Robbery," undated, *filmsite.org*
- Dmytryk, Edward. On *Film Editing, An Introduction to the Art of Film Construction*. Boston, MA: Focal Press, 1990.
- Eagan, Daniel, "A Trip to the Moon as You've Never Seen it Before," September 2, 2011, *Smithsonian Magazine Online*.
- Ebert, Roger, "Breathless," July 20, 2003, *RogerEbert.com*.
- Ebert, Roger, "Woodstock," May 22, 2005, *RogerEbert.com*.
- Ebert, Roger, "Martin Scorsese & Co. Reassemble Woodstock," February 15, 1970, *RogerEbert.com*.
- Friedrich, Sue, "Edited By: Women Film Editors," *womenfilmeditors.princeton.edu/*
- Frost, Jacqueline B. *Cinematography for Directors, Edition 2*, Studio City, CA: Michael Wiese Productions, 2020.
- Gleiberman, Owen, "Bonnie and Clyde' at 50: A Revolutionary Film That Now Looks Like the Last Work of Hollywood Classicism," August 13, 2017, *Variety*.
- Grant, August E., and Meadows, Jennifer H. *Communication Technology Update and Fundamentals 17th Edition*, NY, NY: Routledge, 2020.
- Heimann, Uithol, Calbi, Umiltà, Guerra, and Gallese, "Cuts in Action": A High- Density EEG Study Investigating the Neural Correlates of Different Editing Techniques in Film," *Cognitive Science*, 2017.
- Hellerman, Jason, "What is B-Roll and How Can You Make Yours Cinematic?" January 15, 2020, *nofilmschool.com*.
- Hirsch, Paul. *A Long Time Ago in a Cutting Room Far, Far Away...*, Chicago, IL: Chicago Review Press, 2019.
- Holt, Jillian, *The 'Art of Editing': Creative Practice and Pedagogy*, submission for degree of Doctorate of Philosophy, Swinburne University of Technology, 2015.
- スティーヴ・ハルフィッシュ『映像編集の技法 傑作を生み出す編集技師たちの仕事術』（佐藤弥生／茂木靖枝訳、フィルムアート社、2021）
- Hutchinson, Sean, "17 Facts about Apocalypse Now on its 40th Anniversary," August 15, 2019, *Mental Floss*.
- IMAGO: The Federation of European Cinematographers. *Making Pictures: A Century of European Cinematography*. NY, NY: Abrams, 2003.
- Jordan, Larry, "Making the Best of a Bad Transition: Flow vs. Morph Cut," June 4, 2017, *Larry Jordan EditSmarter*.
- Kaufman, Debra, "Video Spawned the Editing Star: What Hath MTV Wrought?" Vol. 27, No. 3, May-June 2006, *Editors Guild Magazine*.

参考文献・資料

- Abele, Robert, "Shot To Remember: Dance Of Death," Winter 2009, DGA *Quarterly*.
- Acker, Ally. *Reel Women: Pioneers of the Cinema: The First Hundred Years V. I.* Roselyn Heights, NY. Reel Women Media Publishing, 2012.
- Almo, Laura, "Why is it Called 'Foley' Anyway?" February 1, 2016, *CineMontage*.
- AMPAS Science and Technology Council and Library of Congress NDIIPP, "The Digital Dilemma: Strategic Issues in Archiving and Accessing Digital Motion Picture Materials," 2007.
- AMPAS Science and Technology Council and Library of Congress NDIIPP, "The Digital Dilemma 2: Perspectives from Independent Filmmakers, Documentarians, and Nonprofit Audiovisual Archives," 2011.
- Azéma, Marc and Florent Rivére, "Animation in Palaeolithic Art: A Pre-echo of Cinema," Vol. 86, No. 332, June 2012, *Antiquity*.
- Bailey, John, "The Life and Death of 9413: A Hollywood Extra," October 21, 2012, *American Cinematographer*.
- Beauchamp, Cari, "The Real Women of Early Hollywood," The First Picture Show, September 1999, *Mark Taper Forum Performing Arts Magazine*.
- Be afraid. Be very afraid: IBM's Watson makes AI trailer about 'Morgan' AI movie
- Boyle, Alan, "Be afraid. Be very afraid: IBM's Watson makes AI trailer about 'Morgan' AI movie," August 31, 2016, *GeekWire*.
- Breyer, Christopher, "There's no Business like Film Business," The First Picture Show, September 1999, *Mark Taper Forum Performing Arts Magazine*.
- Brody, Richard, "The Worst Thing About "Birth of a Nation" Is How Good It Is," February 1, 2013, *The New Yorker*.
- Buck, John. *Timeline: A History of Editing Analog 1-2* book series. Melbourne, Australia: Tablo Publishing, 2018.
- Buck, John. *Timeline: A History of Editing Analog 3-6* book series. Melbourne, Australia: Tablo Publishing, 2019.
- Bullock, Tom (Film Guy). *Film Editing Nutz and Boltz, Sound Editing Nutz and Boltz* (one volume), Emeryville, CA: Metro International, Inc., 1994.
- Castañeda, Rick, "Attention, Filmmakers: Top Indie Directors on Why Color Correction Matters," April 17, 2015, *IndieWire*.
- Catoline, A.J. "'When two people agree in a room': Guillermo del Toro on the Collaboration of Director and Editor," February 8, 2019, *CineMontage*.
- Chandler, Gael. *Cut by Cut, 2nd Edition: How to Edit Your Film or Video*. Studio City, CA. Michael Wiese Productions, 2012.
- Chandler, Gael. *Film Editing: Great Cuts Every Filmmaker and Movie Lover Should Know.* Studio City, CA. Michael Wiese Productions, 2009.
- Clark, Jim and Myers, John H. *The Dream Repairman: Adventures in Film Editing,* Crockett, TX: LandMarc Press, 2010.
- CPN Admin, "Editing The Social Network in

など、長編のテレビ番組。

- **ワールダイジング**——オーディオ要素(通常はADRやフォーリー)を登場人物の環境と一致させるために、登場人物を作品の「現実世界」に配置し、よりリアルな音響にすること。
- **ワイドショット(WS)**——ワイドにフレーミングされたショットで、アクションのほぼすべてを包含する。
- **ワイプ**——後続のショットが先行のショットをスクリーンからワイプ(消去)するように見せて置き換えるトランジションエフェクトのひとつ。
- **ワンライナー**——デイリーの各テイクを1行で要約した撮影記録係のメモ。

デオトラックが無制限に利用できるようになり、ファーストカットは、最終的な作品に入ることになる各種素材の最終版が欠けているものの、ますます洗練されてきている。編集技師は自分たちの仕事を“ラフ”と考えることは断じてない。登場人物、ストーリー、アクション、台詞を完璧に仕上げようと、つねに努力しているからだ。多くの編集技師は、「ファーストカット」あるいは「エディターズカット」と呼ぶほうを好む。

- **ランダムアクセス**――デジタルシステム上で、いつでも、どこでも、どんなフレームでも見つけられること。
- **ランニングタイム**――シーン、セクション、作品全体の再生時間(尺)。
- **リアルタイムエフェクト**――エフェクトの作成時間と、それを選択してシークエンスに入れるのにかかる時間とが等しい、デジタルシステム上のビデオまたはオーディオエフェクトのこと。作成に時間がかかり、新たにメディアが作成されるレンダリングエフェクトとは対照的。
- **リニア編集**――作品のはじまりから終わりまで順番に編集、記録すること。
- **リバース**――❶マスターショットのアクションの真逆のアングルからのアングルショットのこと。❷逆(リバース)アングルのカットのこと。登場人物の正面から背面(またはその逆)のショットへつないだり、登場人物(または登場人物たち)から向き合っている登場人物(または登場人物たち)へつないだりする。
- **リマスター**――新しいマスターを、通常は別のフォーマットやメディアで作成すること。
- **ルーパー**――ループグループのメンバー。ループグループの項参照。
- **ルーピング**―― ADRの別名。ループおよびADRの項参照。
- **ループ**―― ADRの別名。俳優を「ループする」とは、台詞を置き換えるという意味。
- **ループグループ**――群衆をシミュレートするためにADRステージでガヤや別録音を作成する俳優のグループ。ルーパーとも呼ぶ。
- **ルームトーン**―― RT。室内の雰囲気。環境音の項も参照。
- **ルックアップテーブル(LUT)**――各画像のカラー値を記録したソフトウェアチャート。撮影および仕上げ作業において、映像のカラー値を維持するためにセットおよびポストハウスで使用する。
- **レイダウン**――音声、黒画面、映像、タイムコードなどを、ひとつのテープやメディアから別のテープやメディアに記録あるいは転送すること。
- **レイバック**――完成したサウンドミックスをビデオテープのマスターファイルに追加すること。
- **レーザーフィルムレコーダー**――テープからフィルムへ画像を転送して仕上げる最新の機器で、R(赤)、G(緑)、B(青)の3つのレーザーを使用してデジタル画像をネガフィルムのフレームにスキャンする。レーザーレコーダー、レーザープリンターとも呼ばれる。
- **レコード音楽**――ソース音楽の項参照。
- **レベル**
  - ▶**映像の場合**――色の明るさとコントラストのこと。
  - ▶**音声の場合**――信号の強度
- **ロックしたカット**――編集技師による編集室での作業が完了したバージョン。
- **ロックンロール**――ミックスの一部分をすばやく修正したり、仕上げたりして先へ進むこと。
- **ロトスコープ**――ライヴ映像をトレースするなどして参照し、フレームごとにアニメーション画像やマットを作成し、新しい画像を作成したり、画像を修復したりする。
- **ロングショット(LS)**――離れたところからアクションの全体をとらえたショット。
- **ロングフォーム**――バラエティショー、毎週放映するテレビ映画(MOW)、ミニシリーズムにかけて、大部分の要素を重複(マッチ)させる連続カットのこと。マッチさせる要素は、スクリーンの方向、目線、カメラアングル、フレーム内の構成、小道具、音響(言葉遣い、音量、ペイシング)、天候、衣装、ヘアメイク、照明、色、アクションなど。

- **マットショット**——ショットに穴を開け、そこに別のショットを配置(マットまたはキーイング)すること。
- **ミキサー**——ミキシングを行う人または装置。
- **ミザンセーヌ(mise-en-scène)**——舞台装置とそのすべての要素(俳優、小道具、衣装など)の構想であり、それらがショットのなかでどのように配置され、どのように動くか、または動かされるかを表す。
- **ミスマッチ**——アクション、目線、カメラのフレーミング、カメラの位置、小道具、衣装、メイクなどの要素の違いによってコンティニュイティが失われるカット。マッチカットの項参照。
- **ミックス**——すべての台詞、ADR、効果音、フォーリー、音楽がブレンドされ、合成された最終のサウンドトラックを制作するためのレコーディングセッションのこと。
- **ミックス**——最終サウンドトラックを制作するために、作品の音響と音楽をブレンドしたもの。
- **ミックスダウン**——(名詞または動詞)ミックスされた最終サウンドトラックを制作する途中で、録音された多くのオーディオトラックを、より少ないトラックに録音してまとめること。
- **ミディアムクロースアップ(MCU)**—— CUとMSの中間。人物の肩から上を撮影したショット。
- **ミディアムショット(MS)**——人物の腰または胸から上を撮影したショット。
- **ムヴィオラ**——アップライト型のフィルム編集機。
- **目線**——登場人物が目を向けている方向。
- **メタデータ**——「データについてのデータ」と要約され、データの状態、内容、その他の品質を識別するための背景情報のこと。映画やビデオでは、タイムコード、ブランキング、フレームレート、アスペクト比、シンクロ、カラーバースト情報、メディアやエフェクトレイヤーの位置など、クリップについて説明したデータが含まれる。
- **メディア**——ビデオやオーディオのデジタル用語。
- **目に見えない編集**——非常になめらかに繋がれていて、映画に没入した観客が個々のカットに気づかないような編集。
- **メモリーカード**——カメラや編集システム、ノートパソコン、携帯電話、MP3プレーヤー、ビデオゲーム機などに使用され、デジタルコンテンツを保存するための再記録可能な電子フラッシュメモリーデータ記憶装置。
- **モーフィング**——あるオブジェクトや映像が別のものへ変形する特殊効果。例、人がモンスターに変身する。
- **モノラルサウンド**——ひとつのトラックが非ステレオマイクで録音され、同じトラックが各スピーカーで再生される。ステレオサウンドとは対照的。
- **モンタージュ**——事実、感情、思考を伝えるために挿入される、簡潔で自己完結的な映像シークエンス。通常、時間の経過や場所の移行を表現するときに使用する。
- **ラインカット**——複数のカメラによる撮影中に、監督の指示でカメラアングルを切り替えて記録したテープ。
- **ラフカット**——別名ファーストカットまたはエディターズカットとも。編集技師が編集した作品のファーストカットのこと。かつてファーストカットは、ムヴィオラやKEMのフィルム編集機の限界により、視覚効果、音楽、効果音、追加の台詞トラックなどが欠けていたため、ラフカットとみなされていた。デジタル編集機では、サウンドトラックやビ

を兼務する人

- **フレンチオーバー**――同方向を向いて横に並んだ複数の被写体をサイドからとらえ、前景となる被写体を越えて焦点を合わせたショット。レイキングショットとも。
- **プロキシ**――高解像度のファイル(2K、4Kなど)にリンクする低解像度のファイル。データはすべて含まれている。
- **プロダクショントラック**――撮影時に録音されたオリジナルのシンクロ音声。
- **フロップ、ミラー**
  - **映像の場合**――映像を水平に180度回転させ、フレームの左側にあるオブジェクトを右側に移動させるエフェクトのこと。
  - **音声の場合**――フィルムトラックを180度回転させると再生時に無音になること。
- **ペーパーカット**――ドキュメンタリーなど台本のない作品を編集する際の、最初の計画を示すアウトライン。
- **ヘッドポップ**――ヘッドリーダーのオーディオトラックに置かれた、2番目のピクチャーフレームと一致したシンクロポップ。試写、サウンド編集、サウンドミキシング中にシンクロを保つためのもの。2ポップとも。シンクロポップの項参照。
- **ヘッドリーダー**――映像と音声の同期を保つために本編の先頭に取りつけるフィルムやデジタルクリップのこと。ヘッドリーダーは8から2まで、または12から2までカウントダウンする。あとには必ずFFOP(映像の最初のフレーム)が続く。
- **別録音**――俳優の台詞を別撮りした、非同期の音声のみの台詞のこと。
- **ポストハウス**――作品の最終カットを、テレビ放映や劇場上映に必要なデジタルフォーマットで複製する施設。またポストハウスは、デイリーのデジタル版の制作など、多くのポストプロダクション作業を手がける。編集室や試写室を貸したり、無料の食事を提供したりすることも多く、編集の依頼主のあらゆるニーズに応えようとする。
- **編集ポイント**――マークを付け、編集作業を行う位置と決めたフレーム。
- **ポストビジュアライゼーション、ポストビズ**―― VFX主導の作品で、CGIやその他のVFX要素が利用可能になると、編集技師はそれらを、視覚化、タイミング、配置を考慮しながら編集に落としこんでいく。プリビズと似ているが、ポストプロダクション中に行われる点が異なる。プリビジュアライゼーションの項参照。
- **ポストプロダクション、ポスプロ**――あらゆる編集作業と仕上げ作業が行われる、作品制作の最終的な段階。編集、エディトリアル、ポストとも呼ばれる。ポストプロダクションのあとには、映画の配給や公開にともなうフェーズが続く。
- **ポストラップ**――後続ショットの映像に切り替わったあと、そのサウンドを遅らせて、先発ショットのサウンドを続けること。
- **ポット**――ポテンショメーター。ミックス中にEQ、ゲイン、ピッチ、トーン、パンなどを変更するために使用される、スライダーやノブで制御される抵抗装置。
- **ホット**――音量が大きいこと。VUメーターが赤を指す。
- **ポップ**――シンクポップの項参照。
- **ホワイトアウト**――ショットが白く切り替わったり、溶けたりする効果。多くの場合、照明、カメラのフラッシュバルブ、蒸気などの有機的な要素が関わる。
- **マスターショット**――ひとつのシーンのはじまりから終わりまでのすべてのアクションを包括するショット。通常は被写体のクローズアップからはじまり、そこから場面に応じてズームやパンによってアクションをとらえるが、多くはワイドなショットのまますべてのアクションをとらえる。
- **マッチカット**――先行のショットの最後のフレームから、後続のショットの最初のフレー

ディゾルヴするときもある。

- **フェードイン**——撮影されたショットへ黒いフレームからディゾルヴすること。白からのときもあり、ごくまれに黄色、ブルーその他の色からディゾルヴするときもある。
- **フォーリー**——画面上の特定の動作に合わせて収録する効果音。フォーリーアーティスト(フォーリーウォーカー/ダンサーとも)がフォーリーステージで画面の映像を見ながら収録する。
- **プッシュダウン**——(名詞または動詞)編集クリップの開始を遅らせるために、スリップ、スライド、トリミングすること。プルアップの反対。
- **ブラックアウト**——ショットを黒のフレームにつなぐこと。
- **フラッシュバック**——ストーリーの進行中に組み入れられる過去のショット、シークエンス、シーン。
- **フラッシュフォワード**——ストーリーの進行中に組み入れられる未来のショット、シークエンス、シーン。
- **フランケンバイト**——「フランケンシュタイン」と「サウンドバイト」を合わせた造語。複数の台詞の断片をつなぎ合わせて、新しい台詞を作り、それをインタビュー相手の口の動きに合わせること。膨大な映像からストーリーの真実味と連続性を引き出すのに苦労を重ねるリアリティ番組の編集技師が作った用語。
- **フリー&クリア**——パブリックドメインにあって、著作権も使用料も必要ない楽曲のこと。
- **フリーズフレーム、フリーズ、スティルフレーム**——映像を一時停止(フリーズ)させ、静止画のようにするエフェクト。
- **プリダブ**——プリミックスの項参照。
- **フリップ**——映像を上下逆さにするエフェクト。地面に立っていた人物が逆立ちになる。
- **プリビジュアライゼーション、プリビズ**——カメラの動きや照明などを撮影前に決めておくこと。アニメーション作品、VFXを駆使する作品、3D作品、撮影中に使用するプレイバックやその他のプリショットやカットシーンが必要な作品でよく実施される。
- **プリマスタリング**——原盤作成プロセスの一環で、DVD用のディスクイメージを作成すること。
- **プリミックス**——ミックスに先立ち、特定のサウンド(通常は背景効果や台詞)を仮ミックスすること。プリダブまたはラフミックスとも呼ばれる。
- **プリラップ**——後続ショットのサウンドを、その映像に切り替わる前にスタートさせること。
- **プルアップ**——(名詞または動詞)編集クリップの開始を早めるために、スリップ、スライド、トリミングすること。プッシュダウンの反対。
- **フルショット(FS)**——人物、動物、物など、被写体の全体が映るショット。
- **フルフィルド**——外国の配給業者から契約上要求される音楽および効果音のトラックで、オリジナルのミックスのすべての効果音を含むもの。
- **プレイバック**——テープデッキやカメラなどの機器から、録画したビデオやオーディオテープを再生すること。映像素材を見なおしたり、別の機器に記録したりする目的でよく行われる。俳優やその他の出演者が、グリーンスクリーン、アニメーション、音楽などとアクションをシンクロさせて撮影する際の参考資料として、未加工または編集フッテージが再生されることが多い。
- **プレイバックミュージック**——俳優が歌ったり踊ったりする際に楽曲とのシンクロを保つために、ミュージカルのテイクごとに撮影セットで再生(プレイバック)することだけを目的として録音された音楽。
- **プレゼンス**——環境音の項参照。
- **プレディター**——プロデューサーと編集技師

ドのこと。

ノンリニア編集——各編集を非連続的に作業・記録すること。

ハードエフェクト——車の通過音、ガラスが割れる音、ドアが閉まる音など、特定のアクションに合わせて作成された効果音。

配給——作品が市場に出され、劇場での上映や、DVD、テレビなどによる家庭での視聴のための契約が締結される段階。ポストプロダクションのあと、公開の前の段階である。

パッケージ——事前編集済みの、いわゆる三面記事的な社会ニュースストーリー。

バナー——最終的な素材を挿入するまで、プレースホルダーとして機能する一時的なグラフィック(時間指定がある場合とない場合がある)。「ストックショットなし」、「シーン欠落」、「コマーシャルを挿入」などのテキストを入れる。

パラレルアクション——独立した複数のアクションの流れを交互につなぐこと。登場人物、設定、主題に直接の関わり合いはなく、お互いの存在を知らない。

バランス——ミックス中に、会話、効果音、音楽など、すべての要素がうまくブレンドされ、すべてが聞こえるようにすること。

パン——❶映像用語。カメラが左から右へ、または右から左へ水平移動するショット。❷音響用語。ミキサーなどの音響機器やソフトウェア上で音を左右に動かすこと。パンニングは、音を右、左、または中央のスピーカーチャンネルへ向けること。

パンチイン——ミックスされたトラックの特定のセクションを、周辺は変更せずに修正すること。

ハンドル——フェード、ディゾルヴなどのトランジションエフェクトを使えるように、ショットのはじめや終わりに追加するフレーム。

バンパー——テレビ番組で、視聴者の興味を持続させるために、コマーシャル終了後、次のセグメントを放送する前に、コマーシャル直前の五秒間を再度流すこと。

ピクセル——画像の要素。画面上のデジタル画像を構成する最小単位。白黒、カラー、グレースケールなどのデータを保持する。

ヒス音——不要な高周波音。イコライジングによって減衰できる。

ピックアップマスター——不完全なマスターの終わりから少し手前で「ピックアップ」された(つなげられた)新しいマスターショット。

響きが鈍い——EQによって減じられた、周波数が低く、その他を圧倒するサウンドのこと。

ファーストカット——エディターズカットとも。編集技師が映像をまとめて最初に作品の形にしたもの。

フィックスセッション——オンライン編集のあとに行われる作業。編集の修正、欠落したショットの追加、映像の汚れの除去を行う。

フィルター——信号から選択された周波数を除去するタイプのイコライジング装置。ハイパスフィルターは低周波数を除去し、高周波数を通過させる。ローパスフィルターはその逆を行う。

フィルムスキャナー——OCN(オリジナルカメラネガ)を入力し、DIプロセスやデジタルVFXに使用するデジタルデータを出力する装置。

フィルムスコアリング——演奏者が劇伴を、スクリーンに映し出される作品の映像に合わせてキューごとに演奏するセッション。楽曲は録音され、作品用に編集される。

フィルムレコーダー——デジタル画像を露光されたフィルムに転送する機械。一般的にはカラー補正したインターネガに転送される。EBR(電子ビームレコーダー)とレーザーフィルムレコーダーの二種類がある。

フェードアウト——撮影されたショットから黒いフレームへディゾルヴすること。ときに白、ごくまれに黄色、ブルーその他の色へタル編集システムに入力すること。

◎**デジタル**——デジタル信号は、限定された数値の集合であり、変動が少ない。デジタルフォーマットは、音声、映像、データをコンピューターが読み取れる二進法(ゼロと1)で構成されたファイルとして記録する。

◎**デジタルインターミディエイト(DI)**——フィルム、ファイル、テープなど、あらゆるソースフォーマットの映像をスキャンし、最終仕上げプロセス用にロックしたカットのデジタルマスターを作成するプロセス。これによって作品のフィルム、ファイル、テープのマスターができる。

◎**デジタル編集システム**——ファイル、フィルム、テープから入力したデジタル映像および音声を編集するコンピューター。デジタルシステム、エディター、ワークステーション、DES、NLEなど、さまざまな呼び方をされる。

◎**デュレーション(持続時間)**——デジタル編集システムまたはビデオ編集システムに取りこんだショットやカットの長さ。

◎**テレシネ**——フィルム映像をテープに変換すること。

◎**転送**——あるメディアやフォーマットから別のメディアやフォーマットに映像や音声を記録し、閲覧や編集を行うこと。

◎**テンプダブ**——テンプミックスのこと。

◎**動詞**——ふたつの異なるショットあるいは、同じショットのふたつの部分を繋ぎ合わせること。

◎**特殊効果スタジオ**——エフェクトの制作と最終仕上げを行う施設。

◎**トラッキング**——ミュージックエディターがシーンや作品の音楽を探し、アレンジし、編集するときに行うこと。テンプダブや、オリジナルの音楽を作成する余裕のない作品やプロジェクトでよく行われる。

◎**トランジションエフェクト**——ディゾルヴやワイプなど、あるカットから別のカットへアクションを移行するエフェクト。

◎**トランスコード**——あるデジタルフォーマットから別のフォーマットに変換する。

◎**取りこみ/インプット**——デジタル編集システムにデータが入ったメディアをコピーすること。

◎**トリミング**——フッテージを取り除いてシーンを短くすること。

◎**ドルビーアトモス**——ドルビーラボラトリーズが開発したオブジェクトオーディオに基づく没入型3Dサラウンドシステム。

◎**ドルビーサラウンド**——ドルビーラボラトリーズが1977年に『スター・ウォーズ』のために開発したオリジナルのオーディオサラウンドシステム。LCRSの4つのチャンネルを、ふたつのトラック(アナログまたはデジタル)にエンコードされた信号として組み合わせ、録音、上映、放送に使用する。LCRSの項参照。

◎**ドルビーデジタル**——ドルビーラボラトリーズが開発したデジタルオーディオエンコーディング技術。コンピューター、DBS(ダイレクト放送衛星)、DTV、DVD、ビデオゲームコンソールなどのデジタルフォーマット用に高品質なデジタルサウンドを保存および送信できる。

◎**ニードルドロップ、レコード音楽**——作品で使用するにはライセンス料が必要なBGM——多くの場合、ソース音楽や歌——のこと。この用語は、レコードプレーヤーの針を落とすごとに別料金が必要だったレコードの時代に由来する。ソース音楽の項参照。

◎**ネイティヴフォーマット**——撮影された映像の、非圧縮・高画質なフォーマット。

◎**納品物**——配給会社やネットワークが作品を公開するために契約上要求される素材。マスターテープ、リリース・プリント、音響要素、タイミングシート、音楽のキューシート、クレジットのリストなど。

◎**ノンダイエジェティック**——川のせせらぎなど、音源を持たずバックグラウンドで再生される、物語世界以外のシンクロしないサウン編集技師が作業する場所。セッションの括りは、編集技師の設定次第で、シーン、リール、または作品全体になりうる。

- **ソース音楽**――ラジオ、アルバム、ピアノなど、画面上に明確で視覚的な音源がある音楽。背景で流れることが多く、通常は購入するが、作曲することもできる。
- **ソフトエフェクト**――画面上のアクションに合わせる必要のない非同期のSFX。たとえば、水しぶきのような背景音、シーンの雰囲気、鳥のさえずりなど。
- **ソフトカット**――1~4コマの短いディゾルヴ。
- **ダイエジェティック**――映像のなかの物語の進行とシンクロしている音のこと。画面のなかの本が閉じる音など。
- **ダイナミクス**――サウンドトラックの音量の大きさの差。正しくミックスされていれば、非圧縮の状態で静かな音と大きな音が区別され、自然な高音域と低音域を含む。
- **タイマー**――フィルムプリントを計時するフィルムラボの人。
- **タイミング**――赤、黄、青のプリンターライトを設定し、各ショットやリールの明暗を調整すること。グレーディングとも呼ばれる。デジタルインターミディエイト工程では、グレーディング、タイミング、カラー補正は同じ意味で使われる。
- **タイムコード**――ビデオテープやオーディオテープの各フレームに記録されている時計の時刻に基づくコード。
- **タイムライン**――デジタル編集システム上でカットを図式化したもの。カットは、左から右へ、最初の編集から最後の編集へ、横方向へ延びるラインで表される。
- **ダウンコンバート**――高解像度で収録されたものを低解像度に変換すること。たとえば、HDからSDに変換することや、撮影時よりも低い解像度で映像をデジタル編集システムに取りこむこと。
- **ダブ**――❶音声または映像、あるいはその両方をコピーまたは再収録すること。❷ミックスのこと。ミックスの項参照。
- **ダブルシステム**――音声と映像を異なるフォーマット(フィルムとファイルなど)で収録し、編集の前に同期する制作方法。
- **ツーショット**――ふたりの登場人物の顔が映っているショット。通常はミディアムフレーム。
- **テイク**――カメラのスレート(カチンコ)ではじまる(または終わる)ショット。
- **ディゾルヴ**――トランジションエフェクトの技法のひとつ。前のショットが徐々に消えていくのに重ねて、次のショットが徐々に現れるようにする。
- **デイリー**――編集室に撮影クルーから日々届く未編集の映像。通常は前日の撮影分。
- **テーブル型編集機**――リールが水平に置かれる編集機。
- **テープレスワークフロー、ファイルベースワークフロー**――カード、ディスク、ファイル、またはフィルム上に撮影されたデイリーをビデオカメラからインポートし、デジタルシステムで編集し、ファイルとしてエクスポートする映画制作プロセス。
- **テールポップ**――テールリーダーの2秒後にオーディオトラックに現れるシンクロポップのこと。多くの場合、フラッシュフレーム(フィルムの場合)や「End」と印字されたフレームに対応する。シンクポップの項も参照。
- **テールリーダー**――映像と音声の同期を保つ目的で、作品の最後に付けるフィルムやテープの切れ端、またはデジタルクリップのこと。テールリーダーはLFOP(映像の最後のフレーム)のあとに数秒間流れる。テールポップの項も参照。
- **テキストレス**――クレジットのないショット(クレジット素材)の背景ベッド。クレジットのやりなおしや、海外版やその他のバージョンの作品を作るために使われる。
- **デジタイズ**――アナログテープの映像をデジ

され、通常は左右の異なるスピーカーチャンネルに再生される。LCRSはステレオオーディオの洗練された形式であり、これが標準である。ステレオマイクでふたつのトラックを同時に録音して作成される。モノラル音声とは対照的。

◎**ストックショット**——作品とは関係なく、ほかのエピソードや作品でも使用できる、場所を確立するために使われるショット。ストックショットは提供企業から入手するか、実際に撮影することもできる。例、ウォルトンの納屋、NYPDブルーの警察署、インディ500のレース場など。

◎**ストリーマー**——フィルムスコアリングセッションでオーケストラの演奏を開始するタイミングや、ADRセッションで俳優が言う台詞のキューを送ったりするために、テープやフィルムに付ける斜めの線。

◎**ストレートカット**——映像と音声を異なるタイミングでカットするオーバーラップとは対照的に、画像と音声を同じフレームでカットすること。

◎**スピードアップ**——アクションのペースが、カメラの前で現実に起こったものより速くなるエフェクト。この加速効果は編集で作成されるが、より伝統的な方法は、撮影中に、再生される速度よりも遅いスピードでカメラをまわして撮影するアンダークランクによって行われる。スローモーションの反対。

◎**スプリットスクリーン**——画面をふたつ以上のパーツに分割し、それぞれ異なるショットを映すこと。

◎**スプリット編集**——オーバーラップを意味するビデオ編集用語。スプリット編集では、音声とビデオは同時に開始せず、いずれかが遅れる。Lカットやディレイ編集とも呼ばれる。

◎**スポッティングセッション**——監督が完成した作品をサウンドデザイナーと劇伴作家といっしょに観て(別々のセッションで)、作品に入れる音響と音楽をマッピングするミーティング。

◎**スマートスレート**——オーディオレコーダーに同期するタイムコードを生成する電子カチンコ。赤色LEDでタイムコードを表示し、同期作業を大幅にスピードアップさせる。

◎**スマッシュカット**——ショートカットのバリエーション。ある場所／物／人／映像から、別の場所／物／人／映像へとアクションを瞬時に切り替えることで、観客を意図的に驚かせる目的でデザインされた、予期せぬ、電光石火のカット。

◎**スライド**——シークエンス内の編集クリップを前後に移動させて位置を変更すること。クリップをスライドさせると、シークエンス内の順序が変わり、影響が外部に及ぶため、両側のクリップの長さがスライドしたぶんだけ長くなったり短くなったりする。スライドさせても、編集クリップの尺は変わらない。

◎**スラグ**——ショットが欠落しているタイムラインに黒い塗りつぶしを挿入すること。

◎**スリップ**——編集クリップの開始位置と終了位置を変更して編集を調整する。スリップの変更はクリップ内部にとどまり、尺は変わらない。

◎**スローモーション**——アクションのペースがカメラの前で現実に起こったものよりも遅くなるエフェクト。この遅延効果は編集で作成されるが、より伝統的な方法は、撮影中に、再生される速度よりも速いスピードでカメラをまわして撮影するオーバークランクによって行われる。スピードアップの反対。

◎**セーフアクション**——テレビモニターで見切れることがない、アクションを延長しても安全な領域。

◎**セーフタイトル**——テレビモニターで見切れることがない、タイトルを置いても安全な領域。

◎**セッション**——音響技師やミュージックエディターによってデジタルオーディオシステムで作成される。編集トラックで構成され、で（無意識的に）しか認識できないほどの速さで過ぎ去っていく、数フレームのカットのこと。

- **残像現象**——人間の目が連続した静止画像を動く映像としてとらえる現象。
- **サンプリングレート**——録音時にオーディオ信号をサンプリングする（読み取る）レート。
- **シークエンス**——多くのデジタル編集システムで、編集したシーンや作品または作品の一部に対して使われる用語。
- **シームレス編集**——目に見えない編集の項参照。
- **色相**——ビデオ画像や信号に含まれる色の量。
- **自然な間**——アニメ制作でよく使われる用語。台詞の前後や途中など、監督が指示する箇所で、話し手が自然な間をとるように、台詞トラックに3〜4フレームを追加すること。
- **ジャンプカット**——似かよったショットを時間の経過を飛ばして繋ぎ合わせることによって、被写体がジャンプしているように見えるカット。技術的な観点から言うと、ふたつのショットのあいだの角度が30度未満であることから起こる。
- **主観ショット（POV）**——リバースショットのバリエーション。POVショットは登場人物が見ているところ、その人物が見ているものを撮影する。
- **ショートフォーム**——アニメ、コメディ、ドラマシリーズなどの一時間以内のテレビ番組やミュージックビデオのこと。
- **ショット**——映像では、カメラスタートからカメラストップまで。音響では、サウンドレコーダーのスタートからストップまで。
- **シンクロ、同期**——記録された画像と音声の位置を合わせ、撮影時と同じように再生し、編集できるようにすること。
- **シンクロポップ**——オーディオのヘッドとテールリーダーに1000Hzのビープ音を配置し、上映、音響編集、サウンドミキシングの際に同期を保つこと。
- **シンセサイザー、シンセ**——さまざまな楽器の音色を模倣したり、新たなサウンドを創造し、無限の多様なサウンドと音楽を生み出す電子楽器。DAWに接続するハード（ハードウェア）シンセと、作曲者のMIDIファイルをDAWに書き出すソフト（ソフトウェア）シンセがある。
- **スイートニング**——オーディオの微調整を行ったり、さらにオーディオ要素を加えたりすること。
- **スイッチャー**——放送、ライブ収録、ポストプロダクションで使用される機械。オペレーターがビデオやオーディオのソースを選択し、トランジションエフェクトを作り出すことができる。
- **スーパーインポジション**——「スーパー」とは、ふたつのショット（またはそれ以上）がフルスクリーンで重なるエフェクトのこと。
- **スキップフレーム**——フィルムがスピードアップまたはピクセル化されたように見えるように、たとえば1〜3コマ置きにフレームをプリントするエフェクト。デジタルシステムでも再現できる。
- **スクラッチトラック**——編集やタイミングを合わせるために、一時的に編集に入れるVOトラックのこと。あとで正規のナレーターの声に置き換えられる。
- **スクラブ**——サウンドを前後に動かして、マーキングや編集に適したフレームを見つけること。
- **スクリーンの方向**——登場人物やオブジェクトがショットに出入りする方向。
- **スティルフレーム**——フリーズフレームの項参照。
- **スティンガー**——短い音楽キューのこと。
- **ステム、スプリットトラック、スプリット**——最終ミックスの個々のグループのこと。台詞ステム、音楽ステム、効果音ステムがある。DMEの項も参照。
- **ステレオサウンド**——同一のトラックが分離

ンの流れを交互につなぐこと。登場人物、設定、主題には直接の関わり合いがあり、互いの存在を認識している。

- **クロスコンバージョン**——映像を異なる解像度に変換すること。720pから1080iなど。
- **クロマ**——クロミナンスの項参照。
- **クロマキー**——映像合成の技法のひとつ。単色の背景層と、被写体が映った前景ショットで構成する。背景層を切り取って被写体を別の映像に乗せることで、たとえば気象予報士が天気図に乗っているように見せることができる。背景にはどんな色も使えるが、ブルーとグリーンが最もキーイングに適しているため、クロマキーはブルースクリーンまたはグリーンスクリーンと呼ばれることも多い。
- **クロミナンス**——カラー映像信号の一部であり、色のデータが保持されている。映像の情報は、輝度(明るさとコントラスト)とクロミナンス(色相と彩度)のふたつの要素で構成されている。
- **クワッドスプリット、またはqスプリット**——スクリーン上に4台(またはそれ以上)のカメラを(ソフトウェアチャンネルまたはハードウェアボックスを介して)固定することで、同時に再生したり、「オンザフライ」などで簡単にインターカットしたりできるようになる。オンザフライの項も参照。
- **ゲイン**——電気信号の強度の増減。デシベルまたは倍率で表す。ミキサーは作品の開始から終了まで一貫したオーディオレベルを維持するために、つねにゲインを操作する。
- **現像所**——映画館で上映される最終的なフィルムリールを制作する施設。フィルムに入れる最終的な特殊効果もここで作成する。かつて現像所は、フィルムのデイリーや映画館用の最終プリントを制作する、にぎやかで活気にあふれる場所だった。だが、デジタル時代の到来によって、現像所の時代は過去のものとなった。多くの現像所は生き残るためにポストプロダクション施設と提携している。
- **現場音(WT)**——シンクロさせずに録音された効果音。
- **現場の音響**——現場音の項参照。
- **光学式**——光学プロダクションで、新しいフィルムネガから光学プリンターで作られた特殊効果。デジタルVFXでは廃止された。
- **合成(コンポジット)**——複数の映像やショットを組み合わせて、ひとつの映像を作り出すこと。
- **コーデック**——「コンプレッション(圧縮)/デコンプレッション(解凍)」または「エンコード/デコード」の略。ビデオ編集、ビデオ会議、メディアアプリケーションのストリーミングで使用される2段階のプロセス。❶巨大なマルチメディアファイルを圧縮して、DVD、CD-ROMなどのメディアに収まるように小さなファイルにする。❷元のファイルサイズに解凍して、コンピューターで再生できるようにする。コーデックは、ビデオ信号のエンコードおよびデコードも行うことができる。
- **コンテ**——作品のシーンを編集順にリストにし、各シーンで何が起こるかを説明するフレーズや文章と、そのシーンの長さを記載したもの。
- **コンティニュイティ**——カットごとに(または撮影中のショットごとに)撮影されたシーンの物理的な関係、演技、アクション、物語の流れに矛盾がないようにすること。
- **コンフォーミング**——ロックした最終カットを最高画質のメディアに置き換えること。
- **彩度**——ビデオ画像や信号に含まれる色の量。
- **作業トラック**——音響技師が作業するサウンドリール。プロダクショントラックの複製で、ワントゥワン(1:1)またはガイドトラックとも呼ばれる。
- **撮影メモ**——書きこみの入った脚本のページの反対側のページに、カメラ情報やその他のメモを記載したもの。
- **サブリミナルカット**——観客がサブリミナル

バート——低い解像度から高い解像度へ変換すること。

書きこみのはいった脚本——スクリプターが撮影に立ち会い、書きこみを入れた脚本。各テイクが脚本のどこではじまり、どこで終わったかが記録される。

肩越しショット——O／SまたはOTS。腰または胸から上のショットで、登場人物の肩越しに、もうひとりの登場人物に焦点を合わせる。

カット

▸**名詞**——❶編集。❷一連の編集。❸作品の完成した編集または再編集。

カットアウェイ(CA)——マスターショットのメインとなるアクションから切り替え、別の視点や情報を追加するために使用するショット。

カットネガ——編集をロックしたフィルムに合わせてカットしたオリジナルのネガ。このカットネガから、映画館用のポジプリントを作成する。

カットポイント——編集ポイントの項参照。

カバレッジ——マスターショットにつなぐことのできるよう、さまざまなアングルで撮影したショット。クロースアップ、ミディアムショット、肩越しショットなど。

可変抵抗器——録音、ミックス、再生信号の強度を上げ下げするためのオーディオポテンショメーター。

ガヤ——俳優が話す区別のつかない単語で構成される、シンクロしない背景会話。

カラーグレーディング——カラー補正、カラータイミング。フィルム、ファイル、テープの映像の色をそのシーンあるいは作品全体で求められるものに合わせて修正すること。

カラーバーとオーディオトーン——映像と音声のレベルを一貫した設定にするための基準。

カラリスト——フィルム、ファイル、テープの映像の同期、転送、カラーグレーディングを行うテレシネオペレーター。

キー——映像に穴(鍵穴をイメージするとよい)を開け、そこから別の映像やテキストが見えるようにする視覚効果の技法。穴を開ける背景映像と、その穴を埋めるキーとなる映像で構成される。

キーショット——マットショットの項参照。

輝度(ルーマ)——画像または信号の非色の部分で、白黒のデータ(明るさとコントラスト)を保持するもの。

ギャグリール——ドラマのシーズン終了時や打ち上げパーティーで上映される、NGもの。音響効果、音楽、ナレーションが入ることも多い。

キャプチャー——映像をデジタルテープからデジタル編集システムに取りこむこと。

キュー——音響技師とミュージックエディターは、音声や音楽の各部分について、その音の簡単な説明、トラック番号、および開始時と終了時のタイムコードからなるキューを作成する。

グリーンスクリーン——被写体をグリーン(またはブルー)のスクリーンの前で撮影して作成する特殊効果。ショット1は実写の背景ショットで、ショット2はグリーンスクリーンの前にいる被写体(タレント)の前景ショット。ふたつのショットを合成(統合)すると、グリーンスクリーンが消え、被写体が背景の出来事に反応しているように見える。巨大なクモに反応する農夫のショットなどをこうして作ることができる。クロマキーの項参照。

クリップ

▸**映像の場合**——デジタルシステムに取り込まれたショットのこと。

▸**音声の場合**——音声信号を歪ませたり、過度に変調させたりすること。

グレースケール——テレビシステムが再現できる明るさの範囲に対応するテストパターンを構成する7〜10段階の白黒の濃淡。撮影監督や映画、ビデオ技術者が使用する。

クロスカット——関連のある複数のアクショ

デジタル編集でも使われ、トラックやショットの「穴を埋める」という言い方をする。

- **アメリカ映画音響編集者組合(MPSE)**——音響技師の名誉協会。すぐれた音響編集をたたえるゴールデンリール賞を毎年選考・授与している。
- **イコライザー**——デシベル(dB)で測定する、調整可能なオーディオフィルター。周波数を上げ下げして音の振幅を変えることができる。
- **イコライズ**—— EQの項参照。
- **インサートショット**——ひとつのシーンのなかで小さいけれど重要な細部を映したショットで、ポストプロダクション中にスタジオかセットで別撮りする。カットアウェイと同じ意味で使われることがある。撮影の段階で準備しておくのが望ましい。
- **インサート編集**——デジタル編集において、シークエンスにクリップを挿入すること。その右側のカットがタイムライン上で後ろに押され、そのクリップの長さの分だけシークエンスに時間が追加される。
- **インセット**——縮小したショットを別のショットに重ねて配置するエフェクトで、おもにメインショットの細部を強調するために使われる。
- **インターカット**——同時に進行しているふたつの異なるシーンを交互につなぐこと。ふたつのシーンは同時に進行し、同時に完了する。インターカットにはパラレルアクションとクロスカットがある。
- **イン点**——カットをはじめるポイント。
- **インポート**——デジタル編集システムにファイルをコピーすること。
- **映像編集技師**——最初に作品をまとめる編集者のこと。
- **エイリアシング**——デジタル映像や音声の再生中に発生するアーティファクト。
- **エクストリームクロースアップ(ECU)**——目だけ、口だけなどを画面いっぱいにとらえたショット。
- **エクスポート**——デジタル編集システムからファイルを送信すること。
- **エッセンス**——メタデータとは対照的に、デジタル編集された作品に含まれる映像、音声、グラフィック、アニメーション、テキストといった要素。
- **エッセンスメディア**——デジタル映像と音声を表すビットとバイト。エッセンスデータとも呼ばれる。
- **エディターズカット**——ファーストカットの項参照。
- **オーバーヘッド**—— OH。シーンを上から見おろすショット。クレーンから撮影されることが多い。
- **オーバーラップ**——映像とサウンドが異なるタイミングで、一方が他方にオーバーラップするように(超えていくように)編集すること。
- **音の穴埋め**——穴埋めの項参照。
- **音響技師**——作品の音響を完璧にするために尽力する編集技師。
- **音声のピッチング**——オーディオサウンドの高さや低さのこと。ピッチは観客が音を聞き分けるおもな方法である。
- **オンザフライ**——あらかじめマークを付けたりせず、ショットを一旦停止することなく再生しながら編集すること。
- **ガーベッジマット**——ガーベッジ(ゴミ)マットは、グリーンスクリーンをキーイングする際に作成するラフなマットで、ゴミ(電線や模型などの不必要なもの)を取り除き、グリーンスクリーンによって消されてしまう可能性のある部分(光の漏れなど)を保持するために使用する。
- **解像度**——フォーマットによって異なる測定値に基づく、スクリーン上の画像の鮮明さ。解像度は、アナログ方式では走査線に対する水平解像度線の比率、デジタル方式では画素数、フィルム方式では1ミリメートルあたりの線対の数で測定する。
- **解像度のアップスケーリング、アップコン**

OCN——オリジナルカメラネガのこと。

pix——画像のこと。

POV——主観ショットの項参照。

Pro Tools—— MacOS上で動作する、Avid Technologies, Inc社製の一般的なサウンド編集・録音ツール(DAW)。

PSA—— Public Service Announcementの略。公共サービス広告。

QuickTime—— Appleのマルチメディアファイルフォーマット。QuickTimeは、フルモーションビデオとデジタル化されたサウンドをアプリケーションプログラムに統合するための標準となっている。

rawストック——何も撮影・録音されていないフィルムやテープのこと。

rawファイル——一般的な非圧縮デジタルファイルフォーマット。

RGB——赤(red)、緑(green)、青(blue)。光の3原色で、混色することでその他のすべての色を作り出すことができ、ビデオのコンポーネントや合成処理、またはフィルムのプリントに使用される。コンピューター画面上で映像を生成する場合、RGBは赤、緑、青のドットの別々のアナログ信号またはデジタル信号として表示される。RGBは、3つの電子銃を使用して各色をスクリーンに照射するCRTによって生成される。

SD——標準画質のこと。アスペクト比4：3などの基準を満たすが、1フレームあたりの走査線と画素数が少ないため、HD(高精細度)よりも画質が劣る。HDの項も参照。

SFX——効果音のこと。特殊効果という意味でも使われる。混乱を避けるため、本書では効果音をSFX、特殊効果をVFXと表記している。

TRT——リールや作品の総上映時間。

VFX——視覚効果。ブルースクリーン、合成、キーフレームなど、ポストプロダクションで作成または仕上げられるデジタルエフェクトのこと。

VU——アナログ信号とデジタル信号の音量単位。

VUメーター——ミキシングまたはレコーディング中に音声のdB(デシベル)レベルを表示することにより、作品全体を通して一貫したレベルを保証するために音声を校正する装置。

WT——現場音の項参照。

WYSIWYG—— What You See Is What You Getの略で、「見たままのとおりに得られる」という意味。「ウィジウィグ」と発音される。製造途中のさまざまな未完成品を表現する際に使われる用語で、カラー補正、タイトルやエフェクトの作成など、完成品がどのように見えるかをドラフト時点で確認する、あらゆる状況にあてはまる。

YUV、YIQ、Y'CBCR——ルーマとクロマのデータをエンコードする3チャンネルの色空間。すべてのテープとファイルを放送するためのNTSC標準。

アーティファクト——デジタルテープ、ファイル、ディスクに発生する、オリジナル(デジタルかアナログかを問わず)にはなかった不要なエフェクトや歪み。

アウトプット——作品、シークエンス、ショットなどの素材をデジタルシステムからテープに出力すること。アウトプットは、プリントアウトや(テープへの)プレイアウトとも呼ばれる。

アウト点——カットを終了するポイント。

アスペクト比——映画やビデオのフレームの縦横の長さの比率。上映・再生される際の画面の大きさによって決まる。

頭、またはヘッド——ショット、カット、テープ、タイムライン、リールなどの先頭。

アップカット——台詞の頭か尻が切れ、一部が欠けていること。

穴埋め——音声リールで音声がない部分や一時的に削除された部分のギャップを埋め、同期を保つために使用される映画フィルムのリサイクル品。フィルム撮影時代の用語だが、スクプレーヤー、PCなどのデジタル音声／映像ソースを、対応するデジタルオーディオ機器、コンピューターモニター、ビデオプロジェクター、デジタルテレビに接続できる。

Hz——ヘルツ。周波数を測定する標準単位。1Hzは1秒あたりのサイクル数(cps)に等しい。

IATSE(IA)——国際舞台演劇・映画従事者同盟。撮影技師、照明主任、大道具などの包括的組合。IAは職種ごとに支部が分かれている。編集技師の所属するエディターズ・ギルドは第700支部であり、あらゆる映像の編集技師および音響技師、アシスタント、見習い、サウンドミキサーを対象とし、最近では映写技師、ストーリーアナリスト、TD(テクニカルディレクター)、ビデオテープオペレーターも加入している。

KEM——テーブル型フィルム編集機のブランド。

LCRS——映画館の左－中央－右－サラウンドスピーカーチャンネル。プリミックスおよびミックス作業中にミキサーがトラックを割りあてる。

LFOA——映像の最後のフレーム。フィルムリールの映像や音声の最後のフレームで、リールの長さを測定する際はこのフレームまでを測る。LFOAはミックスシートやネガカッターに送る各リールのメモに注記する。別名LFOP。

LFOP——映像の最後のフレーム。LFOAの項参照。

Lightworks——プロフェッショナル向けデジタル編集システム。

LTO——リニアテープオープン。アーカイヴ用途で使用される大容量の磁気テープ技術。

Lカット——スプリット編集の項参照。

M&E——音楽と効果音を組み合わせたステム。最終的なサウンドミックスによって作成され、外国語(英語以外の言語)の映画のサウンドトラックに使用される。

MIDI——電子楽器デジタルインターフェース(Musical instrument digital interface)の略。ある電子音楽機器が別の電子機器に送信する制御信号の種類のプロトコル。MIDIは演奏者のコンピューターがMIDI音源モジュール(例、サンプラー、シンセサイザー)などのさまざまな機器と通信するためのプラグインである。

MIDIコントローラー——キーボード、ドラムキット、ギター、ピアノなどの電子音楽機器のことで、MIDIネットワーク上の機器のパンやゲインなどの個々のコントロールを調整するためのMIDIメッセージを生成する。

MOS——音響なし。ショットに音響が録音されていないこと。MOSの由来は、ハリウッド初期のあるドイツ系移民の監督が、「mit out sound」(音のない)ショットを要求したから、という言い伝えがある。

MOW——今週の映画(Movie of the Week)。テレビ放映用に作成された長編作品。

MP3——MPEG 1(またはMPEG 2) Audio Layer-3の略。非可逆圧縮方式を使用し、デジタルオーディオプレーヤーでMXやSFXを転送・再生する、デジタルオーディオエンコーディングおよび保存フォーマット。

MPAA——米国映画協会(Motion Picture Academy of Arts)の略。長編映画を評価し、G、PG、PG-13、R、NC-17、Xといったレーティングを与える委員会。

MPEG——映画編集者組合。IATSEの項も参照。

NLE——ノンリニア編集システム。デジタル編集システムの項も参照。

NTSC——米国テレビ放送規格審議会(National Television Standards Committee)の略。米国のビデオテープ規格で、走査線525本、AC60ヘルツ、30fps、フレームサイズ720×480のもの。北米と中米の他の地域、日本とその周辺、韓国、オランダ、南米の一部でも使われている。

- **DCP**——デジタルシネマパッケージ。デジタル上映用の納品物。
- **DI**——デジタルインターミディエイトの項参照。
- **DIT（デジタルイメージングテクニシャン）**——撮影されたデジタルデータの整理や管理、バックアップなどを行う。最高のデジタル画像を得るために撮影中は撮影技師とともに作業し、露出のモニタリングや、コーデックやタイムコードなどのカメラ設定を行い、LUT（ルックアップテーブル）を作成する。また、撮影された画像とそのデータが正しくプロダクションドライブに転送されるか確認する。
- **DME**——台詞、音楽、効果音の3つのステム。最終的なサウンドミックスのミックスダウンで使用し、最終的なサウンドトラックまたはプリントマスターを作成する。
- **DPX**——デジタルピクチャーエクスチェンジ。DIおよびVFX作業で使用される標準ファイル形式。スキャンしたフィルムネガの色データを保ち、それに関連するメタデータを保存することができる。
- **DTS**——デジタルシアターシステム。フィルム、テープ、DVDにエンコードされたデジタルサウンドで、ドルビーデジタル（DD）の直接の競合相手である。DTSサウンドを使用する劇場と、DDサウンドを使用する劇場があるため、サウンドトラックは両方のフォーマットでエンコードされている。
- **DTV**——デジタルテレビ放送。
- **DV**——デジタルビデオ。映像、音声、その他の情報をデジタル形式で保存する。
- **EFX**——文脈によって効果音を指す場合と特殊視覚効果を指す場合がある。
- **EOR**——エンド・オブ・リール。
- **EPS**——エレクトロニック・ポストシンク。ADRの別名。ADRの項参照。
- **EQ**——イコライズ。音のトーンを変えるために、個々の周波数の音量レベルを調整すること。たとえば、ADRの台詞が本番の台詞トラックと一致するように、台詞をEQする、など。
- **FCC**——連邦通信委員会。ラジオ、テレビ、有線、衛星およびケーブルによる州間および国際通信を規制する連邦政府の独立機関。
- **FCP**——Final Cut Pro。Final Cut Proの項参照。
- **FCP**——フレームコードモード。デジタル編集システムのEDLに記載される注記事項で、リストがDF（ドロップフレーム）かNDF（ノンドロップフレーム）かを示す。
- **FFOA**——アクションの最初のフレーム。フィルムやビデオで、リーダーのあとの最初のフレームであり、映像がフェードインできるよう黒になっていることが多い。FFOPとも呼ぶ。
- **FFOP**——映像の最初のフレーム。FFOAの項参照。
- **Final Cut Pro**——Apple社が開発したプロシューマー（高度な機能を求める一般ユーザー）およびプロフェッショナル向けのデジタル編集システム。
- **fps**——1秒あたりのフレーム数。フレームが動く速度。アメリカでは通常、フィルムは24、テープは30である。
- **FX**——特殊効果。F／Xとも表記する。VFXとも呼ばれる。
- **GVX**——グラフィックファイル。
- **HD**——ハイデフィニション、ハイデフ。16：9のアスペクト比を使用する高解像度テレビの水準で、SD（標準解像度）よりも解像度が高い。SDよりも多くの走査線を使用し、1フレームあたり100万から200万ピクセルを使用するため、SDの約5倍の解像度を持つ。SDの項参照。
- **HDMI**——高精細度マルチメディアインターフェース。非圧縮のデジタル音声および映像データを伝送するコンパクトなインターフェース。HDMIによって、DVDやブルーレイディ

用語集

- **180度ルール**——頭上から見てふたりの人物を結ぶ想像上のラインを180度ラインと呼ぶ。撮影の際、このラインを越えてカメラを動かしてはならないとするルール。ラインを越えてカメラを動かすと画面上の人物の位置関係に混乱が生じる。
- **2ポップ**——ヘッドリーダーのオーディオトラックに置かれた、2番目のピクチャーフレームと一致したシンクロポップ。試写、サウンド編集、サウンドミキシング中にシンクロを保つためのもの。シンクロポップの項参照。
- **5.1**——右、左、正面、右前方、左前方の五つのチャンネルを持つサラウンド音響。1は、LFE(低域用)チャンネルを表す。
- **7.1**——5.1に左右の後方チャンネルを加えたもの。5.1の項参照。
- **ACE**——アメリカ映画編集者協会。投票によって選ばれた編集技師の名誉協会であり、会員になるには、編集に関する実務経験や指導経験、編集技術への貢献をもとに審査される。会員は映画のクレジットで氏名のあとにACEと入れることができる。ACEは毎年独自の編集賞を選考しており、受賞者にはゴールデンエディー賞が授与される。また、ACEは編集に関するインターンシッププログラムを主催している。
- **Adobe Premiere Pro**——アドビシステムズが販売するデジタル編集システム。
- **ADR**——自動台詞変換、いわゆるアフレコ。映像に合わせて俳優が言いなおした台詞を録音し、同期されたオリジナルの台詞と置き換えるプロセス。ルーピング、EPS(Electronic Post Sync)とも呼ぶ。
- **AMPAS**——米国映画芸術アカデミー。映画文化の向上と発展を図ることを目的として設立された機関。「オスカー」として知られるアカデミーを毎年選考し、授与している。
- **ASCAP**——米国作曲家作詞家出版者協会。演奏権管理団体のひとつ。作曲家や出版者はいずれかの団体に加入し、団体側は、加入者の音楽が映画やテレビで使用された際に著作権使用料を徴収し、支払う。
- **Avid**——プロフェッショナル向けデジタル編集システム。
- **BMI**——放送音楽協会。演奏権管理団体のひとつ。ASCAPの項参照。
- **Bサイド**——後続のショット。または、カットポイントの右側のこと。
- **CAS**——米映画音響協会。ミキサーの名誉協会。すぐれた音響ミキシングをたたえる賞を毎年授与している。また、年間を通じて音響に関する教育会議を主催している。会員は映画のクレジットで氏名のあとにCASと入れることができる。
- **CCM**——カラー補正マスター。CTMのこと。
- **CG映像**——コンピューターによって生成された映像。コンピューターによって作成したエフェクトは、動画か静止画か、アニメーションか実写かを問わず、視覚効果の可能性を広げつづけている。
- **CTM**——カラータイミングマスター。オンライン編集後にカラリストによってカラー補正が施されたマスターテープ。
- **DaVinci**——広く使われているカラーグレーディングおよびテレシネ用の機器。
- **DAW**——デジタルオーディオワークステーション。音響と音楽の収録、編集、ミックスに使用するコンピューターシステム。

ま

ら

た

な

は

あ

か

さ

ま

や

ら

わ

用語

さ

た

な

は

映像作品題

た

な

は

ま

ら

索引

人名

〔著者〕
ガエル・チャンドラー
GAEL CHANDLER

「すべては、カリフォルニア州サンタローザの小さなドライブインシアターからはじまった」。『メアリー・タイラー・ムーア・ショー』のテッド・バクスターならこんなふうに紹介するだろう。スタービュー・モータームービーズでレジ係の仕事に就いた著者ガエル・チャンドラーは、映写室に強い魅力を感じた。この場所でフィルムベース、感光乳剤、フィルムセメント、スプライスなど、35ミリフィルムについての基礎を学び、労働組合の男性や町の映画館の支配人に掛け合って映写室を任され、組合に入ることも許可された。こうして『ロッキー』、『スター・ウォーズ』、『サタデー・ナイト・フィーバー』といった作品の映写を担当し、撮影助手、照明、軽食係などロケ現場での仕事も経験した。多くの映画を映写機にかけるかたわら、ふたつの学位を取得したチャンドラーはハリウッドに向かい、スタジオの門をくぐるようになった。

はじめての仕事はサウンドスタジオのアシスタントで、初日に任されたのはトラの500種類の咆哮を1/4インチのアナログテープから35ミリフィルムへダビングすることだった。この職場で編集技師たちと知り合う機会を持ち、やがてテレビのリアリティ番組『ザッツ・インクレディブル！ That's Incredible!』(1980～84)ではじめて編集アシスタントの仕事に就くことができた。さまざまな職場と職業紹介所を往復する毎日のはじまりだった。

チャンドラーはロサンゼルスで30年以上にわたって、コメディ、ドラマ、ドキュメンタリー、長編映画、企業の紹介ビデオ、プロモーションビデオなどさまざまなジャンルで編集に携わった。フィルム、テープ、デジタルの全媒体に精通し、多くの業界人、教職員、インディペンデント映画作家、学生にデジタル編集技術を教えてきた。画期的なノンリニア編集システムであるEdiflexをはじめて使った番組『新・ビーバーちゃん The New Leave It to Beaver』(1983～89)で編集を手がけ、ケーブルACE賞のコメディシリーズ最優秀編集賞に2年連続でノミネートされている。また、大学では編集の歴史、理論、実践についての講義を担当した。

編集に関するこれまでの著書には『カット・バイ・カット フィルムとビデオの編集 Cut by Cut: Editing Your Film or Video』(2004、2012改訂)、『映画編集について 映画作家と映画ファンが知っておきたいすばらしいカット Film Editing: Great Cuts Every Filmmaker and Movie Lover Must Know』(2009)がある。2010年には引退して北カリフォルニアに居を構え、『なつかしきサンフランシスコの記録 海辺の歴史ある町を歩く Chronicles of Old San Francisco: Exploring the Historic City by the Bay』(2014)を上梓した。また、共同設立者として、ブックトレイラー〔本の内容やテーマを紹介する短いビデオ〕や拡張型電子書籍〔マルチメディア機能や対話型要素が組みこまれた電子書籍〕を制作するPictureYourBookを立ちあげた。現在も劇作家や脚本家として意欲的に活動し、地元のメディアセンターで定期的に講演を行っている。

作家、編集技師、教師としてのチャンドラーを貫いているのは、読者、学習者、観客、視聴者を問わず、作品に接する人にとって最高の素材を引き出し、作りあげる喜びである。自分の作品が人々にとって意味のあるものとなること、それが何よりの願いだ。

佐藤弥生・さとう・やよい
英日翻訳者。幼少期を返還前の香港で暮らす。商社などの勤務を経て、国内メーカー、在日米海軍などで20年以上技術翻訳に携わったのち、出版翻訳に従事する。訳書に『映像編集の技法』『「書き出し」で釣りあげろ』『感情を引き出す小説の技巧』『読者を没入させる世界観の作り方』（以上フィルムアート社／共訳）、『ダイヤモンドを探せ』（KADOKAWA）などがある。

茂木靖枝・もぎ・やすえ
英日翻訳者。ロンドンで英語とコンピューターを学ぶ。金融系システム会社や翻訳会社などの勤務を経て、現在は産業翻訳から出版翻訳まで幅広く手がける。訳書に『映像編集の技法』『「書き出し」で釣りあげろ』『感情を引き出す小説の技巧』『読者を没入させる世界観の作り方』（以上フィルムアート社／共訳）、『ザ・シークレット・オブ・ジ・エイジズ』（KADOKAWA）などがある。

映像編集のファースト・レッスン
10章で学ぶ編集の基礎・歴史・実践

2024年10月30日　初版発行

［著者］……ガエル・チャンドラー
［翻訳］……佐藤弥生＋茂木靖枝
［日本語版ブックデザイン］……小沼宏之［Gibbon］
［日本語版編集］……田中竜輔

［発行者］……上原哲郎
［発行所］……株式会社フィルムアート社
〒150-0022
東京都渋谷区恵比寿南1-20-6 プレファス恵比寿南
Tel. 03-5725-2001
Fax. 03-5725-2626
https://www.filmart.co.jp/

［印刷・製本］……シナノ印刷株式会社

Printed in Japan
ISBN978-4-8459-2332-8　C0074